Le grand livre de la

Tendresse

Collection Essais/Clés
dirigée par Patrice van Eersel

Nous remercions
tout particulièrement
Nicolas Krausz, qui a aidé
à la rédaction de ce livre.

© Éditions Albin Michel/Club du Livre Essentiel (C.L.E.S.), 2002
22, rue Huyghens, 75014 Paris
ISBN : 2-226-13359-3

Le grand livre de la Tendresse

• Juliette Binoche

Nous sommes notre propre instrument de tendresse

J'ai eu envie d'entrer dans cette aventure parce que le besoin de parler de la tendresse est une façon de poser des questions à la fois à soi-même et au monde, avec toutes les contradictions que cela peut comporter. Rencontrer des gens réunis autour de ce thème peut nous éclairer sur cette énigme : ce noyau de tendresse au fond de moi, pourquoi ai-je besoin d'y retourner ? Là, je me sens « au sommet de mes questions », comme dit la voix inspiratrice des *Dialogues avec l'Ange* … La tendresse est une attitude – par rapport aux choses, aux gens, à soi-même – qui remue tant de choses, de la naissance à la mort, en passant par la vie de couple !

L'enfant est évidemment *le* sujet qui m'attire en premier, pas seulement du fait que je suis mère, mais parce que nous avons tous un enfant en nous, que nous avons besoin d'écouter, de soigner, de faire exister. Or, cet enfant en nous, quel mot lui va mieux que *tendresse* ? Tout au fond de moi, à quel moment en ai-je reçu ? Quand en ai-je donné ? Quelle est ma réserve tendre à moi ?

C'est vrai aussi qu'en regardant le programme du Festival Tendresses, qui est à l'origine de ce livre, j'ai aperçu parmi les invités beaucoup de gens que je connaissais déjà, et qui m'ont confirmée dans mon désir d'en être – tout en me faisant rencontrer des êtres merveilleux, encore inconnus de moi, comme Gérard Leleu, ou Boris Cyrulnik, ou Jacques Salomé, ou encore Anne-Marguerite Vexiau[1], dont la recherche magnifique, même si elle n'est pas prouvée scientifiquement, montre que des enfants psychiquement prisonniers peuvent être libérés – et cela me donne un immense espoir. L'idée de rencontrer toutes ces personnes de bords différents, aussi bien théoriciens que thérapeutes, artistes que psychologues, savants que simples participants – tel Tim Guénard[2], qui a traversé dans sa vie des passages très difficiles et a pourtant réussi, non seulement à survivre, mais à s'en sortir transformé et rayonnant –, cette idée nourrit chez moi un rêve d'enfant. Le rêve que nous puissions tous nous unir, par-delà nos frontières, nos différences culturelles, nos religions, nos histoires ou nos perceptions.

« Faire un » est mon désir le plus ancien. Quand j'étais en pension, à l'âge de la grande section de la maternelle, je me souviens avoir mis en scène –

* *Dialogues avec l'Ange*, Gitta Mallasz (éd.), traduction du hongrois par Gitta Mallasz et Hélène Boyer, révisée par Dominique-Raoul Duval, Aubier-Montaigne, 1990. Une bibliographie, page 344, rassemble les principaux ouvrages cités.

1. Auteur de *Un clavier pour tout dire*, Desclée de Brouwer, 2002. Anne-Marguerite Vexiau interviendra dans le t. 2 du *Grand Livre de la Tendresse*.

2. Même remarque pour Tim Guénard, auteur de *Plus fort que la haine*, J'ai Lu, 2001, et de *Tagueurs d'espérance*, Presses de la Renaissance, 2002.

dans ma tête, et ensuite partiellement dans la réalité – une ronde de tous les enfants de la classe autour de la maîtresse. Ce désir-là est toujours intact en moi, même s'il peut parfois être mal compris – quand on se demande ce que cherche cette actrice que je suis, ce qu'elle veut, ce qu'elle cache… On pourrait penser que la tendresse est réservée à la sphère intime : peut-on être tendre en public ? Je pense que oui, si l'on comprend que c'est la nature du *Bouddha* ! Car il s'agit d'une attitude générale : même quand je monte dans ma voiture *pour rejoindre* le trafic, je peux me mettre dans une « sensation tendre » – celle de faire partie du monde – et dans le désir de résonner harmonieusement avec les autres. *Je prends* alors les choses de façon très différente et ça se sent tout de suite. C'est une expérience que chacun peut faire : vous entrez dans votre voiture, vous respirez, vous décidez que vous laisserez passer les autres, dans une attitude de « diplomatie tendre ». Et du coup, tout se passe bien, et même les policiers vous sourient ! La tendresse va avec le jeu et l'humour, bien sûr !

Respecter l'autre dans ce qu'il est, dans ses différences de vitesse, de rythme, de priorité. À l'inverse, la fusion n'est pas forcément tendre, elle peut même être violente. La tendresse suppose que l'on garde une certaine distance par rapport à ses pulsions. On a tous des pulsions. La question est de savoir comment les gérer, les canaliser, les accepter… ou leur dire gentiment: « Je n'ai pas besoin de vous pour le moment, repassez plus tard ! »

Mais le premier déclic, je crois que c'est la tendresse envers soi-même. Se supporter, accepter ses faiblesses et, du coup, accepter plus facilement celles des autres. Nous sommes, pour nous-mêmes, notre premier instrument de travail.

• Gérald Pagès

Les enjeux de la tendresse

« Lorsqu'un homme rêve, ce n'est qu'un rêve.
Mais si beaucoup d'hommes rêvent ensemble,
c'est le début d'une réalité. »

F. Hundertwasser

Tendresse. C'est curieux comme ce mot fait résonner en chacun les cordes de ses émotions, de ses espoirs, de ses résistances, de ses souffrances. À l'aube du troisième millénaire, la peur du ridicule, la pudeur, la honte, la timidité, l'inhibition, le mal-être vont-ils continuer longtemps à nous empêcher de nous exprimer et d'épanouir nos personnalités ? Selon certains, être « tendre », au sens le plus simple, ce serait être « faible ». Or il s'agit plutôt d'une force colossale – celle de la vie, qui a su traverser l'épaisseur du temps !

13

L'étymologie de « tendresse » est une expression grecque, qui signifie : tendre vers, aller vers… Vers quelqu'un ou vers quelque chose, afin de le rendre meilleur.

Dans une société qui vous incite systématiquement à vous imposer face aux autres − en devenant plus fort, plus riche, plus beau, plus intelligent, plus puissant −, mépris et indifférence semblent gagner du terrain chaque jour. Pourtant, qui ne sent qu'on ne réussit pas sa vie en écrasant l'autre, en l'excluant ou en l'exploitant ? Faut-il rappeler qu'une simple parole respectueuse, un geste, un regard, un sourire, un silence, une écoute peuvent embellir votre vie ? Et que les plus belles leçons d'humanité nous viennent des petits, des pauvres, des malades, des vieux, des démunis, des handicapés ?

Victor Hugo disait : « Les utopies d'aujourd'hui sont les réalités de demain. » Eh bien, la tendresse, voilà notre nouvelle utopie ! Le respect d'autrui, le souci de son histoire, la confiance accordée, un regard comme semblable et comme unique lui confirmant qu'il est auteur et acteur responsable de sa vie.

La société d'aujourd'hui se préoccupe de l'humanité par « catégories » géopolitiques ou socioprofessionnelles, mais la *personne humaine*, en tant que telle, si elle est au centre des grandes spiritualités, n'a pas encore vraiment sensibilisé la politique.

Organisé chaque été à Avignon, depuis 1997, puis progressivement dans différentes villes de France, le Festival Tendresses se propose de contribuer à une dynamique nouvelle, destinée à changer le regard et le comportement de notre société sur les personnes humaines qui la composent. Il s'agit tout bonnement d'inverser le processus de la violence en affirmant la valeur la plus intimement humaine : la tendresse !

De la souffrance à un festival

Il y a une quinzaine d'années, j'ai traversé, comme beaucoup, des étapes difficiles. Tout d'abord, j'ai accompagné dans les derniers instants de sa vie mon père, dont j'avais reçu beaucoup de violence. Puis j'ai dû accepter la différence de ma fille Marine, venue au monde avec un retard psychomoteur. Enfin, j'ai été amené à vivre une brusque rupture conjugale. La conjonction de ces différents coups m'a fait m'interroger et entamer une analyse. Sur ce chemin, j'ai rencontré Jacques Salomé, qui m'a été d'une aide précieuse. C'est en conversant avec lui que m'est venue l'idée d'organiser un festival sur « la tendresse dans les cycles de la vie ». Qu'il en soit remercié ici ! – comme tous ceux, trop nombreux pour être nommés un par un, qui ont accepté de rejoindre cette aventure fabuleuse. La tendresse est l'une des composantes les plus fortes de la nature humaine. Elle est indispensable à l'épanouissement et au bonheur de l'Homme. Or, paradoxalement, elle reste souvent très difficile à exprimer et à recevoir, parce qu'elle réveille en nous trop d'émotions liées à des manques, à des souffrances et à des désirs inaccomplis. Oser la tendresse, c'est panser ses blessures et s'ouvrir à la vie !

Gérald Pagès
fondateur et directeur du Festival Tendresses

• Patrice van Eersel

Une soudaine irruption de la tendresse?

Il est des mots dont la soudaine irruption dans la grille des concepts qui nous servent à décrypter le monde révèle une révolution souterraine longuement fomentée. Ainsi le mot « tendresse ». Depuis quelques années, nous le voyons prendre une place étonnante, en des lieux où, il n'y a pas longtemps, il aurait semblé déplacé, voire incongru. L'idée est dans l'air. Ou plutôt le besoin. L'urgent besoin de raviver une notion aussi ancienne que l'humanité – ou même aussi ancienne que la vie : la première « tendresse » n'est-elle pas au rendez-vous de la première cellule vivante rassemblant, à l'abri de sa membrane, une gouttelette d'« océan intérieur » ? Pourtant, cette très ancienne dimension s'avère toute jeune en sciences humaines, en psychologie et en politique. Jusqu'ici, la tendresse était, justement, de ces fortes évidences *intérieures* – sensations, émotions, sentiments – que l'on avait du mal à situer dès que l'on sortait de la sphère intime. Comme s'il s'agissait d'une affaire érotique dévoyée – ce qui n'est strictement pas le cas –, ou alors d'un flux puéril, régressif sauf entre parents et très jeunes enfants…

Certes, la première légitimité rationnelle et scientifique de la tendresse lui vient du monde du nourrisson. Sans tendresse, le petit mammifère, surtout humain, ne peut s'édifier. Mais l'exigence ne s'arrête pas là. Sans tendresse, l'adolescent ne peut s'émanciper ; ni l'adulte former un couple ; ni le vieillard mûrir. Sans tendresse, les amants ne s'aiment pas réellement et les mourants laissent derrière eux d'irrémédiables regrets. Sans tendresse, à terme, aucun lien social ne serait possible et nous n'existerions tout simplement pas. Les artistes le savent depuis toujours. Bien avant le film *Et la tendresse bordel ?*, Marie Laforêt et Bourvil chantaient :

> *On peut vivre sans la gloire, qui ne prouve rien,*
> *Être inconnu dans l'histoire, et s'en trouver bien,*
> *Mais vivre sans tendresse, on ne le pourrait pas,*
> *Non, non, non, non, on ne le pourrait pas.*

L'étonnant est qu'il ait fallu attendre si longtemps pour que des psycho-thérapeutes et chercheurs en sciences humaines plus audacieux que la moyenne commencent à l'admettre à leur tour… Il faut dire que les catalyseurs des grands changements peuvent être extrêmement imprévisibles. Ainsi, prenez l'histoire du présent recueil. En 1996, Gérald Pagès, jeune imprimeur avignonnais, que la vie a malmené de diverses manières et qui a entamé une formation de psychothérapeute, annonce qu'il va organiser un « Festival de la tendresse dans les cycles de la vie », parce qu'il en sent « personnellement un trop grand besoin ». La plupart de ceux qui l'entendent haussent les épaules, quand ils ne ricanent pas. Mais le bonhomme tient son cap. En cinq étés, son festival va rassembler des milliers de personnes, et les mettre en contact avec des dizaines d'intervenants, venus de tous les horizons, de Jacques Salomé (qui acceptera de parrainer la première année) à Paule Salomon, en passant par Marie de Hennezel, Christiane Singer, Jean-Pierre Relier, Guy Corneau ou Gérard Leleu.

Fièvre locale ? Engouement passager ? À peine sommes-nous rentrés du premier festival qu'à l'automne 1997 une revue philosophique mensuelle ayant pignon sur rue au Quartier latin, *Culture en mouvement* [1], annonce sur sa couverture la publication d'un grand dossier portant le titre « Tendresse dans la Civilisation ». Ce pied de nez malicieux au vieux *Malaise dans la civilisation* [2] de Sigmund Freud est cosigné par toute une brochette de philosophes, de psychiatres, de psychothérapeutes, dont Alain Delourme, Suzanne Robert-Ouvray et Jean-Pierre Klein, qui, sans rien savoir du réseau avignonnais, proclament haut et fort leur besoin urgent d'introduire davantage de *tendresse* dans les relations entre les gens, en particulier entre soignés et soignants.

Une année passe, les deux réseaux se rejoignent, fusionnant avec un troisième – venu du monde artistique, avec les chanteurs Julios Beaucarne

1. Revue *Culture en mouvement*, n° 4, août-septembre 1997.

2. Sigmund Freud, *Malaise dans la civilisation*, PUF, 1992.

19

ou Pierre Benain, l'humoriste Patrick Adler, le peintre Do Delaunay, ou l'actrice Juliette Binoche, qui accepte de devenir marraine en 1999. Mais voilà qu'un quatrième réseau se branche – plus écologique celui-là, ou éthologique, comme on voudra – avec un Boris Cyrulnik ou un Jacques Fradin. Et déjà d'autres se signalent, tel Tim Guénard, gueule cassée au cœur d'or, devenu protecteur des gamins perdus, Anne-Marguerite Vexiau, qui réussit à faire « écrire » les autistes, ou Luc Boulanger, qui donne aux handicapés mentaux la possibilité, non seulement d'accéder à l'expression artistique, mais de « sponsoriser » des artistes non handicapés ! Bref, tout se passe comme si, en dépit de la violence du monde (à cause d'elle ?), la *révolution tendre* ne faisait que commencer. Mais qu'est-ce que la tendresse ?

Aux deux bouts de la vie…

Voilà plusieurs décennies déjà que savants et médecins, accoucheurs ou psychothérapeutes admettent l'importance primordiale de la tendresse dans le lien entre la mère et le nouveau-né. Le fameux *attachement* du petit mammifère, comme préfère dire Boris Cyrulnik, dimension vitale découverte dans les années trente par les premiers éthologues, fonctionne aussi chez l'humain – comme l'a notamment montré le pédiatre Joseph Chilton-Pearce. Avec les accoucheurs Frédéric Leboyer ou Michel Odent dans les années soixante-dix, Jean-Pierre Relier ou Bernard This dans les années quatre-vingt, les hommes (et donc le pouvoir social) ont commencé à entrer dans cette zone privée, hautement féminine, où commence l'aventure de chacun d'entre nous. Et la kiné-psychothérapeute Suzanne Robert-Ouvray – spécialiste du tonus du nouveau-né – d'expliquer avec subtilité comment la tendresse entre en jeu dans notre prime éducation, en tant que pôle d'intégration de toute vie psychique, dans le couplage tendresse/dureté qu'il n'est pas évident de bien doser.

À l'autre extrême, on parle de plus en plus de l'importance de la tendresse dans l'accompagnement des personnes en fin de vie – grâce aux pionnières des soins palliatifs, par exemple, en France, Michèle Salamagne, ou Marie de Hennezel, auteur de *L'Amour ultime*[1] et de *La Mort intime*[2]. « La tendresse, voilà l'état d'esprit que la formation de Marie de Hennezel a insufflé à toute l'équipe », nous disait en 1998 Chantal Bertheloot, responsable de la fameuse Maison de Gardannes – nouveau modèle d'unité de soins palliatifs hors hôpital, que le film *C'est la vie* a récemment pris pour modèle.

Mais si la tendresse s'avère cruciale en début et en fin de vie, pourquoi le serait-elle moins le long du parcours qui joint les deux ? S'insurgeant contre des siècles de machisme, d'excès de pudeur et plus généralement de désincarnation des rapports humains, l'importance de la tendresse – qui n'est ni sensiblerie ni mièvrerie – s'affirme comme l'une des composantes les plus vitales de la nature humaine, habitée par la force du brin d'herbe capable de transpercer le macadam de la route ou la dalle de béton.

Comment définir cette force paradoxale ? Dans sa conférence intitulée « Le creux de la paume et l'amour en infrarouge », le psychiatre Jean-Pierre Klein propose une définition par défaut : « La tendresse suppose deux sujets en présence. Elle n'est donc : ni possession ou soumission – qui chosifient –, ni passion ou addiction – qui amputent et fusionnent des

1. *L'Amour ultime :* *l'accompagnement des mourants*, avec Johanne de Montigny, Hatier, 1991.

2. *La Mort intime :* *ceux qui vont mourir nous apprennent à vivre*, Laffont, 1995.

21

fractions de sujets. » Selon lui, toute la subtilité de la tendresse – expression d'un amour véritable – tient à la « distance juste », très petite mais non nulle, qui sépare deux sujets libres en relation. Klein cite Levinas, Jankélévitch, Ricœur. Pour lui, il est question d'un mélange d'intimité et de respect, de lissage des contours, d'anticipation de la présence de l'autre... « ou de son souvenir persistant dans le creux de la paume ». Autant d'allusions à la subtilité parfois indéfinissable du sujet traité. Parlant de sa propre démarche thérapeutique, l'art-thérapie, « impensable sans tendresse », Jean-Pierre Klein précise : « Je pense que la clarté crue n'est pas forcément le meilleur chemin vers la lumière. Mettre des sous-titres pour interpréter ou définir quelqu'un, arrête la relation plutôt qu'il ne l'accompagne. Il s'agit certes de ne pas rester dans l'obscurité, mais pas non plus dans la clarté aveuglante. Plutôt dans la pénombre. » De la même façon, la tendresse ne serait envisageable que dans la nuance d'une « lumière tamisée »...

Trois fonctions

Nourri de la pensée des philosophes Max Pagès et Robert Misrahi – dans le sillage de la pensée de Spinoza –, et lui-même auteur d'un livre intitulé *La Distance intime, tendresse et relation d'aide*[1], le psychologue-psychothérapeute Alain Delourme pousse un cran plus loin la précision scientifique de la tendresse. Selon lui, ce « mouvement non passionnel de l'amour » fournit un ciment affectif indispensable au lien social. Caractérisée par sa stabilité, sa douceur et sa délicatesse, la tendresse jouerait trois fonctions essentielles :

1. Desclée de Brouwer, 1995.

1. l'unification des dimensions physique, psychique et affective ;

2. la sécurisation du sujet, notamment vis-à-vis de sa peur d'abandon et d'isolement ;

3. la confirmation (réciproque) du sentiment d'exister.

Réunies, ces trois fonctions rendraient possibles les échanges entre individus et un accord minimum sur le sens. « Car enfin, demande le psychologue, de quoi les humains ont-ils aujourd'hui le plus besoin ? » Réponse : d'amour et de sens, condition *sine qua non* de la responsabilisation de l'individu libre.

Ces deux dimensions, amour et sens, mêlées l'une à l'autre, définissent justement la tendresse. Ce qui, tout de suite, pose un grave problème au thérapeute dans la relation à son client : comment pourrait-il l'aider s'il ne l'aime pas et n'éprouve à son égard aucune tendresse ? « Désormais, dit Delourme, je refuse de prétendre soigner quelqu'un que je n'aime pas. » À l'inverse, comment continuer à respecter le fameux tabou psychanalytique, selon lequel le thérapeute ne devrait en aucun cas *toucher* son patient – et donc s'avérer explicitement tendre avec lui ? « Dans bien des cas, poursuit le thérapeute, j'ai senti que ce recul devant l'affect, que j'acceptais de conserver au nom de la sacro-sainte règle freudienne, se traduisait par du sadisme, de la non-assistance à personne en danger. » Il a donc franchi le pas et, bravant le tabou, n'hésite plus à prendre parfois ses patients dans les bras lorsque ceux-ci traversent une crise – geste qui fera peut-être sourire les nombreux praticiens des psychothérapies corporelles, mais qui constitue bel et bien une révolution dans la galaxie post-freudienne.

Et dans la vie de tous les jours ?

Apprivoiser la tendresse

S'il est, parmi nos contemporains, un pionnier qui, depuis vingt ans, insiste régulièrement sur l'importance de la tendresse dans les relations humaines, c'est bien Jacques Salomé. Créateur de nombreux stages et auteur de nombreux livres sur la question, il rappelle cependant toujours la difficulté à parler de la tendresse avec des mots : « Car le propre de la tendresse c'est de se vivre, de s'éprouver, de se recevoir et de se donner. La tendresse est une qualité de l'attention qui s'offre, se propose, sans jamais contraindre, qui peut donc se mettre en réserve, en attente, sans se refermer, sans se bloquer à jamais. »

Par exemple, elle peut signifier, comme dans un moment de la pratique d'Alain Delourme, irruption du contact physique. Mais on peut aussi bien dire l'inverse : « Longtemps, écrit Jacques Salomé, j'ai relié la tendresse au contact physique, dans le geste reçu et donné avec la rencontre des corps, mêlés souvent au corps à corps du désir. Mais je sais bien aujourd'hui que la tendresse n'est pas seulement physique. Elle est sensation fragile, émotion imprévisible, regard étonné, mouvement secret et fugace, reliés à l'ensemble des sens. Il y a du ruissellement dans la tendresse, du fluide, de l'eau, quelque chose de très ancien, venu du plus loin de la naissance, qui nous renvoie à une vie première baignée dans la "tendresse liquide" de l'univers[1]. »

1. Jacques Salomé, *Apprivoiser la tendresse*, Jouvence, 1988-1991.

La *tendresse* dans

les cycles de la vie

Psychosociologue et formateur

en relations humaines,

auteur de nombreux best-sellers,

Jacques Salomé est connu

pour ses ouvrages sur la communication,

les relations parents-enfants

et la relation de couple.

Il a développé une méthode

fondée sur la mise en œuvre

de règles simples d'hygiène relationnelle*.

La tendresse est l'un de ses mots clés

et l'idée de créer

un Festival de la Tendresse

est d'abord partie de lui.

La tendresse
dans les cycles
de la vie

• Jacques Salomé

Une éducation relationnelle

*ou comment partager
et enseigner avec tendresse*

« L'amour et la tendresse sont des phénomènes subtils qui s'agrandissent
et s'enrichissent en se partageant… »

L a tendresse, c'est quelque chose que je sens, que je vis assez souvent et que je peux aussi parfois rencontrer… chez les autres. Je
me rappelle ainsi de purs moments de tendresse bleutée auxquels
j'ai pu assister en spectateur ému. Ainsi, en écoutant une petite fille, qui ,
dans un train la semaine dernière, disait à sa maman : « Tu sais maman,

c'est drôle, c'est comme si tu étais le morceau de fer et moi l'aimant. » Et soudain j'entendais un sens nouveau au mot aimant !

La tendresse est un chemin qui peut s'offrir à chacun, qui s'offre à moi, qui s'offre à vous, bien après les peurs, bien après les doutes, bien après les demandes et surtout bien après les accusations, les ressentiments ou les rancœurs. Car il n'y a pas de tendresse possible entre deux êtres (même quand ils s'aiment) s'ils sont habités par des reproches, des mises en cause, des aigreurs…

La tendresse ne se demande pas. Elle s'offre sans conditions. Et pour mieux s'offrir, elle s'autorise – j'aime beaucoup ce mot quand il signifie se rendre auteur, c'est-à-dire créateur. La tendresse se reçoit ainsi dans un même mouvement continu entre donner et recevoir. Elle est un élan du cœur, une caresse de l'âme, une vibration sensible avec le meilleur de nous qui s'accorde au meilleur de l'autre.

La tendresse n'est ni à vendre ni à se perdre dans un troc émotionnel

La tendresse, c'est avant tout l'émerveillement d'un regard. Mieux encore, une qualité du regard qui va se développer en contact, en échange et parfois en partage.

La tendresse, c'est aussi une écoute, un sourire et parfois un rire qui surgit en nous bien longtemps après le souvenir.

C'est cette petite fille de trente-cinq ans qui se souvient encore de la voix de son père, depuis longtemps décédé ; son père qui s'écriait chaque fois qu'elle riait : « Oh toi, tu ris comme un mouton ! » Bien des années plus

* La méthode ESPÈRE, mise en pratique notamment par des conseillers conjugaux et par des conseillers pédagogiques.

tard, elle s'entendait dire à sa propre petite fille de trois ans : « Toi aussi tu sais, tu ris comme un mouton… »

La tendresse est gratuite. Elle ne suppose pas d'obligation de réciprocité, elle ne s'inscrit ni dans un troc relationnel ni dans un rendu. Ce qui est très important. Car il y a parfois une sorte de terrorisme affectif implicite, quand nous attendons, avec une forme d'exigence cachée, la réponse de l'autre, quand nous attendons que l'autre entende nos demandes sans même que nous les formulions. À partir de cette croyance erronée : « S'il m'aimait vraiment (insister sur le vraiment), comme il le prétend, il répondrait à ma demande… sans même que j'aie à l'exprimer ! »

La tendresse se propose et se vit en dehors de toute contrainte. Elle ne s'inscrit pas dans une relation de pouvoir, parce qu'elle est avant tout abandon et offrande. La tendresse, au fond, est une sorte de bonté à l'état gazeux ou vaporeux. Il y a d'un côté les bontés imprévisibles, qui surgissent dans le lâcher-prise de la confiance ou la générosité de nos possibles (quand ils ne sont pas enfermés dans le rationnel, le logique ou l'explicatif) ; et de l'autre les bontés de vocation, dont je me méfie un peu. Je pense à ces bontés qui ont besoin, pour se faire reconnaître, d'un uniforme, d'une idéologie parfois, d'une croix rouge ou d'une croix blanche. J'ai encore, dans la mémoire de mon corps, le souvenir vivace de ces religieuses qui sévissaient, dans les services hospitaliers ou dans les pensionnats de mon enfance, avec une bonté résolument redoutable, mêlée de volontarisme, de principes et parfois peut-être d'un peu… de sadisme. Cette bonté, cette tendresse dictée, cette tendresse en conserve, je crois que nous les payons trop cher, en culpabilité, en dette et en devoir. Rien n'est plus terrible que la tendresse de circonstance. Je pense ici à ces repas de Noël où l'on a rassemblé toute la famille, venue des quatre coins de France et de Navarre, pour des retrouvailles et des partages que nous avions anticipés comme bons et bienveillants. Il circule parfois, au cours de ces repas dits « familiaux » tellement de tensions, de violences cachées, que même à Pâques, déçus et épuisés, on s'en souvient encore !

La tendresse − mode d'emploi

La tendresse ne se parle pas beaucoup, elle va se dire avec les multiples langages du corps. Ma mère, quand elle me lavait (tout petit), parsemait mon corps de baisers légers pour finir de le sécher. Je me souviens aussi quand, toutes affaires cessantes, elle me prenait contre sa poitrine, m'enveloppait de ses longs cheveux, me berçait, me libérant ainsi des angoisses ou des désespoirs insupportables de mon enfance.

La tendresse peut se vivre dans la respiration. Oser respirer proche de l'autre, c'est déjà le recevoir. Cette femme me racontait comment elle avait pu dire adieu à son père déjà dans l'agonie : « J'étais assise sur le bord de son lit, je tenais ses mains assez décharnées dans les miennes et je cherchais en moi les mots pour lui dire mon amour, ma tristesse et mon soulagement aussi. Car il souffrait terriblement depuis plusieurs mois. Je voulais lui dire tout cela à la fois. Et je ne sais comment cela s'est passé, je me suis mise à respirer profondément. Un inspir large et profond. Un expir long et soyeux. Je me suis entendue respirer comme jamais et le miracle, c'est que mon père s'est mis, petit à petit, à respirer à mon rythme. Ce fut un accord, une harmonie extraordinaire ! Je ne sais combien cela dura, mais mon père est mort ainsi, en respirant. Oui, il est mort vivant, accompagné par mon souffle. »

La tendresse est aussi dans le toucher. La tendresse dans le sens de toucher avec un geste plein, qui ne prend pas, qui ne s'approprie pas, qui ouvre à la rencontre des corps et des chemins de la confiance. La tendresse ainsi offerte va permettre le partage de l'indicible et plus encore de l'ineffable. Un toucher qui ne prend rien, qui n'exige pas, qui va libérer des passages, ouvrir des chemins. Oui, qui va ouvrir à la confiance, à l'abandon, à l'agrandissement de soi.

Un autre des langages de la tendresse, c'est le temps. Le temps aboli, le temps qui prend son temps, le temps qui se laisse aller à rêver. Un temps qui permet d'engranger et de vendanger le présent pour en faire des souvenirs. La tendresse c'est l'antivitesse. Elle se découvre dans cet espace fragile entre le mouvement et l'immobilité. C'est ce qui fait que parfois elle est silence et d'autres fois elle devient danse, chorégraphie secrète de tous les abandons à venir. La tendresse se partage alors dans l'harmonie des gestes ou des paroles accordées.

Je suis souvent touché par l'accord imprévisible de certains mots, je donne une grande importance à la musique des mots. Combien de fois ai-je entendu deux mots, prononcés par deux personnes très différentes, allant à la rencontre l'un de l'autre, faisant une sorte de feu d'artifice ! Créant, l'espace d'un instant infime, une sarabande, une petite fête avant de revenir, encore plus étonnés d'eux-mêmes, vers ceux qui les avaient énoncés. La tendresse n'a pas d'âge, pas de sexe, pas de race. Elle est de toutes les couleurs et elle s'invente avec la liberté d'être, la plus précieuse des libertés qui consiste à se respecter.

La tendresse, c'est apprendre à conjuguer le verbe « Toi ». Un verbe très rare, qu'il convient de chuchoter avec respect. C'est le seul verbe relationnel qu'il faut conjuguer avec le verbe « aimer » toujours au présent : Tu es aimé(e).

Ce qui sape la tendresse

Ce n'est qu'à l'âge de trente-cinq ans que j'ai pris conscience d'une partie trop méconnue de moi : ma féminitude. J'avais jusqu'alors complètement oublié que j'étais porteur de tendresse. J'en avais reçu, mais je ne savais pas toujours l'accueillir et ne savais ni en donner ni en recevoir. Je ne savais pas que j'étais, comme chacun d'entre vous, un véritable soleil de tendresse, une véritable pile atomique de bienveillance gratuite. La mienne est venue avec les années, avec les rides et les cheveux blancs. J'ai été longtemps un homme violent, surtout à l'égard de moi-même, pas tellement à l'égard d'autrui, même s'il m'est arrivé, quand j'étais aveuglé par le réactionnel, de déposer de la violence, de l'incompréhension, des jugements de valeur, des gestes froids et coupants, qui tentaient de masquer maladroitement l'immense détresse qui m'habitait, quand je ne me sentais pas entendu ou compris.

La tendresse, c'est la sève vivante de la communication relationnelle non violente. J'insiste sur ces mots « communication relationnelle non violente », car je crois qu'aujourd'hui nous sommes dans une société qui, avec une surenchère de moyens techniques hypersophistiqués, consomme de la communication et confond ainsi la circulation de l'information avec la mise en commun, qui est le propre d'une commu-

La tendresse
dans les cycles
de la vie

nication vivante. Je souhaiterais que la tendresse serve de lien, de passerelle, ouvre des passages entre la communication de consommation, dans laquelle dominent les rapports d'exploitation dominants/dominés, et la communication relationnelle non violente qui permet le partage en réciprocité qui est à la base de la convivialité.

Je crois que nous vivons dans un système éducationnel et relationnel incroyablement pervers. Je l'appelle système SAPPE : S comme Sourd ; A comme Aveugle ; P comme pernicieux et pervers, E comme Énergétivore… Ce système SAPPE est aussi vieux que l'humanité ; il existe vraisemblablement depuis que l'homme vit en tribu, en société élargie. Il dépose une violence incroyable dans le corps et dans l'esprit de chacun d'entre nous. Nous avons tous été élevés dans les errances et les violences implicites de ce système, quel que soit l'amour que nous avons reçu. Et cette violence a laissé plus de traces en nous que nous ne le croyons, ce qui fait qu'elle resurgit dans les moments de vulnérabilité de notre vie. Le terreau dans lequel se développent l'incommunication et la plupart des malentendus relationnels vient de la pratique du système SAPPE, à base d'injonctions (parler sur l'autre), de dévalorisations, comparaisons, chantages, menaces (déposés sur l'autre), de culpabilisations (en le rendant responsable de ce que nous ressentons), du maintien des rapports dominant/dominé (dans lesquels l'un met l'autre au service de ses besoins, de ses peurs ou de ses désirs)…

C'est terrifiant de découvrir avec quelle sincérité, quel angélisme, nous entretenons, reproduisons ce système… Et quand je tente parfois de prendre plus de distance, de regarder cela avec un peu de hauteur, je me désespère de voir comment j'ai élevé mes enfants, comment j'ai proposé à mes proches, à ceux que j'aimais, les manifestations de ce système SAPPE en entretenant de façon pathétique malentendus, violences et incompréhensions. En les maintenant dans l'opposition ou la soumission, plutôt que dans l'opposition et la confrontation, en déclenchant des affrontements, des rapports de force.

Le système SAPPE, ou l'antitendresse, peut se reconnaître à cinq phénomènes permanents et récurrents, présents dans toute tentative de communication. Nous sommes tombés dans le système SAPPE, un peu comme Obélix est tombé dans la marmite de la potion magique !

Nous avons été élevés dans un système d'échanges, de partages à base d'injonctions. Les exemples sont légion : « Tu dois aimer ton frère ! Toi, tu es grand… » Or, moi, je ne l'aimais pas, il avait pris « ma place »… je le détestais. Je lui ai donc fait le coup de l'oreiller : j'ai mis un oreiller sur le berceau, avec beaucoup, beaucoup de jouets par-dessus ! Je lui ai fait aussi le coup du landau : on avait un jardin en pente, avec au bout un petit ruisseau, et je faisais le pari, dans ma tête d'enfant, qu'une fois sur deux le landau arriverait debout. Mais le landau, une fois sur deux, arrivait renversé… Il a survécu, moi aussi, mais avec beaucoup de souffrances, celles surtout de ne pas me sentir entendu dans mes sentiments réels par mes parents.

À partir d'injonctions : on nous dicte le plus souvent ce que nous devons éprouver, sentir et faire ! L'injonction, c'est aussi la pratique abusive de la relation klaxon : Tu, Tu, Tu, Tu… « Tu as fait ceci, tu n'as pas fait cela, tu n'aurais pas dû… » Il y a quatre grands reproches qui reviennent sans arrêt dans les relations proches : « Tu as dit, tu n'as pas dit, tu as fait, tu n'as pas fait ! »

La tendresse
dans les cycles
de la vie

Puis viennent les disqualifications, les remarques ironiques. « Ce n'est pas en te coiffant toute la journée que tu vas avoir des bonnes notes à l'école, ce n'est pas en te mettant du rouge aux lèvres sans arrêt que tu vas garder ton petit ami, ce n'est pas en écoutant cette musique de débile que tu vas réussir ton bac ! » Nous dévalorisons, menaçons, comparons pratiquement sans arrêt, sans même nous en rendre compte. « Regarde ta sœur, on n'a pas besoin de lui demander de mettre la table, à elle. Elle le fait spontanément, elle. Elle n'attend pas le dimanche soir pour faire ses devoirs, elle n'est pas comme toi... » Ou encore : « Maman, maman, j'ai eu 10 en récitation... – Il était temps, après les deux 0 de la semaine dernière ! » Combien de personnes disent ce genre de phrases, sans même entendre les messages de dévalorisation dont elles sont porteuses ? Des milliers, des milliers !

C'est terrifiant ! J'ai envie parfois de rentrer sous terre... quand je repense non seulement à tout ce que j'ai reçu, mais à tout ce que j'ai déposé sur mes enfants ! Heureusement qu'aujourd'hui il est possible d'en reparler avec les personnes que nous avons violentées par de telles injonctions, menaces, dévalorisations, disqualifications... et de s'ouvrir ainsi à des réconciliations.

Comment est-il possible que nous nous construisions sur des bases de confiance, d'amour de soi, de bienveillance envers autrui, quand nous avons été sans cesse imbibés par des mises en doute, des menaces ou des injonctions ?

Il y aussi la culpabilisation qui consiste à laisser croire à l'autre qu'il est responsable de nos sentiments ou de notre ressenti. « Non mais, tu as vu ton pauvre père ! Tu ne vas quand même pas partir faire des études aux États-Unis, comme ça, la bouche en cœur, alors que lui t'aime et voudrait t'avoir près de lui. Ça ne te fait rien de le voir malheureux à cause de toi? Et s'il lui arrivait quelque chose, pendant que tu es parti ? » Voilà comment se dépose une culpabilisation ! Ou bien c'est cette mère qui téléphone à sa fille, le vendredi soir, après une semaine de travail : « Allô, ma chérie, tu vas bien ? Parce que moi, tu sais, ça ne va pas du tout ! Mais ne t'inquiète pas, j'ai été chez le docteur... il m'a donné pour soixante-cinq euros de médicaments. » En terminant la conversation avec : « À propos, ta sœur est venue me voir, elle, dimanche dernier... »

Ou encore, quand on entend dans un couple : « Ma chérie, l'autre jour quand j'avais envie de faire l'amour et que tu ne voulais pas... je me suis fâché et je t'ai traitée de frigide ! C'est vrai, ce n'est pas ta faute si tu es frigide ; tu es comme ta mère, c'est tout. » Voilà comment nous déposons, la plupart d'entre nous sans arrêt, des messages, des violences culpabilisantes chez l'autre.

Comment vivre épanoui, dans l'ouverture et le don que suppose la tendresse, quand nous avons été imbibés de cette violence latente que nous avons, tous, reçue ?

Pour s'en libérer, pour survivre, pour surnager, pour s'alléger, on ne peut pas faire autrement que la déposer... à son tour sur les autres !

Comme adulte, un des premiers engagements vers la tendresse serait de renoncer à pratiquer le système SAPPE !

Je suis persuadé que ce que nous lisons dans les journaux, ce que nous voyons tous les jours à la télévision, l'incroyable violence du monde, ne sont que la projection agrandie de toutes les violences petites et grandes du quotidien de la vie, telles les violences conjugales, parentales, familiales, sociales, qui se véhiculent au travers du système SAPPE.

La tendresse
dans les cycles
de la vie

Tout devrait commencer à l'école

Quand nous découvrons que ce que je viens de décrire plus haut est transmis, structuré, reproduit quasi automatiquement dans notre éducation familiale, scolaire et sociale, quand nous ne réalisons même plus que nous sommes la plupart du temps définis, étiquetés, évalués par les autres, que nous sommes dans la survie, quand nous n'avons pas choisi de vivre au service des peurs et des désirs de nos proches, tout cela finit par devenir à la fois terrifiant et peut-être suffisamment stimulant pour nous convaincre de commencer à nous responsabiliser.

Seulement voilà, aujourd'hui, les parents qui m'interrogent au sujet de leurs enfants, de leurs adolescents, avouent qu'ils n'y arrivent plus, qu'ils sont dépassés. Le système ancien fondé sur le pouvoir, qui est supposé avoir marché jusqu'ici (« Tu ne passes pas à table sans te laver les mains » !, « Je t'interdis de fumer ! » « Je n'accepte pas que tu sortes le soir », « Je t'oblige à suivre des cours de piano »), ne fonctionne plus. Très tôt les enfants se dérobent, échappent aux contraintes, transgressent les interdits, s'opposent aux limites, refusent les frustrations inévitables liées à la rencontre avec la réalité. Les parents ont l'impression d'avoir encore une influence sur eux jusqu'à sept, huit, neuf ans ? peut-être un peu plus : dix, onze ans ? Au-delà et parfois avant, les enfants n'acceptent plus les rapports de pouvoir, ils répondent aujourd'hui à l'obligation de se laver les mains: « J'm'en fous, j'bouffe pas », et ils s'enferment à clé dans leur chambre. Cela signifie que les rapports dominant/dominé sont désormais caducs et se transforment en affrontements ouverts. Les parents dominants deviennent des adultes dominés par leurs enfants, et les enfants dominés deviennent les dominants… de parents dépassés ou démissionnaires.

On apprend aujourd'hui beaucoup de choses à l'école, la transmission des savoirs et des savoir-faire s'y poursuit et je ne vais pas passer mon temps à dénoncer ce qui ne marche pas ou dysfonctionne dans le système scolaire. Je préfère utiliser mon énergie à proposer ce que *pourrait faire* l'école. Je crois que les changements devront être initiés par les parents. Non pas dans une relation de critique, d'opposition aux enseignants, mais dans une relation d'extension, vers ce que nous appelons, Alexandre Jardin et moi-même, l'« École ouverte ». Une école ouverte sur le relationnel, sur l'apprentissage de la communication non violente, sur la citoyenneté, sur la réorganisation de l'humus social. Je ne crois pas que cela viendra du haut, des personnages décisionnels, politiques ou autres. Je rêve que l'on décide un jour qu'à l'école, outre l'écriture, l'histoire, le calcul ou la géographie, on enseigne, on transmette une méthodologie pour apprendre la communication relationnelle non violente, centrée sur l'écoute active, sur le partage autour d'un équilibrage du demander, donner, recevoir et refuser, sur le respect et la mise en pratique de quelques règles d'hygiène relationnelle… Pour découvrir que communiquer, c'est accepter de mettre en commun des différences.

Une des règles de la communication relationnelle, qui est un ancrage les plus puissant de la tendresse, est de « ne plus parler sur l'autre », mais plutôt de prendre le risque de parler de soi à l'autre. De ne plus laisser l'autre parler *sur* nous, mais de l'inviter à parler de lui. Cette simple règle d'hygiène relationnelle est déjà un ancrage fabuleux !

**La tendresse
dans les cycles
de la vie**

Pour les enseignants, je souhaiterais qu'ils puissent pratiquer une péda-
gogie de l'implication, de sortir du système question-réponse, de ne pas
confondre sanction et punition, d'utiliser des outils relationnels comme
l'écharpe (nous sommes toujours trois dans une relation, l'autre, moi et la
relation qui nous relie). Avec la conscientisation que cette relation doit
être nourrie, entretenue, protégée, pour qu'elle serve de pont, de passerelle, de canal, afin que ce qui va de l'un à l'autre arrive bien jusqu'au
destinataire… Arriver ainsi à proposer aux élèves des propositions dyna-
misantes comme : « Voilà, quand je te pose une question et que j'attends
une réponse, je m'engage à m'appuyer sur ta réponse pour aller plus loin
avec toi. Quelle que soit ta réponse, même si ce n'est pas la bonne, ou
celle du livre, je m'appuierai dessus, moi ton professeur, pour t'amener à
la bonne réponse. »

Le professeur : – Jacques, où la Loire prend-elle sa source ?

L'élève : – Au mont Saint-Gothard !

Le professeur : – Ah, pour toi, c'est donc au mont Saint-Gothard. Sais-tu
où se trouve le mont Saint-Gothard, Jacques ?

L'élève aurait la possibilité d'ouvrir l'atlas de géographie, pour découvrir
que c'est plutôt le Rhône qui prend sa source au mont Saint-Gothard. Il
pourrait remonter la Loire à partir de son embouchure, pour découvrir
que c'est au mont Gerbier-de-Jonc qu'elle commence sa course. On
réactivera au passage les connaissances… de beaucoup d'élèves à partir
de réponses au départ erronées. J'aurais rêvé dans ma jeunesse qu'un
professeur me dise : « Jacques, sur la dictée de quatre-vingts mots, tu en
as écrit soixante-quinze justes. »

Je me rends compte qu'il n'y aucune autre profession au monde qui parle davantage « sur l'autre » que celle d'enseignant. Je serais donc tenté de les inviter à arrêter de parler *sur* les enfants. D'arrêter de les disqualifier, de les agresser par des jugements de valeur et de prendre le temps d'entendre que la violence réelle dont font preuve aujourd'hui beaucoup d'enfants est le langage de leur désarroi !

Les enseignants devraient pouvoir reconnaître leurs difficultés vis-à-vis de certains élèves et accepter du soutien, des supervisions. J'appelle cela le principe d'implication personnelle.

Il y aurait cinq changements relationnels à introduire dans le fonctionnement de l'école :

1. Développer une plus grande implication personnelle chez les enseignants. Apprendre à mieux se définir, à se positionner, à se mettre en cause. « Oui, c'est moi qui suis en difficulté quand je n'arrive pas à t'apprendre quelque chose. J'ai réussi avec les autres élèves, mais, avec toi, soit je n'ai pas su adapter mon savoir à tes possibilités de compréhension, soit je n'ai pas trouvé le chemin pour te rejoindre, te stimuler ou simplement te donner le goût d'aller plus loin. »

2. Non-agression verbale, ironique ou disqualifiante. Je suis stupéfait par les violences verbales qui sont déposées sur certains élèves. Les dévalorisations, les disqualifications, les accusations portées sur leur personne, sur leur comportement ou leur conduite, blessent profondément l'enfant et le placent en position réactionnelle. Rappelons-nous les quatre grandes blessures de l'enfance : humiliation, injustice, impuissance, trahison. Comment voulez-vous que les élèves les plus sensibles, les plus vulnérables ne se rebellent pas ?

La tendresse
dans les cycles
de la vie

3. Absence de séduction et non-collusion entre sentiment et relation. Il ne s'agit pas d'aimer ou de ne pas aimer un élève, mais de se positionner face à lui, en ne le confondant pas avec son comportement ou ses résultats.

4. Ne plus collaborer au système SAPPE, en le démystifiant, en montrant comment il fonctionne, comment il est entretenu par tous les protagonistes d'une relation.

5. Apprentissage de quelques règles d'hygiène relationnelle autour de la communication relationnelle non violente. Ne pas confondre par exemple désir et besoin, sentiments et relation, mettre en évidence qu'une relation ayant deux bouts, chacun est responsable de son propre bout... Toutes ces règles et outils sont développés dans *Pour ne plus vivre sur la planète Taire*[1].

À l'école, l'apprentissage de ces règles d'hygiène relationnelle devrait être considéré comme une matière à part entière.

Apprendre et nous former à la communication relationnelle nous ferait sortir de l'illusion de la toute-puissance infantile qui est fréquemment réveillée en situation scolaire et où chacun, enseignants (mis en échec dans leurs savoirs) ou enfants (mis en doute sur leurs ressources), se trouve inconsciemment enfermé et qui consiste à penser ou à croire qu'il n'y a que nous, au fond, qui savons communiquer et que c'est à l'autre de faire l'essentiel de l'effort ou du travail.

Car il y a deux grands pièges fréquents, dans toute tentative de communication ou d'échange :

1. L'accusation d'autrui : « C'est ta faute, tu ne comprends rien, tu n'es jamais là quand il faut, on ne peut pas discuter avec toi », etc.

1. Jacques Salomé, *Pour ne plus vivre sur la planète Taire*, Albin Michel, 1997.

2. L'autoaccusation ou la victimisation outrancière : « C'est de ma faute, c'est à cause de moi, de toute façon, je suis complètement nul. Je me demande d'ailleurs ce que tu fiches en restant avec moi, je ne peux que te décevoir, avec un pareil pauvre type. Si seulement j'avais du cran, je me ferais sauter le caisson, je débarrasserais le plancher. »

Sortir de ces cercles vicieux est aussi une bonne initiation à la tendresse envers soi-même. Et cela peut s'apprendre. Ni accusation ni dévalorisation, mais plutôt responsabilisation, meilleure définition de soi, affirmation… Le jour où l'on apprendra ces quelques démarches, où l'on deviendra coauteur, coresponsable de tout ce qui nous arrive, ce jour-là, je crois que la communication relationnelle non violente aura franchi une étape importante.

J'ai réalisé plusieurs vidéos avec différents Centres régionaux de la documentation pédagogique, proposé quelques réformes sous la forme d'un petit opuscule : *Minuscules aperçus sur la difficulté d'enseigner,* mais les résistances sont immenses. De plus, la paranoïa autour des sectes rend suspecte toute démarche visant à proposer des changements relationnels ! Dans aucun pays au monde on n'enseigne la communication à l'école. Je crois que ce n'est pas un hasard : le jour où l'on enseignera à l'école la communication et donc l'affirmation de soi, la responsabilisation, la tolérance et le respect des différences, on aura, je le crois, des citoyens moins moutonniers, moins manipulables, moins influençables et donc plus conscients et peut-être plus engagés dans la vie de la cité et de l'État.

Au niveau des individus, j'ai apparemment beaucoup d'audience si j'en juge par le tirage de mes ouvrages, le courrier reçu, les visites sur le site

La tendresse
dans les cycles
de la vie

de la méthode ESPÈRE. Au niveau institutionnel, c'est plus réticent, plus réservé, il y a bien quelques petits îlots (écoles, collèges, classes de lycée) qui appliquent ces idées et mettent en place des ateliers de communication non violente à l'école. Au niveau ministériel, celui du pouvoir décisionnel, je crois qu'il y a des résistances infinies. Mais c'est le propre de tout changement de sécréter des inquiétudes, des réticences, des rejets… Les outils, les règles d'hygiène relationnelle, les concepts que je propose sont relativement simples, accessibles, transmissibles, directement opérationnels au quotidien de la vie scolaire ou familiale. Pourquoi ne sont-ils pas utilisés ? Pour des raisons et des enjeux qui m'échappent, mais surtout parce que nous vivons dans une culture de la victimisation et de l'assistanat. J'ajoute enfin, pour relativiser, que « ce n'est pas en perfectionnant la chandelle que l'on a inventé l'électricité »…

En conclusion, je voudrais rendre hommage ici à plusieurs personnes engagées dans des processus de changement, œuvrant à des niveaux très différents pour qu'il y ait plus de respect, de cohérence, de vigilance et donc de tendresse dans les relations humaines, et par là même plus de joyeuseté, de confiance et d'amour entre les êtres d'aujourd'hui et de demain.

Je dois beaucoup pour l'évolution de ma pensée et de mon travail à Anne Ancelin-Schützenberger, à Max Pagès, qui furent de mes maîtres en matière de psychologie sociale. L'une a écrit *Aïe, mes aïeux !*[1], et m'a ouvert à l'inconscient et à la valeur du travail en groupe, l'autre a publié *Le Travail amoureux*[2] (il faut comprendre ici le sens du mot « travail », c'est-à-dire à la fois mouvement, changement et différenciation des rapports

1. Anne Ancelin-Schützenberger, *Aïe, mes aïeux !: liens transgénérationnels, secrets de famille, syndrome d'anniversaire et pratique du génosociogramme*, La Méridienne, 1993.

2. Max Pagès, *Le Travail amoureux, éloge de l'incertitude*, Dunod, 1991.

énergétiques à l'intérieur d'une personne, en ce qui concerne le travail amoureux et les engagements de vie) et m'a donné envie d'écrire et de parler comme je peux le faire aujourd'hui, c'est-à-dire en trois dimensions : une dimension conceptuelle, capable de proposer des balises et des références claires pour ne pas se perdre dans la complexité des enjeux relationnels, une dimension de témoignages, nourrie d'exemples concrets, illustrée de cas, et une dimension poétique et parfois lyrique ouverte sur le symbolique. Je voudrais rendre hommage à Paul Watzlawick et à Alexander Lowen, qui m'ont décoincé, l'un sur le plan intellectuel et l'autre sur le plan corporel. Remercier Jacques de Panafieu pour m'avoir fait découvrir le rebirthing et l'incroyable mémoire de notre corps...

Rappeler tout ce que je dois à Sylvie Galland, qui fut ma collaboratrice durant deux décennies, à Paule Salomon pour sa rigueur, à Guy Corneau pour sa créativité, à Christiane Singer pour sa vision si structurante de la dimension spirituelle et de la relation au divin, à Gérard Leleu, qui a débroussaillé, élagué et ouvert beaucoup de chemins autour de la tendresse... Témoigner de ma reconnaissance à Marc de Smedt, mon éditeur, qui m'a si souvent soutenu, qui ne s'est pas laissé ébranler par mes découragements et qui m'a aidé dans mes périodes de doutes et d'interrogations autour de la mise au monde de chacun de mes livres.
Accompagné par eux, stimulé par leur vivance et leurs travaux, j'ai pu développer les miens et accéder ainsi aux rives d'une tendresse non seulement rêvée mais vécue, non à plein temps mais au moins à pleine vie. Au fond, pour moi, la tendresse universelle et son partage possible au travers d'une communication non violente reste une belle utopie !

La tendresse
dans les cycles
de la vie

Une utopie, c'est comme une étoile ! Il est possible de ne jamais arriver jusqu'à l'étoile, mais le chemin qu'elle montre, celui qu'on a décidé de suivre, en direction de cette étoile, peut nous faire découvrir quelques-uns des possibles de la tendresse, de ses partages, de ses résonances et surtout de ses ouvertures non seulement à des modes de vie plus congruents, mais à une façon d'être plus libre, plus engagée et plus respectueuse d'autrui, de la nature et, au-delà, de l'univers.

Livres ressources :
Apprivoiser la tendresse
(Jouvence, 1988-1991);
Bonjour tendresse
(Albin Michel, 1992);
Un océan de tendresse
(Dervy, 2002);
Au fil de la tendresse
(avec Julos Beaucarne,
Ancrage, 2000);
Je t'appelle tendresse
(Albin Michel, à paraître).

La *tendresse* dans

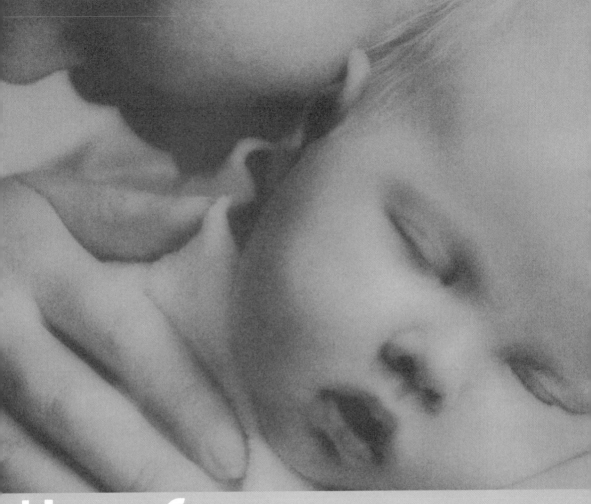

l'enfantement

Médecin psychiatre et psychothérapeute,

Christophe Massin travaille

sur les premiers instants de la vie,

de la conception au sevrage.

L'une des pratiques qu'il utilise, le *lying*,

est inspirée par l'enseignement

de Denise Desjardins et de son maître,

Swami Prajnandpad.

« Chaque fois que nous n'osons pas

être nous-mêmes, écrit-il, nous souffrons

et c'est, je crois, la souffrance fondamentale

qui nous accompagne notre vie durant. »

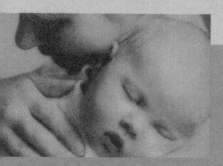

• Dr Christophe Massin

Le bébé et l'amour

Quelle motivation me pousse à parler de la tendresse envers les bébés ? Mon sentiment est double quand on évoque cette question : je ressens un infini respect envers les « tout-petits » et j'ai été très choqué à de nombreuses reprises au cours de ma vie par la façon dont on se comporte à leur égard.

C'est d'abord en côtoyant des adultes, en les regardant agir, que je me suis rendu compte de la manière cruelle dont on a pu traiter les bébés, en particulier dans les hôpitaux. Non par méchanceté, mais par méconnaissance totale de leur ressenti. Mes cheveux se sont dressés sur ma tête lorsque j'ai découvert que, jusqu'en 1990, on n'anesthésiait pas ou peu les nourrissons pendant les interventions chirurgicales ! De la même manière, on leur infligeait des soins extrêmement douloureux, comme la pose d'un cathéter ou une intubation, avec les meilleures intentions du monde, mais sans prendre en compte leur souffrance.

Un autre type de méconnaissance grave m'a souvent révolté, ce sont les principes extrêmement rigides provenant de la médecine elle-même. Celle-ci a prétendu tout savoir sur le bébé, ce qu'il voyait, ne voyait pas, ce qu'il ressentait, ne ressentait pas, ce dont il avait besoin, etc. Ces oukases, les mères ont dû s'y plier pour s'occuper de leur enfant, sous peine d'être traitées de mauvaises mères. Les mères comme les bébés en ont souffert et en souffrent encore.

Évidemment, la médecine n'est pas seule à maltraiter l'enfant ou le bébé : les parents eux-mêmes le font parfois, lorsqu'ils portent beaucoup de souffrance ou répètent inconsciemment leur propre vécu d'enfant. Depuis longtemps, je me sens concerné par ces souffrances infantiles.

Des comportements moins graves m'agacent seulement : une attitude un peu bêtifiante et attendrie amène à considérer le bébé comme une petite chose, du haut de la supériorité de l'adulte. Ou bien on veut en faire un prodige, en lui serinant des leçons dès la gestation dans le ventre de la mère, ou on le pose en être omniscient, pouvant comprendre complètement ses parents. Danger plus récent, il devient, technologie médicale et génétique à l'appui, un objet destiné à satisfaire l'attente exigeante de ses parents. Tout cela m'a convaincu de faire quelque chose.

Si je me permets de parler de tendresse envers l'enfant, c'est à divers

* Magazine
Nouvelles Clés,
automne 1999.

titres. J'ai été quatre fois père. Comme thérapeute, j'accompagne des adultes qui découvrent souvent la source de leurs maux dans leur prime enfance. Enfin, j'ai poursuivi une recherche personnelle, qui m'a ramené à des expériences difficiles du début de ma vie.

Une étoile dans la nuit

Lorsqu'on fait état d'une mémoire de la vie fœtale, beaucoup n'y voient qu'affabulation et fantasme et rétorquent que l'on ne peut rien prouver. Rien n'est démontrable en effet, mais j'ai moi-même ressenti ces états du bébé avec une intensité qui a emporté ma conviction. Ces réminiscences ne font pas appel à la mémoire verbale. Il s'agit d'une mémoire du corps, émotionnelle. Au début, le corps parle de manière forte, sans que l'on comprenne vraiment très bien ce qui se passe. On chemine dans le noir. Peu à peu les éléments s'éclairent et on finit par avoir une vision qui s'impose d'un événement passé.

Je vous propose donc un parcours du fœtus au nourrisson, *autant que le permettent une connaissance subjective et l'état des expériences en thérapie.*

Chez le fœtus, une conscience existe très tôt, nue et solitaire. Un peu comme un point lumineux dans la nuit, une étoile dans le ciel. Une conscience qui se sait là, sans connotation particulière, simplement neutre. D'où vient cette source de lumière ? Je n'en sais rien.

Cette conscience, peu à peu, s'intensifie mais ne se manifeste pas en permanence, car le fœtus, on le sait, dort. C'est une présence qui prend le goût du bien-être, d'une lumière douce, dans une atmosphère feutrée et calme. Dans les thérapies, cet état fœtal de bien-être revient souvent par comparaison à des états postérieurs moins agréables. Le « nirvana » fœtal est proche de certains états de méditation, d'intériorisation. Lorsqu'on le revit, on expérimente quelque chose d'infiniment recueilli, de merveilleusement silencieux.

En revanche, certaines grossesses se déroulent mal, lorsque la mère ne désire pas l'enfant et veut avorter, ou lorsqu'elle est malade, déprimée ou en conflit avec son conjoint... Bien des perturbations émotionnelles vécues par des adultes et qu'ils ne peuvent pas s'expliquer remontent à cette époque fœtale.

Par exemple, j'ai reçu en consultation une femme dont la mère avait essayé d'avorter seule et qui, retrouvant son ressenti d'embryon, se sentait comme un tube sans bras. Cette sensation enfouie au fond d'elle-même provoquait la terreur d'être menacée dans son existence.

Le fœtus ressent beaucoup de choses. Aujourd'hui il est davantage pris en compte sur le plan médical : on parle de fœtologie et on commence à anesthésier le fœtus lors de certaines interventions *in utero*.

Tendre grossesse

Alors, comment exprimer une forme de tendresse envers le fœtus afin d'œuvrer pour son équilibre psychologique plus tard ?

Comme parents, c'est d'abord se donner les moyens de vivre *centrés sur lui*. On a parlé de la mauvaise place faite à la mort dans notre société, mais celle du fœtus, à l'autre bout de la vie, n'est pas tellement meilleure. En effet, l'image de la femme enceinte n'est pas valorisée, du point de vue de son corps, de sa place dans le travail, dans les transports… Car notre société accapare la femme enceinte. Vivre autour de son bébé n'est pas évident lorsque l'on travaille ou que l'on s'occupe d'autres enfants. Être tendre envers le fœtus, c'est déjà se donner le temps de prendre conscience que la grossesse est là et d'organiser sa vie en fonction et autour de la grossesse.

Le deuxième aspect est celui des poupées russes : le bébé à l'intérieur de la mère, la mère par rapport à son compagnon, puis la famille qui les entoure, l'équipe médicale qui suit la grossesse, et la société qui les environne. Pour que le bébé se sente bien, il est nécessaire que toutes les enveloppes jouent leur rôle. Donc il faut que tout concoure à ce que la mère, la première enveloppe, puisse communiquer à son enfant l'amour, la sérénité, la tranquillité dont il a besoin pour son développement.

On parle beaucoup de fusion avec la mère, mais ce concept ne me satisfait pas. D'après mes observations en thérapie, le fœtus n'est pas préoccupé de l'existence de l'autre. Il perçoit la présence de sa mère qui l'enveloppe, mais son attention est tournée vers lui-même. Il ne prendra plus nettement conscience de l'existence de sa mère qu'en fonction des sollicitations ou des perturbations qu'elle lui apporte. « Ma mère et moi, on était comme les deux jambes d'un pantalon, reliées mais distinctes. » La notion de fusion est donc erronée. Le bébé est déjà quelqu'un, et à ce titre, *distinct* de sa mère.

Beaucoup de choses s'expriment par l'utérus. Lorsque je reçois en thérapie des femmes enceintes, j'observe attentivement comment elles se tiennent. L'attitude profonde d'une femme envers sa maternité se perçoit dans sa manière d'« habiter » son ventre. Donc la tendresse de la mère va beaucoup se manifester à travers l'utérus. L'utérus est beaucoup plus qu'un muscle, car il transmet des impressions affectives. Une femme ainsi sensibilisée devient d'autant plus consciente de ce qui se passe dans son ventre, de la façon dont son utérus accueille le bébé comme une niche confortable. Quand des patients en thérapie me disent qu'ils se sentent flotter dans le vide et dans le froid, je pense que l'utérus de leur mère n'était pas habité par sa conscience. C'est un point crucial dans la relation de tendresse entre la mère et son bébé. Mais le père peut aussi participer au déploiement de la conscience de son bébé dans l'utérus.

J'estime qu'il ne faut pas pour autant trop diriger les contacts entre parents et fœtus. Ils ont seulement besoin d'être encouragés. Parfois les parents ont une peur ou un blocage, mais, pour le dépasser, il importe qu'ils soient respectés dans leur sensibilité particulière. Dernier point sur lequel je voudrais insister : les situations de crise. Quelquefois la femme enceinte vit des expériences difficiles. Elle se sent anxieuse ou coupable et n'ose pas s'exprimer. Alors elle intériorise les problèmes mais, bien souvent, ses inquiétudes et ses tristesses inexplicables font leurs ravages silencieusement. La tendresse, c'est aussi entendre la femme enceinte, pas seulement se contenter de lui dire quelques bonnes paroles, mais l'écouter longuement, posément, et dialoguer avec elle. Je lance ce message aux femmes enceintes : Osez parler ! Ne restez pas en souffrance !

La naissance comme préfiguration de la mort

Alors qu'en Occident on oppose la vie et la mort, je serais plutôt adepte du point de vue oriental, selon lequel on oppose la mort à la naissance.

De même qu'il existe dans notre société de graves difficultés pour aborder la mort, de lourds blocages entravent la naissance. On a parlé de traumatisme de la naissance, comme Otto Rank qui, dans les années vingt, a publié *Le Traumatisme de la naissance*[1]. La naissance n'est pas forcément synonyme de souffrance ou de troubles, mais plutôt une épreuve, que l'on peut franchir, bien ou mal.

Or, dans un cabinet de thérapie, je vois plus souvent des gens qui ont mal vécu leur naissance. Je vais donc évoquer les difficultés provoquées par une mauvaise expérience à la naissance.

Que ressort-il des témoignages ? Le plus souvent, dans les cas de dépression ou d'angoisses récurrentes, le consultant ne comprend pas l'origine de son malaise. À un moment de la thérapie, une oppression se déclare : sentiment de compression, gêne respiratoire, suffocation… Puis les sensations se concentrent sur la tête. Car c'est la tête qui franchit en premier lieu le col utérin. Ce qui se traduit par un sentiment d'avoir un anneau serré autour du crâne, par des migraines. Arrive la phase de l'expulsion qui provoque une impression de danger mortel. La personne suffoque, ou s'étrangle… pense mourir. Beaucoup d'angoisses de mort et d'étouffement sont ainsi liées à la naissance. Les expressions telles que « être enfermé vivant dans un cercueil » ne sont pas anodines et renvoient aux sensations du bébé lors de l'accouchement. Cette angoisse est d'ailleurs fondée : autrefois, il n'était pas exceptionnel que l'enfant meure au moment de l'accouchement.

Mais chez l'adulte les conséquences de ce moment ne se traduisent pas seulement par une appréhension de la mort : la sortie et l'accueil de l'enfant ont beaucoup d'autres répercussions tardives sur le plan de

1. Payot, 1990.

l'affectivité et des relations avec les autres sur les affections tardives. Enfin, la fessée du bébé pour recueillir son cri, le fait de suspendre l'enfant par les pieds, l'éblouissement du scialytique ont créé beaucoup de réactions corporelles durables.

Comment ? Le moment de l'accueil est vécu avec beaucoup de force. Ces premières minutes d'arrivée au monde sont capitales. Il se joue quelque chose de fondamental dont on ne mesure pas assez l'importance. Ce point reste encore largement méconnu et l'idée que l'on puisse revivre sa naissance fait encore sourire nombre de scientifiques ! Et cela même dans les milieux psychanalytiques, ce qui est très regrettable. Dans ces moments initiaux, en effet, s'imprime une *matrice de la naissance*[1] : déterminée par les circonstances de la naissance, elle va s'inscrire aussi bien dans le corps de la personne, dans ses attitudes physiques et sa structure osseuse que dans ses réactions émotionnelles de base (confiance, rage, difficulté, impuissance, désespoir, terreur de la mort, etc.). Intervient également une dimension de tonus, d'énergie, car le bébé participe à sa naissance pour l'expulsion. Or, à ce moment, certains bébés ont une impression d'épuisement, de totale inefficacité. Ce qui entraînera plus tard des sentiments d'impuissance… Cette « empreinte énergétique » déterminera aussi la réaction de l'adulte face à l'épreuve.

La matrice de naissance comporte encore une empreinte mentale, car intervient une activation cérébrale qui favorise l'émergence des premières pensées. Dans l'univers utérin, les différenciations existent peu. Pour le nouveau-né, la différenciation ressort des expériences contrastées. La notion du temps surgit avec la séquence rythmée des contractions. Se forme aussi la distinction de l'espace où le bébé se trouvait et celui

1. Christophe Massin, *Le Bébé et l'amour*, Aubier, 1997.

d'arrivée, en particulier les différences de pesanteur et de température. Ces ébauches de pensée vont contribuer à créer inconsciemment des convictions profondes, selon trois axes principaux : conviction sur soi-même (par exemple se trouver fort ou impuissant devant l'adversité), conviction sur l'autre (qui est un ami ou un ennemi, et cela notamment d'après le rapport du bébé à sa mère), et conviction sur la vie (elle vaut, ou non, la peine d'être vécue). Bien sûr, cette première empreinte se remodèlera au fil des années. Mais la loi du psychisme est fondée sur le principe de répétition. C'est pourquoi on a tendance, quand la naissance s'est mal passée, à faire en sorte, involontairement, que cela continue à se passer mal. On « empile » ainsi les expériences négatives.

Se préparer à l'accouchement

C'est dire combien les conditions de l'accouchement sont primordiales. Ce dernier doit se préparer longtemps à l'avance. Il faut bien connaître les lieux, pouvoir participer à des groupes de parole entre parents…
Je prendrai l'exemple de l'anesthésie péridurale au moment de l'accouchement. Elle est très tentante et devenue quasi systématique dans certaines maternités ; on ne s'insurge pas assez sur ses conséquences pour la dynamique de l'accouchement, ni sur ses répercussions dans la vie de l'enfant. La femme doit se sentir en harmonie dans ses choix, espérer le meilleur et se préparer à l'imprévu. La préparation est donc fondamentale pour bien vivre son accouchement. Un sentiment de culpabilité peut surgir facilement chez une mère qui pense avoir failli lors de la naissance de son enfant.

Or beaucoup de femmes se rendent compte après coup qu'elles n'ont pas vraiment vécu ce qu'elles avaient envie de vivre. Et l'enfant en a pâti. La naissance est souvent éprouvante, parfois violente, et elle doit s'environner d'une tendresse particulière, ce qui demande une grande attention dans les cas où tout ne se déroule pas comme prévu. Justifié pour des raisons économiques ou de convenances, l'accouchement provoqué me semble une agression. Il ne devrait être réservé qu'à certains cas médicaux déterminés. L'accouchement par césarienne, lui, dépend énormément de la préparation de la mère. Sinon celle-ci peut être catastrophée par une césarienne d'urgence, ce qui risque d'affecter l'enfant et générer chez lui une angoisse, la peur du vide en particulier. L'enfant a besoin du processus de la naissance pour se structurer. Une césarienne bien accompagnée saura restituer à la mère et à l'enfant cette continuité structurante. De même, le décès d'un jumeau à la naissance marque très fortement le bébé qui reste en vie. Il existe vraiment un lien conscient et privilégié entre les jumeaux, qui laisse une trace ambivalente en cas du décès de l'un d'eux. Un mot enfin des naissances prématurées. Dans les unités de soins intensifs spécialisées dans leur accueil, cela fend le cœur de voir ces bébés avec sondes et aiguilles enfoncées dans les chairs, un rictus de souffrance sur le visage. Ils montrent pourtant une grande capacité de résistance, pour rester en vie. Cette volonté se retrouve chez les anciens prématurés, mêlée souvent à une carence de contact affectif. En effet, on a longtemps négligé l'extrême sensibilité des prématurés et leur immense besoin de tendresse.

Les couples ont donc à se responsabiliser et à combattre pour améliorer l'accompagnement de la grossesse et de la naissance. De même que l'on accompagne les mourants, il faut accompagner l'enfant durant le processus complexe de sa naissance. Il vit quelque chose de crucial. Comme la femme souffre dans sa chair, elle peut perdre le contact avec son bébé. Il importe alors de rétablir ce contact sensoriel et affectif avec le nouveau-né, afin qu'il sente que sa mère lutte avec lui pour qu'il naisse. Et si certains contacts ne s'établissent pas dans ces premières heures entre la mère et le bébé, la relation mère-enfant en conservera la marque. Une mère qui ne peut pas toucher son enfant au moment de la naissance va garder au moins un regret. Le toucher chez le nourrisson unifie sa sensation corporelle. Le contact est essentiel, et pour la mère et pour le bébé. Il participe à cette *matrice de naissance* dont je vous ai parlé : on risque donc de conditionner un être humain pour toute sa vie.

Mais il ne faut pas s'imposer pour autant des gestes que l'on ne ressent pas. Chacun, père et mère, doit pouvoir s'exprimer, choisir ses attitudes, et respecter ses émotions propres envers l'enfant.

L'après-naissance

Le fait d'être père ou d'être mère n'est pas inné. Il s'agit du fruit d'une maturation et d'un apprentissage qui se fait déjà dans la relation avec ses propres parents.

Le rôle des autres femmes – dans l'entourage et dans l'équipe médicale – pendant et après la naissance est primordial et favorise cet apprentissage. Cela permet de minimiser les angoisses des jeunes mères qui se sentent alors guidées, épaulées. La dépression postnatale peut être ainsi évitée par cette solidarité féminine.

Il y a ainsi des bébés qui souffrent d'avoir à prouver quotidiennement que leur mère est « bonne ». La mère s'appuie sur le renvoi que lui fait l'enfant et l'enfant quitte son soi profond pour rassurer sa mère. Grâce à cette relation entre femmes, la mère peut trouver une autre source de sécurisation que le renvoi d'image donné par son enfant !

Le *pacte d'amour* entre la mère et son bébé implique qu'elle ait reçu l'amour de sa propre mère, comme celui de son compagnon, mais également que son bébé la reconnaisse dans sa qualité de mère. Souvent des femmes s'effondrent en dépression parce qu'elles ne se sentent pas reconnues par leur bébé et doivent être rassurées sur le fait que leur enfant les aime. Il n'y a pas de pacte d'amour sans reconnaissance mutelle.

Le nouveau-né
ou l'appel à une tendresse exclusive

Un nouveau-né demande énormément à sa mère. Pendant les premiers mois suivant la naissance, elle laisse tout, abandonne ses propres intérêts pour s'occuper du bébé.

Cette relation se construit sur plusieurs plans. Un plan « matériel » consiste à s'occuper au quotidien des besoins du nourrisson. La mère ne doit pas arriver bardée de certitudes intellectuelles au sujet de l'enfant, mais se mettre à l'écoute de ce qu'il attend, afin de lui proposer la réponse adéquate. Ses pleurs correspondent-ils à la faim, ou au besoin de sommeil ? Cette connaissance s'acquiert par l'expérience au quotidien. Les certitudes a priori se révèlent dangereuses. Un autre danger, c'est d'arriver avec le souvenir de ses propres manques : ce que je n'ai pas eu, je vais le donner à mon enfant. Ce sera forcément bon pour lui. Ce n'est pas vrai. Chaque être vit différemment ses besoins. La tendresse, c'est accepter ce nouveau chemin, se détacher de sa propre expérience pour répondre à l'enfant.

Le plan affectif peut suivre différentes voies : le toucher, le contact, la voix de la mère et du père, les sons en général et le regard. Le contact par le regard est également très important parce que le nouveau-né voit, contrairement à ce que la médecine a cru pendant de longues années. Le regard véhicule un sentiment de reconnaissance entre la mère et l'enfant. Il communique une infinité de sentiments sur le plan de la tendresse. Les nouveau-nés regardent souvent droit dans les yeux sans sourire et les adultes sont dérangés par cette gravité. Mais le regard peut également laisser transparaître la conscience intégrale de l'être humain et, à ce moment-là, le bébé n'est plus un bébé car il manifeste une pleine conscience. La rencontre qui s'établit est alors celle de deux êtres humains à égalité, où s'efface la notion de père ou de mère. La tendresse va conduire la maternité encore plus loin, vers les rives du sacré…

Élève puis successeur du célèbre

Alexandre Minkovsky

au service de néonatologie

de la maternité de Port-Royal, à Paris,

le Pr Jean-Pierre Relier a fait partie

des « champions du monde »

de la réanimation des grands

prématurés. Que ces derniers

aient aussi – et peut-être surtout –

besoin de tendresse fut pour lui

une révélation tardive et bouleversante[*].

• Pr Jean-Pierre Relier

La tendresse originelle

Patrice van Eersel : Professeur Relier, vous avez connu une forme de conversion : alors que vous étiez un réanimateur exceptionnel de nouveau-nés prématurés, vous vous êtes révolté contre votre propre camp, face aux excès purement techniques que l'on exigeait de vous – l'« exploit » allait jusqu'à réanimer des fœtus de quelques centaines de grammes ! Et alors, pour la première fois de votre vie, vous avez senti la nécessité de vous interroger sur l'« âme » de ces tout petits bébés, question que les médecins ne se posent habituellement pas. Mais vous avez aussi connu une autre conversion, religieuse cette fois, puisque, de catholique presque intégriste (c'est vous qui le dites), vous vous êtes ouvert à d'autres approches spirituelles (orientales notamment), ce qui a totalement changé votre façon de penser et vous a permis de revoir radicalement votre manière de travailler – dans la tendresse !

Jean-Pierre Relier : C'est là le résultat d'un cheminement que nous pouvons tous faire. Je l'ai personnellement vécu comme un grand bouleversement. Cela dit, j'aimerais en préambule évoquer la mémoire de Claude Bernard, vous allez comprendre pourquoi. Même s'il s'est intéressé à l'homme *aérien* (c'est-à-dire après la naissance), et jamais aux bébés avant la naissance, il faut absolument lire son *Introduction à la médecine expérimentale*, surtout lorsque l'on veut faire soi-même de la recherche et pousser plus loin ses investigations. Je pense que nous entrons dans une époque où les somaticiens et les psychologues, les médecins ou les psychiatres, les spiritualistes comme les matérialistes, doivent tous prendre en compte ces nouvelles données : les faits et l'expérience montrent que la vie commence dès la conception et même, selon certains, plusieurs jours avant… ce qui peut sembler invraisemblable – c'est notamment la thèse d'Adolphe Pinard, professeur de clinique obstétricale au début du vingtième siècle, mais nous y reviendrons.

La découverte d'une détermination prénatale

* Il s'en explique notamment dans *Adrien*, Laffont, 2002.

Pour admettre qu'il existe à l'égard du futur enfant un besoin de tendresse avant même la conception, il nous faut sortir du sectarisme de toutes les religions, pour arriver à une grande philosophie universelle.

Je considère que la tendresse est le principe originel de l'homme. Sans tendresse entre l'homme et la femme, nous n'existerions tout bonnement pas. En tant que pédiatre néonatal, j'en suis venu naturellement à m'intéresser aux fœtus et à démontrer la réalité physiologique qui existe dans la relation de la mère au fœtus : nous nous trouvons là devant une situation « bio-affective » exceptionnelle, qui ne se reproduira plus jamais dans l'existence de l'être. C'est pourquoi cette période prénatale est une période infiniment privilégiée.

Quelle différence existe-t-il entre la période embryonnaire et la période fœtale ? À partir de huit semaines, l'embryon commence à avoir des perceptions et il devient fœtus : il enregistre alors de très nombreuses sensations qui vont s'incruster dans sa mémoire cellulaire. On peut ainsi schématiquement diviser la « fabrication » d'un bébé en quatre périodes : la période *préconceptionnelle*, la période *conceptionnelle*, la période *embryonnaire* et la période *fœtale*, qui ne commence que deux mois après la conception. Ces quatre périodes sont toutes d'une importance égale, et toutes dépendantes les unes des autres. Je vous propose de les examiner une à une.

Commençons par la préconception.

Récemment, je me suis interrogé sur la période pré-conceptionnelle, entièrement centrée sur la tendresse que le couple échange sur le plan physique, aussi bien de façon tactile et visuelle qu'auditive, et plus généralement dans tout le domaine sensoriel. Il s'agit d'examiner le plan mental, le plan psycho-affectif et le plan que l'on pourrait qualifier de fantasmatique. Dans la rencontre de l'homme et de la femme, il faut prendre en considération l'inconscient sensitif, sensoriel et affectif. Cette tendresse peut d'ailleurs être considérée comme un héritage *transgénérationnel*, c'est-à-dire transmis au fil des générations. Malheureusement, aujourd'hui, seule la *pathologie* transgénérationnelle préoccupe les gens, la façon dont nous nous transmettons certaines maladies. Mais la relation d'une génération à l'autre génère aussi des apports affectifs déterminants, au point qu'à un certain niveau, un enfant non désiré, ça n'existe pas !

En tant que somaticien, responsable du corps physique, je n'ai pas les mots qui me permettraient de vous faire comprendre ce qu'est l'inconscient. Dans le monde occidental, nous avons une symbolique forte sur la puissance extraordinaire de l'inconscient lors de la période préconceptionnelle : c'est la longue attente de la naissance du « Fils de l'Homme » qui, dans la tradition biblique, a duré des siècles. Je ne sais pas si Jésus était « Fils de Dieu », mais tout l'Occident sait que ce fut un homme peu ordinaire…

Nous sommes évidemment loin des quinze jours de préconception du Dr Pinard ! Mais cette attente fervente et passionnée du Messie, cet inconscient collectif focalisé sur cette attente, ont donné lieu à une culture au retentissement universel.

P. v. E. : Dans votre livre *L'aimer avant qu'il naisse*[1], vous racontez qu'en Afrique des rituels se pratiquent pendant la période de préconception, afin que celle-ci se déroule dans les meilleures conditions.

J.-P. R. : Cela se passe dans une tribu du Gabon où, quand un couple veut avoir un enfant, se met en place, avant même la conception, une période assez longue où l'homme et la femme ne doivent plus avoir de rapports

1. *L'aimer avant qu'il naisse : le lien mère-enfant avant la naissance*, en collaboration avec Louise Lambrichs, Laffont, 1993.

physiques. La femme adopte alors une marche particulière (sur la pointe des pieds) pour pouvoir s'élever vers le ciel. L'homme, au contraire, doit marcher les pieds nus bien à plat. Ce respect mutuel et ces démarches les conduisent peu à peu à un acte sexuel exclusivement orienté vers la procréation, respectueusement dirigé vers l'être qui va naître. Et c'est là l'essentiel : ils ne font pas un enfant pour eux ! On fait un enfant pour l'enfant, pour permettre à une *âme baladeuse* de s'incarner, afin d'évoluer. Savez-vous que, contrairement à ce que l'on dit habituellement des spermatozoïdes (on parle de « bagarres » entre eux), un seul est *choisi*, qui entre en résonance avec l'ovule, et tous les autres, avec une belle solidarité, vont propulser l'ovule vers la trompe ! Il y a donc une « résonance » privilégiée entre le spermatozoïde et l'ovule, résonance qui va durer pendant toute la période de nidation.

Passons maintenant à la conception.

L'ovule fécondé s'installe dans la muqueuse utérine et recherche l'endroit où la vascularisation va lui permettre de se développer. Cette période, très importante, de fabrication du placenta et du liquide amniotique demande à nouveau une résonance totale entre les partenaires pour aboutir. Selon les embryologistes, sur cent ovules fécondés, seuls vingt ou trente conduiront au véritable embryon. La fécondation a lieu dans la trompe utérine, et il faut deux ou trois jours pour que les spermatozoïdes poussent l'ovule fécondé dans la cavité utérine. Souvent la femme est déjà enceinte de deux ou trois jours, mais l'ignore. Il faut que l'ovule trouve l'endroit idéal pour se nicher, c'est pourquoi beaucoup d'ovules fécondés disparaissent avec les règles.

Ce qu'il faut retenir, c'est que tout œuf fécondé ne donne pas lieu à une grossesse, loin s'en faut.

Pourquoi tant de grossesses n'aboutissent-elles pas ? Dès qu'un ovule est fécondé, l'ovaire produit ce que l'on appelle le *corps jaune,* qui va aider l'ovule à trouver la place idéale. Pendant cette période, l'équilibre hormonal de la femme est modifié. Pour accueillir l'enfant, même au tout début, le corps féminin offre une tendresse fantastique. Il en va de même pour les spermatozoïdes, solidaires de celui qui a réussi à s'introduire. Tous ces déclenchements physiologiques sont, je pèse mes mots, des signes de *tendresse* pour « accueillir ».

Nous en arrivons alors, mais alors seulement, à l'embryon.

La « tendresse » du corps féminin que j'évoquais à l'instant est d'abord mobilisée pour fabriquer le placenta qui, physiologiquement mais aussi affectivement, est une substance extraordinaire. Jusqu'à présent, peu de biologistes se sont intéressés au placenta. On commence à peine à découvrir cette matière merveilleuse, absolument nécessaire au développement de l'enfant – nous-mêmes, peut-être cherchons-nous à certains moments de notre vie adulte à retrouver les conditions exceptionnelles d'alimentation et de développement que nous a apportées le placenta, quand nous étions embryon puis fœtus. Comprenons bien son rôle primordial : il est le lieu d'interaction entre la mère et l'enfant.

Un peu plus tôt, j'ai employé le terme de « résonance » pour parler de la relation entre le spermatozoïde et l'ovule. La résonance est d'abord un phénomène physique. Avec des instruments de musique, elle est facile à percevoir : on constate l'amplification des vibrations. En anatomie biologique, il faut parler de compatibilité. Pour la femme, les chromosomes de l'homme constituent a priori un corps étranger. Pour qu'il n'y ait pas rejet, il faut une compatibilité extra-ordinaire ou non ordinaire. Quand l'ovule est pondu, il cesse d'appartenir au corps de la mère en tombant dans la trompe, que l'on peut considérer comme « en dehors de la femme » (terrain neutre). Mais une fois l'ovule fécondé, on assiste à un étonnant retour vers l'utérus... sans rejet. L'embryon fait à nouveau complètement partie du corps de la mère. La chose la plus étonnante, c'est que les spermatozoïdes ne soient pas rejetés comme des intrus.

Si l'œuf convient, il s'accroche et il est nourri sans problème.

Pourquoi y a-t-il beaucoup de fausses couches à trois ou six semaines ? On peut penser que le corps de la femme lui envoie un signe, lui disant qu'il n'est pas prêt. On peut aussi penser que, dans ces cas-là, c'est l'inconscient du couple qui n'accepte pas cette grossesse. Le couple est peut-être porteur d'un héritage transgénérationnel qui rend impossible la procréation malgré son désir d'enfant. Si le couple est porteur de situations inachevées, et que toute l'énergie vitale ne peut être donnée à cette procréation, la fabrication du placenta et de l'embryon pâtira de ce manque. Le stress de la mère en résonance avec l'embryon peut alors déclencher une fausse couche ou diverses séquelles : pendant la dernière guerre, avec le stress physique et psychologique, on a compté beaucoup plus de mort-nés, de fausses couches et de prématurés qu'en période normale. Un chercheur a par ailleurs démontré, il y a une dizaine d'années, qu'une angoisse brève mais violente de la mère pouvait provoquer des lésions par arrêt ponctuel de l'activité du cerveau des embryons. Et nous en arrivons enfin au fœtus.

Après la huitième semaine se mettent en place des récepteurs sensoriels qui vont permettre à l'enfant de se développer. Dans l'ordre, ce sont successivement les sensorialités olfactive, gustative, cutanée et labyrinthique (c'est-à-dire dans le cerveau). À partir de la treizième semaine s'organise la sensorialité auditive et en dernier la sensorialité visuelle, qui ne servira qu'après la naissance. En France, l'équipe de Benoît Schaal a travaillé sur la sensorialité olfactive, essentielle chez le fœtus. Ce qui sert de stimulus à ces fonctions olfactives, c'est l'odeur du liquide amniotique, dont la composition se modifie selon la nourriture de la mère. Le fœtus va donc pouvoir découvrir différentes odeurs. Il faut savoir que l'angoisse et le stress modifient également l'odeur de ce liquide, ce qui provoque par ricochet le bien-être ou le stress du bébé.

Dans ces conditions, seule la maman sait si elle peut mettre son enfant à l'aise. Dans nos civilisations occidentales, nous sommes malheureusement très directifs et retenus avec nos sentiments, et ce manque d'écoute et de reconnaissance de la sensibilité se révèle comme toujours très néfaste. Seule la mère qui laisse parler ses sentiments a un pouvoir protecteur sur son bébé et la capacité de le rendre heureux, par exemple en mangeant ce dont elle a envie. Car il partage toutes ses sensations et ses moindres émotions.

Quelques jours après la sensibilité olfactive naît la sensorialité tactile, notamment autour de la bouche, endroit qui sera particulièrement important dans la période postnatale. Ensuite la sensibilité parvient aux extrémités des membres, ce qui permet au fœtus de ressentir le liquide amniotique comme une seconde peau. Lors de la naissance, le liquide amniotique s'en va : c'est la première véritable séparation du bébé et de sa mère.

Quand j'évoque la « sensorialité labyrinthique », je parle des canaux circulaires qui nous donnent, à nous, adultes, la sensation du haut, du bas, de l'équilibre. Ces canaux sont les mêmes pour l'enfant. Ainsi, une mère acrobate qui a fait des exercices durant sa grossesse donne à son enfant l'habitude de ce genre de sensations. Il y a de fortes chances qu'il devienne lui-même un jour acrobate, indépendamment des capacités innées transmises génétiquement.

À ce stade d'évolution vestibulaire, le fœtus a commencé à bouger, ses membres se développent, il a une énergie fantastique. Quand il s'agit de jumeaux, ils se touchent, se saluent, et c'est tactilement qu'ils effectuent les premières manifestations de leur complicité intra-utérine.

Le rôle du père

P. v. E. : Le fœtus fait connaissance avec le monde au travers de sa mère, puisque sa mère est pour lui le monde. Vous en concluez logiquement que la tendresse de celle-ci détermine l'existence entière de cet être en formation − et vous affirmez qu'elle est fondamentale dès la préconception. De quelle façon intervient, selon vous, la tendresse du père ?

J.-P. R. : Le père est absolument indissociable de ce début de vie, par son apport génétique bien sûr, mais aussi et surtout par son apport affectif. La relation père-fœtus suit le cheminement d'une articulation belle et complexe. Remarquons tout d'abord à quel point le fœtus présente une hypertrophie de la tête : ses neurones se développent de façon hallucinante. Si l'accélération des cellules continuait au même rythme pendant tout le temps de la grossesse, on a calculé qu'à la naissance la tête du bébé serait grosse comme la Terre ! Or c'est ce même cerveau qui va décider de ralentir sa progression. Comment ? La création de cellules ralentit… quand le fœtus commence à acquérir sa sensibilité périphérique, c'est-à-dire quand il commence à communiquer avec l'extérieur. Il est donc important que toutes les sensorialités fonctionnent pour que l'organisation du cerveau soit harmonieuse. Si l'élément génétique (l'inné) est essentiel au cours des huit premières semaines, dès que se développent les sensations et la sensorialité périphérique, le fœtus commence à s'organiser (l'acquis) en fonction de son environnement et son cerveau ralentit sa « folle » croissance initiale. Ce qui se développe davantage à partir de là, ce sont les synapses : les milliards de neurones déjà existants vont s'organiser et se diriger vers les zones motrices et sensitives. L'environnement dans lequel le fœtus se développe devient alors essentiel. Cet environnement, c'est la vie de la mère. Or le père est un facteur déterminant de la qualité de cette vie.

Là, nous retrouvons la résonance. Par exemple acoustique. Nous savons, expérimentalement, combien un fœtus souffre si sa mère se promène dans des lieux où sont émises des fréquences trop basses. De manière générale, il réagit à toutes les fréquences trop violentes, et se régale de musique calme. Il faut donc lui proposer de bonnes résonances, une harmonie équilibrante. La résonance sans doute la plus importante est celle qu'engendre une union heureuse et pacifiée entre l'homme et la femme, et qui est rendue sensible par une tendresse quotidienne et réconfortante. La sérénité, l'harmonie des rapports et le désir de participer à la création du bébé, tous ces éléments qu'amène le père rejaillissent sur l'état de la mère et donc, surtout après neuf semaines, sur l'enfant en plein éveil sensoriel.

Un professeur finlandais, Hutunen, s'est intéressé au sort des enfants qui avaient perdu leur père en cours de grossesse ou juste à la naissance, et a établi des statistiques. Il a travaillé sur deux groupes de cent cinquante adultes de trente ans. Les pères de ces deux groupes étaient morts de mort violente pendant la guerre. Les personnes dont le décès du père était survenu *en cours de grossesse* présentaient un fort taux de dérangement psychiatrique et même de criminalité. Cette situation est la conséquence de l'effondrement total de la mère après le choc. Dans ce même groupe, on notait aussi un pourcentage de seize pour cent de criminalité, ce qui est énorme, alors que l'autre groupe – dont les pères étaient morts à l'époque de la naissance, donc une fois la grossesse terminée – atteignait un taux moyen de quatre pour cent, soit quatre fois moins. Hutunen en a conclu que le sentiment d'abandon ressenti en début de grossesse peut se révéler immensément destructeur et produire des troubles psychologiques graves.

Et c'est parce que le fœtus est un être organisé, qui perçoit absolument tout et s'organise en fonction de ces innombrables perceptions, que tout ce que vivent les parents, même ce qu'ils pensent, détermine entièrement le fœtus. D'où le rôle primordial du père, qui peut même relayer la mère dans son action apaisante et être en complète fusion par la pensée avec son bébé, quand celle-ci ne parvient pas à maîtriser son émotivité.

La naissance

Venons-en enfin au moment de la naissance. On entre alors dans une zone où cette hypersensibilité du fœtus disparaît. C'est un passage difficile, où il va oublier les choses vécues jusque-là. Mais elles se sont inscrites dans sa mémoire cellulaire. Aussi, quand il passe du stade liquidien au stade aérien, il peut reconstituer son univers grâce à sa sensorialité olfactive : il reconnaît l'odeur de sa mère. N'oublions pas en effet que le bébé déglutit du liquide amniotique pendant des semaines et que le premier lait de la mère, le colostrum, a le même goût que le liquide amniotique. De même, des travaux ont prouvé que le bébé reconnaît la tonalité de la voix de sa mère parmi vingt voix féminines prononçant le même texte. Il y a quelques années, on croyait qu'un bébé à la naissance devait crier. Or des photos prises dans des maternités suédoises nous montrent des bébés hilares et sereins, allongés sur leur mère et retrouvant par réminiscence des sensations de bien-être.

P. v. E. : Vous semblez, en outre, prêter au fœtus un pouvoir immense : selon vous, il déciderait de naître quand on ne l'y oblige pas, et pourrait aussi décider… de ne pas venir dans notre monde aérien et de repartir, allez savoir où ! Votre position sur ce sujet doit faire bondir vos collègues. Pourtant, lorsque vous dites aux femmes qui ont perdu leur bébé à la naissance ou à la fin de leur grossesse que ce n'est pas un horrible gâchis et que ce fœtus, ou plutôt cette âme, a sans doute décidé de repartir dans l'« au-delà » pour vivre autre chose, ces paroles font à ces femmes un bien fou. Certaines d'entre elles arrivent même ainsi à lever une stérilité installée du fait du décès d'un premier bébé à la naissance. Pourriez-vous développer cette idée ?

J.-P. R. : Je tiens à préciser que je ne cherche à choquer personne. De telles réflexions de la part d'un médecin semblent osées, mais une dimension de l'existence reste fondamentale : dans notre métier, c'est ce qu'on appelle avoir le *respect de la vie*. Nous sommes là pour aider un individu à venir au monde, mais pour l'essentiel, c'est cet individu (le bébé) qui a fait son choix. On ne fait pas un enfant pour soi, on le fait pour lui, ou pour elle. Mon sentiment profond est que nous sommes sur terre pour vivre une expérience qui nous permet d'évoluer. Nous ne sommes là que pour aider les autres. Il faut considérer que nous sommes tous soignants. Nous, les médecins, sommes des soignants plus spécialisés, mais nous tous avons à distribuer de la tendresse pour aider les autres. Tel est le rôle aussi du père et de la mère, qui sont là pour permettre à l'individu qu'ils ont conçu d'évoluer. David Bohm, grand physicien spécialisé en mécanique quantique, disait : « Le principe fondamental de l'univers est une énergie d'amour. » Quand le père et la mère, pleins de tendresse et d'amour, décident de s'unir par ce geste magnifique, une âme est là qui se promène et décide d'animer un corps, un corps fabriqué par l'amour de l'homme et de la femme.

Il peut sembler insensé de conférer une capacité désirante et pensante à un simple fœtus. Certes, cette âme qui se développe dans un corps physique n'a aucune notion du temps. La notion du temps s'établit à la fin de la vie fœtale et à la naissance, quand on perçoit la nuit, le jour, ou les murs de la chambre, c'est-à-dire l'espace. Mais cette âme arrive avec une mémoire… planétaire ? extraplanétaire ? je ne sais, même si elle se situe en dehors de la temporalité. D'autre part, qu'est-ce que la pensée ? Un phénomène physique, de type vibratoire. Si nous suivons le même David Bohm que je citais à l'instant, il n'y aurait aucune différence entre la pensée et une pierre au bord du chemin. Eh bien, cette âme « sait ». Elle sait qu'au quatrième mois il va y avoir un accident, que son père va décéder, puis que sa mère va se rendre prématurément à la maternité, et elle sait aussi que, plutôt que de naître avec des problèmes insolubles, il vaudrait mieux finalement repartir. À la maternité de Port-Royal, où je dirige le service de néonatalogie, on laissera cet être repartir si tel semble son « choix ». On ne s'acharnera pas systématiquement. C'est cela le respect de la vie. Si l'on n'a pas le respect essentiel de l'individu, notre métier n'a pas de sens.

P. v. E. : Mais comment pouvez-vous déterminer quel est le « choix » d'un tel être, d'un tout petit bout de bébé de quelques centaines de grammes, souvent fort mal en point ?

J.-P. R. : C'est une question délicate, mais que les équipes de néonatalogie comprennent heureusement de mieux en mieux. Va-t-on prolonger ou pas l'énorme (et extraordinaire) machinerie médicale qui permet de maintenir un grand prématuré en vie ? On se trouve là aux confins de deux domaines complètement différents et pourtant tous les deux très humains : le pouvoir technologique d'un côté, le besoin d'écoute de l'autre. Se mettre *à l'écoute* d'un nouveau-né est une pratique extrêmement subtile, mais qui s'apprend. C'est un travail d'équipe, où les praticiens échangent beaucoup entre eux. Un travail où l'intégration des parents est à la fois indispensable et à manier avec un tact fantastique. Bref, du grand art. Et je ne vous étonnerai sans doute pas en vous disant qu'il est plus volontiers pratiqué par des femmes (sages-femmes, puéricultrices, infirmières) que par des hommes !

P. v. E. : Venons-en, pour achever votre fresque, à l'accouchement. Pour certaines femmes, la plus grande « tendresse » que l'on puisse leur offrir pendant l'accouchement, c'est à travers une anesthésie péridurale, technique de plus en plus répandue depuis une vingtaine d'années. Mais il y a des cas où une femme bien préparée n'a pas besoin de péridurale et où elle préfère vivre cet événement unique dans toute son intensité. La tendresse se manifesterait ici sous son aspect le plus dynamique, et prendrait la forme très expressive d'une souffrance consentie, exutoire de pressions affectives et psychologiques très vives. Plusieurs années après, il est devenu évident que l'on ne gomme pas impunément cette tempête de corps, cet orage qu'est la naissance et qui arrive à la fin de la grossesse, un peu comme un cataclysme permettant à la femme de réaliser que la grossesse est finie. Pensez-vous qu'empêcher le déclenchement naturel peut déstabiliser la femme et donc l'enfant ?

J.-P. R. : La péridurale est très utile chez les femmes dont les contractions sont anarchiques, car elle permet une régularisation. Et elle est préférable pour le fœtus à la césarienne ou aux forceps, qui sont une véritable violence pour l'être en train de naître. Mais il est vrai que certaines femmes, n'ayant pas franchi le parcours de la délivrance par leurs propres moyens, se trouvent un peu en état de manque du fait d'avoir été privées de cet événement vital. C'est pourquoi je ne suis ni pour ni contre la péridurale dans l'absolu : chaque femme vit cela différemment et doit pouvoir choisir. Une chose est sûre, il faut éviter le plus possible le déclenchement de l'accouchement, puisque c'est l'enfant qui décide du bon moment. Dans les accouchements pathologiques, le processus est déclenché parce que le fœtus présente des problèmes de placenta, de liquide amniotique ou autre, et qu'il n'a plus du tout envie de rester dans le ventre. Par ailleurs, il y a des grossesses prolongées qui occasionnent au fœtus des problèmes respiratoires, nous sommes alors obligés d'intuber ces nouveau-nés pendant plusieurs semaines. Dans ces cas-là, il est nécessaire d'intervenir pour sauver la vie de l'enfant.

Pour conclure sur l'accouchement, il faut se rappeler aussi que celui-ci renvoie à notre mémoire corporelle. Il y a des femmes parfaitement équilibrées, qui ne peuvent avoir d'enfant parce qu'à leur propre naissance il s'est passé un événement trop douloureux, dont la mémoire corporelle est restée trop vive. Il leur faut d'abord évacuer cet événement et cela n'est possible qu'en se concentrant sur toute leur capacité d'amour à donner à l'enfant à venir. On n'est pas spontanément maman. On le devient. L'instinct maternel se crée lors de la transformation hormonale que subit la mère pendant la grossesse, ce que prouve clairement une expérience faite aux États-Unis sur des brebis : une modification des hormones de grossesse leur fait systématiquement rejeter leur agneau à la naissance, ce qui revient à une destruction biologique et non plus psychologique de la résonance et de l'harmonie entre la mère et l'enfant.

La tendresse : fruit du destin ou condition de la liberté ?

Il arrive que l'on me demande pourquoi la tendresse, malgré toutes ses vertus thérapeutiques, est mal vécue par les scientifiques. Bien que je sois moi-même professeur de pédiatrie à l'université Descartes, pour moi la tendresse fait partie de la physiologie de la perception. Si j'ai insisté sur les capacités de perception du fœtus, c'est pour dire combien il est capable de recevoir cette tendresse, et de la rendre. L'interaction mère-enfant est une donnée fondamentalement scientifique, et l'on peut constater chaque jour davantage que le langage des scientifiques, des philosophes, des médecins et des psychiatres tend à le prendre en compte et l'intègre dans son domaine d'exercice.

Ce qu'il nous faut surtout apprendre à écouter, ce sont les élans de la tendresse et ses modes d'expression. Selon Jacques Salomé, l'enfant naît seulement du désir inconscient ; selon Françoise Dolto, il fait le choix de vivre ; selon moi, il choisit même ses parents : mais dans tous les cas, il y a nécessité d'une responsabilisation des parents, qui doivent eux-mêmes rendre l'enfant responsable de sa vie future.

On ne peut pour autant en tirer des conclusions définitives sur les parts de destin et de libre arbitre qui interviennent à la naissance. Car tout provient, de manière extrêmement complexe, de nos mémoires antérieures. Et c'est avec le contenu de ces mémoires cellulaires qu'il convient de faire un choix en toute conscience. Au risque de choquer, je dirai que notre évolution s'inscrit dans un cycle cosmique et ne se réduit pas à un cycle terrestre. Mais malgré cette programmation cosmique, nous gardons toujours le choix de notre évolution, dès lors que nous cultivons un merveilleux pouvoir de l'humain : la tendresse.

Le Dr Hugues Reynes appartient

à un groupe de chercheurs en psychologie

et « accompagnateurs de vie » :

l'association Art'as, qui s'est

particulièrement penchée

sur les étapes de la grossesse

et de la naissance*. Pour lui

comme pour les différents accoucheurs

qui sont intervenus dans le cadre

du Festival Tendresses, la sollicitude

à l'égard du petit humain

doit commencer dès avant la conception,

pour évoluer ensuite

dans une écoute attentive de l'évolution

sophistiquée de l'être en gestation.

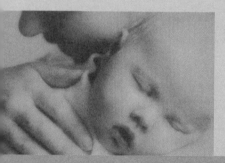

• Dr Hugues Reynes

Adapter la tendresse aux 7 étapes de l'enfantement

Accompagnement vers les cycles de la tendresse

Avoir de la tendresse pour son enfant, aimer un enfant, quand on est parent, c'est l'élever au sens d'une élévation. C'est le recevoir lors de sa naissance et le conduire à travers les étapes de sa vie jusqu'au moment où il n'aura plus besoin de nous. Si on veut comprendre cette élévation, il faut bien saisir les enjeux de chacune de ces étapes, celles que l'enfant va rencontrer au cours de sa vie et, en particulier, l'épreuve fondatrice de la personnalité qu'est la naissance. Il nous faut comprendre également que si nous élevons nos enfants, eux aussi nous élèvent en nous obligeant sans cesse à nous dépasser. Nous essaierons d'ailleurs d'identifier ce que chacun de nous doit dépasser à chaque étape. Donc, se préparer à la tendresse, c'est d'abord connaître les étapes et les enjeux de l'existence, mais aussi savoir comment accompagner son enfant. Avant de commencer, je voudrais toutefois prendre une précaution : je ne prétends pas vous apporter une connaissance admise par tous, mais plutôt partager avec vous les résultats d'une recherche, vous proposer un angle de vue.

Un parcours initiatique

Permettez-moi tout d'abord de me présenter brièvement. Je suis gynécologue-obstétricien dans un cabinet à Grenoble où je pratique ma spécialité de façon tout à fait classique : les accouchements, bien sûr, et la chirurgie, mais aussi le diagnostic anténatal et le traitement de l'infertilité puisque nous travaillons dans un centre d'Aide médicale à la procréation. Grâce à l'influence maternelle (ma mère était passionnée de philosophie, de psychologie et de psychanalyse), j'ai fait un travail personnel en suivant une psychanalyse freudienne. Puis, quelques années plus tard, grâce à la psychanalyse corporelle, j'ai pu retrouver ma propre naissance. C'est à partir de ce travail personnel poursuivi dans le cadre d'un travail d'équipe que nous avons dévoilé une autre version de la naissance dont je vais vous parler : la version du bébé.
Cette recherche sur la naissance et sur notre fonctionnement psychique a

* Les idées
de Hugues Reynes
sont partagées
par Bernard Montaud,
qui les expose dans
*L'Accompagnement
de la naissance*,
Édit'as, 1997.

84

été conduite jusqu'à aujourd'hui au sein d'un groupe d'une quinzaine de personnes qui gère une association de plus de trois cents personnes. Je ne parle donc pas en mon nom mais au nom de toute une équipe.

Je vais essayer de vous montrer que les expériences que vit le bébé autour de la naissance, et celles qu'il traverse ensuite au cours de sa vie, sont des expériences intérieures très précises – sans jamais oublier que quand nous parlons du bébé, nous parlons aussi de nous-mêmes qui les avons traversées…

La psychanalyse corporelle

Je voudrais vous dire quelques mots de cet outil fabuleux qu'est la psychanalyse corporelle : c'est grâce à elle que nous avons pu accéder à cet autre point de vue sur la naissance. Elle fonctionne selon les mêmes principes que la psychanalyse classique, mais au lieu d'utiliser les associations d'idées, elle s'appuie sur le corps. En effet, de la même manière que nous avons une mémoire du cerveau, nous avons une mémoire du corps.

Pour vous faire sentir la différence entre ces deux types de mémoire, je peux par exemple vous demander ce que vous faisiez à l'été de vos vingt ans. Vous êtes alors obligé de faire un effort intellectuel intense pour retrouver ce qui se passait à cette époque-là : vous rappeler quelle année c'était, éventuellement quel examen vous passiez, quelles étaient les conditions de votre existence, etc. Par contre, si j'étais en mesure de vous passer maintenant la musique que vous écoutiez à l'été de vos vingt ans – et que vous n'avez pas écoutée depuis –, immédiatement vous arriveriez à retrouver les impressions de cet été-là et le sentiment de quelque chose qui serait, globalement, plus ou moins positif. Enfin, si vous vous laissiez totalement prendre par cette musique et par ces premières impressions, alors vous éprouveriez le sentiment très précis qui correspond à un premier réveil de cette mémoire du corps. Cette expérience montre que la mémoire du corps va beaucoup plus vite que la mémoire du cerveau.

La psychanalyse freudienne fait aussi le pari que tout ce qui nous traverse psychiquement n'est pas le fait du hasard mais a un sens. Dans la psychanalyse corporelle, au lieu de faire confiance à ce qui se passe dans le psychisme, on fait confiance à ce qui se passe dans le corps. On le laisse parler de ce qui lui est arrivé et il va nous raconter tout naturellement ce qui lui est arrivé de plus difficile, ce qu'on appelle les traumatismes.

Au commencement est le traumatisme

Les traumatismes, chacun d'entre nous en a vécu plusieurs. Ils représentent en fait une épreuve intérieure clé qui résume en un événement les difficultés d'une période de notre vie. Il y a les traumatismes de la naissance, ceux de la petite enfance, de l'enfance, de l'adolescence. Ensuite, il n'y a plus de traumatisme mais des épreuves, parce que nous avons la possibilité de choisir ce que nous en faisons, alors que les traumatismes nous les subissons.

Le premier traumatisme est celui de la naissance. Il apparaît en quelque sorte comme un vaccin – les traumatismes ultérieurs, ou « secondaires » jouant alors le rôle de « rappels ». Des rappels qui nous indiquent comment nous sommes fabriqués et comment nous fonctionnons, et qui nous invitent à ne pas oublier…

Je ne vais pas vous détailler tout le processus de la naissance, mais je voudrais vous livrer les quelques points importants que l'on a pu découvrir au fil de cette approche différente et originale de la naissance.

Cheminement du bébé hors du ventre de sa mère

1. Tout d'abord, nous avons découvert les grands organes des sens. En effet, l'enfant perçoit de façon extrêmement puissante et précise, mais il n'est pas intéressé par les choses extérieures, la seule chose qui l'intéresse c'est l'amour qu'on lui porte et la place que lui réservent ses parents à l'intérieur de leur couple. Ce petit être physiquement très peu performant (si on le laisse tout seul dans un coin, il meurt) est intérieurement d'une très grande puissance de sensibilité.

2. Tous les enfants passent par les mêmes étapes. Nous en avons dénombré sept, mais ce chiffre n'a pas d'importance, car ce qui compte c'est le processus qu'elles dessinent. Chacune des étapes va permettre à l'enfant de s'affronter à une expérience particulière. Il débarque sur terre, il ne connaît pas les lois de la vie ici et, au fil de ces étapes, il reçoit un enseignement – on pourrait dire une initiation –, qui va lui permettre de découvrir les lois de la vie. Évidemment, certaines étapes seront plus faciles à passer que d'autres. Pour schématiser, les étapes les plus faciles correspondent à des épreuves sans suite ultérieure, qui lui sont en quelque sorte acquises positivement pour les étapes suivantes. En revanche, les étapes difficiles sont celles qui laissent des traces durables

et sur lesquelles il lui faudra revenir beaucoup plus tard. Ces épreuves sont déterminantes car de leur succès dépendent les capacités futures, les qualités et les défauts. Ainsi, à travers la naissance se forge déjà une personnalité.

3. Chaque enfant vit les sept étapes, mais chacun les vit de façon unique. Par exemple, pour ceux qui connaissent la mécanique obstétricale, l'enfant se présente, il descend, il fait des rotations. Tous les enfants accomplissent les mêmes mouvements. Mais la sage-femme ou le médecin suivent cette progression avec attention, parce que chaque enfant suit ces étapes de façon singulière. En ce qui concerne le processus psychologique, c'est la même chose. Ainsi, ce qui se passe au niveau du corps se traduit de façon très précise dans l'expérience intérieure. Au moment de l'accouchement, quand l'enfant se présente, il y a une sorte de fléchissement de la tête comme si, intérieurement, il avait accepté de naître. Il y a donc un processus général, mais chaque enfant étant unique, chaque naissance est vécue de façon unique.

4. Autre point important : alors que vous êtes capable de m'écouter avec une grande attention tout en pensant à autre chose, parce que votre corps peut être ici et votre esprit ailleurs, l'enfant, lui, est incapable de cette forme d'ubiquité. C'est pour lui un choc très puissant de découvrir des personnes qui le tiennent dans leurs bras, qui s'occupent de lui et l'aiment, et qui, en même temps, sont en train de penser à autre chose. De notre point de vue, il s'agit pourtant d'une modalité normale de l'humanité ! Il ne faut donc surtout pas culpabiliser de penser à autre chose. Mais pour l'enfant, c'est un choc puissant car il n'a pas la possibilité de vivre une chose physiquement et une autre intérieurement.

5. Une donnée que l'on a retrouvée également dans cent pour cent des cas (mais j'espère qu'on la verra de moins en moins grâce à l'accompagnement à la naissance), c'est un immense sentiment de solitude chez les bébés qui viennent de naître. Nous, le personnel médical, les parents, nous sommes obsédés par leur poids, leur sexe, par leur ressemblance avec Untel, alors que pour eux, ça n'a bien sûr strictement aucune importance. Ce qui compte, c'est l'expérience inouïe qu'ils viennent de vivre, et ils sont assez étonnés que nous puissions être tellement tournés vers l'apparence physique et aussi peu vers leur être réel profond. Connaître les étapes de la naissance, c'est mieux savoir ce que vit cet enfant, donc mieux l'aider. Le simple fait de savoir ce qu'il vit est déjà un accompagnement.

6. Pour l'enfant, dans la toute première étape de la naissance, son corps ne compte pas, et il va, au fil des étapes de la naissance, en découvrir toute l'importance. C'est une épreuve vitale pour la suite.

L'enfant a vécu dans l'utérus de sa mère dans un état de symbiose, ce que j'appelle une union à la chaleur amoureuse maternelle. C'est-à-dire qu'il ne vit pas sa mère comme s'appelant Jeanne ou Simone, il vit ce corps, cette intelligence biologique, comme un immense amour penché sur lui. L'enfant se vit uni à cette chaleur amoureuse, il n'éprouve aucune distance vis-à-vis d'elle. C'est une fusion dans tous les sens du terme, sans place pour le désir, sans altérité, une relation fusionnelle où la réponse bienveillante est toujours déjà donnée.

La conscience de soi

Le premier acte de la naissance débute quand l'enfant découvre qu'il est quelque chose à l'intérieur de cette chaleur amoureuse. Un exemple vous permettra d'en faire l'expérience. Vous vous êtes tous trouvés un jour au cinéma devant un film qui vous a tellement passionnés que vous en avez oublié jusqu'à l'existence de la salle de cinéma. Parfois même, quand le film vous a tellement pris, vous avez du mal à vous rappeler, en sortant de la salle, où vous habitez, où est votre voiture et ce que vous avez à faire. Cet exemple illustre bien la manière dont l'enfant vit cette première étape : un film très long se termine, le film de la construction de son être. Il s'est nourri de la chaleur amoureuse, de l'amour de la vie penchés sur lui pour le construire, et tout d'un coup c'est comme s'il était averti, comme vous dans votre salle de cinéma, que le film se termine. Or, quand quelque chose se termine, c'est toujours pour aller ailleurs : l'enfant découvre alors que son être a une limite, comme vous dans votre fauteuil de cinéma, ou le matin, lorsque vous vous réveillez, sortant de vos rêves. Pour l'enfant, c'est la même chose : il est dans le ventre de sa mère comme vous dans votre lit quand, tout d'un coup, quelqu'un lui tape sur l'épaule, alors les contractions utérines commencent et sollicitent son corps comme quelqu'un qui viendrait vous taper sur l'épaule pour vous réveiller et que vous repreniez subitement conscience de votre corps.

La scène est identique pour l'enfant : tout d'un coup les contractions le massent, tout d'un coup l'utérus commence à prendre contact avec lui, parce que l'utérus ne peut pas s'agrandir davantage, et que l'enfant s'est développé au maximum de ce qui est possible. Il prend alors pour la première fois conscience de ce corps à travers ce contact et sait intuitivement qu'il va falloir faire quelque chose : quitter ce monde et sa chaleur amoureuse quasi parfaite pour atteindre quelque chose d'autre de l'ordre de l'amour humain. Donc, vous comprenez bien que tout l'enjeu de la naissance consiste à expérimenter une nouvelle relation amoureuse, une forme imparfaite de l'amour.

Nous avons tous conscience que nous sommes des êtres imparfaits en amour, et que l'enfant va bientôt rentrer dans cet univers. Néanmoins ces propos ne sont pas pessimistes, parce que, en fait, il s'agit bien de la chance de sa vie.

« J'aimerais que quelqu'un m'attende au-dehors… »

À la naissance, l'incroyable se produit : le phénomène de la conscience de soi. Avant, le fœtus est dans un rêve, il n'a pas conscience de soi au sens réel du terme, au sens de savoir ce qu'il vit. Il vit quelque chose, mais il ne sait pas qu'il le vit. Et c'est l'expérience de la naissance qui lui apprend que c'est lui qui vit les choses, que ce n'est pas un rêve.

Dans cette première étape de la naissance, on a vu qu'il est dans une fusion amoureuse, dans cette chaleur amoureuse capable de le construire, et que maintenant il va rencontrer l'amour humain imparfait. Parler d'amour humain imparfait, cela renvoie très simplement aux raisons conscientes ou non qu'a eues cette femme, ou ce couple, d'attendre un enfant. Chacun de nous désire un enfant pour une raison précise qui est consciente ou pas. Il y a dans le désir d'enfant quelque chose d'une très grande puissance. Je m'occupe beaucoup d'infertilité. Aussi je vois cette puissance à l'œuvre : c'est la force de la vie, une force qui n'est pas discutable, pas négociable. Après, elle s'inscrit sous la forme du désir d'enfant, mais à l'origine elle existe de manière brute, indéterminée.

L'enfant va donc rencontrer en sortant du ventre de sa mère l'amour humain. Et pour l'enfant, ce sens revêt une forme extrêmement précise et attentive. Je vais prendre un exemple certes douloureux, mais frappant, pour que vous réalisiez l'importance de cette attente. Il s'agit des orphelinats roumains. Dans ces orphelinats, les enfants ont toute la nourriture qu'il leur faut, et pourtant ils sont près de quatre-vingt-dix-huit pour cent à mourir avant de quitter l'orphelinat. Pourquoi meurent-ils si nombreux ? Parce qu'il n'y a pas dans leur environnement une présence chaleureuse et aimante. Il n'y a pas, penchés sur eux, des yeux d'amour, des mains qui caressent, ou des lèvres qui prononcent des mots tendres. Personne ne s'occupe d'eux, non pas parce que les personnes qui devraient s'occuper d'eux seraient méchantes, mais parce qu'il n'y a tout simplement *personne* ! Nous savons tout cela depuis longtemps, mais on a pu le confirmer aujourd'hui de façon cuisante. En revanche, si vous mettez une présence maternelle, quelqu'un qui se tourne vers ces orphelins, qui leur parle, qui leur sourit, qui s'occupe d'eux, ils vont non seulement vivre mais se développer. C'est-à-dire qu'en fait il ne s'agit pas tant de leur donner à manger que de les aimer.

Ce besoin de tendresse s'enracine dans la séparation de la naissance, dans l'éloignement de cette chaleur amoureuse que l'enfant peut percevoir néga-tivement si on ne l'accompagne pas. L'enfant doit passer d'une présence vitale, chaleureuse, biologique car contenue dans « l'intelligence » du corps, à une chaleur humaine imparfaite. Puisqu'il ne peut pas vivre sans amour, l'enfant n'a alors qu'une solution pour survivre : se tourner vers elle. Selon la manière personnelle qu'il aura de s'orienter vers cette chaleur maternelle, nous accédons à une façon de percevoir sa personnalité. En effet, avec l'exemple des orphelinats roumains, nous savons que ni ces enfants ni quiconque ne peut vivre sans amour. Il est donc vital pour lui qu'avec les puissants organes des sens que nous avons évoqués précédemment, il puisse identifier précisément le comportement à adopter pour que ce qui sur terre s'appelle « maman » se tourne vers lui. Ce comportement, c'est tout simplement ce qui teinte la personnalité.

La quête de tendresse

L'enfant va donc chercher à identifier avec ses organes sensitifs ce qui est au fond du cœur de ses parents et que j'évoquais tout à l'heure : la raison consciente ou non pour laquelle ils l'attendent. Souvent les parents ignorent cette démarche de l'enfant, mais lui en est tout à fait conscient et cela va lui donner la clé du fonctionnement affectif de sa mère, mais aussi de son père. Se calant sur ce désir de tendresse, il met alors en place une stratégie pour que l'amour maternel se tourne vers lui : ayant identifié comment réagit cet être dont il dépend, il va tout faire pour l'attirer.

Les enfants n'ont d'ailleurs que deux manières d'attirer à eux cette chaleur amoureuse maternelle : soit du côté des caresses, des mots d'amour, des yeux d'amour, soit, s'ils n'y arrivent pas, en utilisant les caprices pour obtenir au moins un intérêt de remplacement par des remontrances, voire même des coups. C'est peut-être une chose difficile à admettre, mais ce qu'il faut comprendre, c'est qu'il est à la fois nécessaire et vital pour un enfant que « maman » se tourne parfois vers lui, et il va tout faire pour qu'elle le fasse avec des caresses.

Cela dit, derrière la mise en place de cette stratégie, il y a la fantastique aventure de la vie et de la conscience humaine. Si la naissance ne produisait pas un choc, un traumatisme, les enfants auraient un fonctionnement assez proche des enfants autistes, et ça, on ne peut pas le souhaiter. Ainsi, la personnalité peut être comprise comme résultant des étapes de la naissance, et de l'indispensable nécessité qu'a l'enfant de comprendre comment fonctionne le couple, comment fonctionne sa maman, comment faire pour qu'elle lui témoigne de l'intérêt et ce à quoi il faut correspondre pour obtenir cet intérêt.

Se construire en se protégeant

Nous pourrions maintenant nous poser la question de savoir quel était l'état intérieur de cet enfant avant les étapes de la naissance. Qui a pris les commandes avant que les étapes ne commencent, avant que n'apparaisse la personnalité ? Il y a bien sûr une séparation entre la personnalité et l'être qui a pris les commandes. Il y a les grands organes des sens d'avant la personnalité et les petits organes des sens de la personnalité, ce qui signifie qu'après la naissance ce n'est plus le monde que l'enfant observe, mais son monde. Autrement dit, il est bien plus puissant intérieurement avant la naissance qu'il ne le sera après. Avec la naissance s'installe un écran, une diminution volontaire de ses capacités de perception, une amputation de ses grands organes des sens et une protection : moins voir, moins sentir, pour moins souffrir.

Quand nous regardons à la télévision les horreurs qui viennent d'avoir lieu dans le monde, nous arrivons quand même à dormir. Même si on fait quelques cauchemars, on continue à manger, on ne s'arrête pas de vivre. Bien sûr, quand l'actualité est vraiment insupportable, nous sommes bouleversés, mais enfin, soyons sincères avec nous-mêmes, ça ne nous traumatise pas au point de nous faire prendre des décisions en rapport avec la gravité des événements : la révolte reste temporaire. C'est d'ailleurs grâce à ce système nécessaire de protection qui s'est installé dans la dernière étape de notre naissance que nous pouvons voir la douleur des autres avec une certaine distance. En même temps, c'est un handicap, parce que nous ne voyons plus le monde, mais notre monde selon notre propre personnalité. Affaiblissement de notre sensibilité, mais accroissement de notre système de protection…

Ainsi, l'enfant que nous avons été s'est protégé à la naissance en s'amputant de ses organes des sens trop sensibles, qui le mettaient en prise trop directe avec la douleur du monde. Cette protection est indispensable dans cette étape de l'existence, pour rendre l'existence supportable. Mais en même temps, nous garderons toujours la nostalgie de ces grands organes des sens. On peut alors se poser la question suivante : n'y aurait-il pas un moment précis de notre vie où nous aurions à les reconquérir ? Nous essaierons d'y répondre plus loin.

L'amour nous apprend la vie

J'observe toujours avec fascination comment l'enfant se développe grâce à l'amour maternel : grâce à la relation incroyable qui le lie à la chaleur amoureuse maternelle, il apprend en un temps record à parler et à marcher. Cela ne nous étonne pas du tout qu'un enfant de deux ans sache parler et marcher. Peut-être ne réalisez-vous pas l'effort qu'il faut faire... L'enfant part d'une grande incompétence physique, et deux ans plus tard, pour rejoindre « maman », il saura parler et marcher, et cela uniquement grâce à la force de son amour ! Tel est le moteur de son évolution pendant cette période. D'un certain point de vue, il n'y a rien là que de très banal puisque cela arrive tous les jours, mais, dans l'absolu, c'est un effort titanesque auquel nous assistons.

Que se passe-t-il ensuite ? Je vais vous dessiner un tableau très succinct de ce que j'appelle la spirale de vie qui s'étend entre la naissance et la mort.

Comment fonctionne le couple ?

Pour découvrir comment instaurer de la tendresse dans les rapports familiaux, examinons le problème de l'amour dans le couple.

1. Après la séparation de la naissance et une fois que l'enfant aura appris à parler et à marcher, un autre traumatisme apparaît. Quand, au début de la vie, l'enfant se met en route vers sa maman, il espère bien qu'il va rencontrer l'amour idéal, que de nouveau il sera fondu à la chaleur amoureuse qu'il a connue dans la vie intra-utérine, première expérience inscrite dans la couche la plus profonde de sa personnalité. Mais si c'était vraiment le cas, sa vie s'arrêterait là. Il n'y aurait plus de moteur pour la suite du programme. Heureusement, en retrouvant sa maman, il ne retrouve pas la même qualité d'amour que dans son ventre. Il découvre qu'en fait cette femme ne pourra jamais le combler totalement. Autant

dire que cela ne l'arrange pas, mais ce traumatisme est nécessaire pour la suite, puisqu'il lui donnera la force de continuer son chemin vers l'autonomie. D'amour déçu en amour déçu, il progressera, avancera vers un nouvel amour chaque fois plus exigeant, chaque fois réclamant de lui un nouveau dépassement. Dans cette perspective, on peut considérer la vie comme des degrés d'amour successifs de plus en plus élevés.

Familles, je vous hais tendrement

2. Après avoir rencontré les limites de l'amour maternel, l'enfant va se tourner vers un nouveau degré d'amour, celui de la famille, en essayant de trouver sa place dans le clan familial qui fonctionne selon des modalités et des règles propres. Chaque famille a en effet ses codes et pour en faire partie il faut s'y plier – qu'il s'agisse des heures de repas, des réunions de famille du dimanche, des vacances à l'océan, etc. Mais il y a, en creux de tous ces phénomènes, le « secret de famille » que l'enfant devra respecter pour rester dans le clan. Ce secret, c'est la zone de fragilité parentale « exquise », qu'il ne faut surtout pas aborder sous peine de mettre en route des réactions pouvant aller jusqu'au rejet hors du clan. Dans les générations précédentes, ce secret tournait beaucoup autour de la sexualité…
En se pliant à ces règles, l'enfant va caler sa personnalité et trouver sa place dans ce microcosme. Comme dans l'expérience précédente, pour être reconnu et aimé il va correspondre à ce qui est attendu de lui.

L'étape des intrigues

3. Puis tout d'un coup, à l'adolescence, le jeune humain découvre que cette tribu familiale ne lui permettra jamais de retrouver l'amour idéal, référence fondamentale à la vie intra-utérine, qui lui laisse toujours une immense nostalgie. Chaque expérience amoureuse en sera la quête désespérée.

À l'adolescence, la famille n'est plus la chose la plus importante qui soit. Tout bascule et toutes les valeurs que les parents ont pu lui apprendre, l'enfant va les remettre en cause. Rien que de très normal : c'est une expérience nécessaire pour l'enfant mais aussi pour les parents, cela lui permet de secouer des certitudes mal établies. Les adolescents se lancent alors dans une autre expérience fabuleuse et capitale : la découverte du corps de l'autre, la découverte de la sexualité et de la partie sexuée manquante. Je suis un garçon, il me manque l'aspect féminin. Je suis une fille, il me manque l'aspect masculin. Tout d'un coup, à cet âge-là, si je suis une fille le petit garçon aperçu dans l'école d'en face devient la chose la plus importante au monde, au point que les études n'ont plus d'importance. Plus rien d'ailleurs n'en a, si ce n'est de l'apercevoir quelques secondes de plus que la veille ! Ce qui compte, c'est de croiser ce garçon ou cette fille, et de savoir comment il ou elle s'appelle. C'est ce que j'appelle l'époque des intrigues. Nous sommes encore très loin de la première rencontre physique : on ne se touche pas, on ne se parle pas. On fait l'apprentissage des mots et des mouvements amoureux : comment on touche l'épaule, comment on prend la main, comment on dit « je t'aime » à l'autre. C'est une expérience vitale pour la suite. En principe il y a dans cette période une espèce de nomadisme sexuel qui doit normalement lui faire rencontrer différents partenaires amoureux. Ainsi, l'adolescent va faire différentes expériences qui lui permettront de se confronter à son plaisir, d'apprendre progressivement ce qu'il aime dans la sexualité, de s'approprier une façon personnelle d'avoir du plaisir.

Se décentrer pour ne plus se soucier de soi

4. Mais de la même manière que les autres expériences se sont révélées décevantes, le jour viendra où, fatigué de ce nomadisme, le jeune humain aura envie que cette expérience aille plus loin en tentant de nouer une relation complète – pour peut-être, plus tard, fonder sa famille, s'installer sur terre selon ses propres critères et non plus selon ceux de sa famille parentale. Enfin il n'aura plus besoin de passer par les désirs de ses parents. À cet instant se met en route cette force de vie incroyable qui consiste à vouloir des enfants…

5. L'enfant, une fois présent, amène une expérience très formatrice pour ce nouveau couple, car jusqu'au moment où il devient parent, chacun de nous était le centre du monde ! Tout d'un coup, avec ce premier amour envers ce que j'ai construit par mon corps, un autre devient plus important que moi. Tout d'un coup, j'ai une utilité au-delà de ma personne, une petite utilité familiale certes, mais une utilité. Je ne suis plus le centre du monde. Cette expérience peut causer des chocs très violents, car, même s'il est naturel d'avoir un enfant, il faut bien se rendre compte du bouleversement que cela représente. Par exemple dans quatre-vingt pour cent des couples qui viennent d'avoir un enfant, il n'y a plus de

sexualité pendant deux, trois ou quatre mois après l'accouchement. L'enfant prend toute la place parce qu'on n'a pas le temps de s'occuper de soi et parce qu'on est épuisé.

Il faut comprendre que dans cette étape quelque chose se « mature » en nous, le sentiment de notre relativité, et de la responsabilité, comme si la vie nous avait confié une première utilité envers un être faible et sans défense qui risque de mourir ou de subir des dégâts psychiques importants si on ne s'occupe pas de lui.

Toute une vie pour retraverser l'écran

6. Pourtant, l'histoire ne s'arrête pas là, car vient le moment où le couple s'épuise. C'est ce qu'on appelle la crise de milieu de vie, la crise de la quarantaine. C'est un moment où les enfants devenus adolescents commencent à s'en aller vivre leur vie de leur côté. Au passage, les parents perdent leur utilité... Partant, ils ont le sentiment extrêmement profond, mais pas clairement nommé, qu'au fond tout ce qu'ils ont vécu jusque-là n'est toujours pas suffisant pour justifier leur existence. Au moment de cette crise, chacun de nous sait très bien intérieurement que ce ne sont pas des vacances de plus qui vont nous rendre heureux, ni un bien matériel supplémentaire...

Alors on commence à s'interroger sur le sens de la vie, en espérant qu'une nouvelle expérience nous attend, qu'une autre utilité, non plus familiale cette fois mais au-delà du cercle restreint de nos liens consanguins, va se faire sentir. Mais cette nouvelle utilité possible, nous aurons maintenant à la choisir car elle n'est pas inscrite en nous comme une expérience automatique. De même que nous avons hérité d'une empreinte génétique donnée au moment de la rencontre sexuelle de nos parents par la fusion de l'ovocyte et du spermatozoïde, de même que nous avons hérité d'une empreinte psychique donnée au moment de la naissance par la rencontre psychique entre l'amour maternel et l'enfant, de même nous avons peut-être une troisième empreinte qui sommeille en nous, celle dont l'enfant se sépare au moment de l'instauration de l'écran.

Ainsi, nous revoilà à la question de départ, celle que nous avions laissée en suspens : qui prend les commandes du corps au début de la naissance, avant que la personnalité ne s'installe ? Peut-être la vieillesse nous permet-elle de retrouver nos grands organes des sens et d'accéder ainsi à ce pour quoi nous sommes faits, à notre légende personnelle, à notre tâche sur terre ? Nous avons tous déjà deux empreintes, mais peut-être pourrions-nous poser la question de cette troisième empreinte, qui peut paraître plus poétique à certains, mais qui pour nous est d'une grande précision. Elle contient l'enregistrement très minutieux de ce pour quoi nous sommes faits, notre utilité unique sur terre, quelque chose qui est de l'ordre de notre patrie, que nous appelons la tâche et que la crise de la quarantaine nous donne l'occasion de rencontrer.

Assurément, à partir de cette crise, il y a quelque chose d'autre qui nous guette. Peut être aurons-nous le courage de nous poser la question de ce que c'est : qu'est-ce qui est déposé en moi d'unique en tant qu'être singulier et qui attend pour se réaliser ?

Le vrai problème de cette période c'est que, contrairement à tout ce qui s'est passé avant, c'est une crise où nous sommes totalement libres. Donc nous ne sommes plus dans le registre du traumatisme, mais dans celui des épreuves, au sens où chacun de nous peut en faire ce qu'il veut, c'est-à-dire quelque chose ou rien. Une certitude cependant : selon ce choix de vie, la suite ne sera plus la même. Quelqu'un qui, dans la boucle suivante de l'âge mûr, va vivre de passion, passion de ce qu'il fait en rapport avec sa nature essentielle, ne vivra pas comme celui qui n'en éprouverait aucune. Cette troisième empreinte est inscrite en chacun de nous comme la personnalité, comme les chromosomes. Peut-être que celui qui aura rencontré cette empreinte essentielle ne vivra pas la vieillesse de la même façon, peut-être qu'il ne mourra pas de la même façon selon la passion qu'il aura mise précédemment dans sa vie.

Si la vie est un immense festin et que nous avons bien mangé, nous nous levons de table à la fin du repas en ayant suffisamment mangé et donc en paix. Mais si nous n'avons pas mangé à notre faim, si nous n'avons pas vécu pleinement, nous nous accrocherons à la table comme des forcenés parce que tout simplement nous aurons encore faim de l'existence et nous voudrons rester encore.

C'est pourquoi il est extrêmement important de se poser la question de ce qu'on veut en faire en ayant repéré ces étapes. La suite est une décision personnelle mais elle ne se fait pas toute seule…

Voilà l'immense aventure qui nous attend et qui attend ceux dont nous avons la charge : nos enfants. Tel est le sens de l'accompagnement : commencer en vivant nous-mêmes pleinement l'étape qui est la nôtre et en accompagnant nos enfants dans celle qui est la leur.

La *tendresse* dans

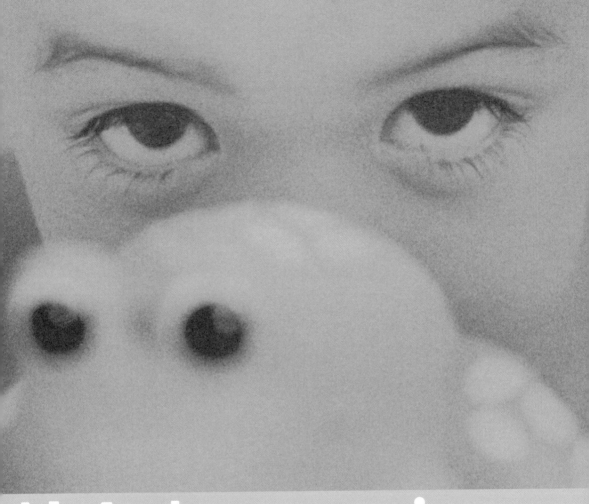

l'éducation

Docteur en psychologie,

kinésithérapeute

et psychomotricienne,

Suzanne Robert-Ouvray[*]

dirige un groupe de recherche

à l'université Paris - VII.

Travaillant sur les souffrances

des enfants et des adolescents,

elle a une vision dialectique

de ce qui relie notre « moi basique »,

quasi animal, à notre « soi »,

spécifiquement humain.

• Dr Suzanne Robert-Ouvray

Enfance, tendresse et éducation

En principe, le thème de l'enfance évoque dans nos esprits la tendresse, la douceur, les câlins, le merveilleux. Or on s'aperçoit en fait que toutes les causes de violence dans notre société s'enracinent dans l'enfance, du fait d'une maltraitance très répandue et surtout banalisée. Il y a donc un grave problème. D'autant que l'enfant représente notre humanité future...

La dialectique de la tendresse et de la violence se retrouve dès l'enfance, dans les relations éducatives. À l'heure actuelle, nous sommes particulièrement soucieux des enfants qui commencent à développer, dès la maternelle, des symptômes d'agressivité, d'hyperkinésie (le fait de beaucoup bouger), des difficultés à fixer leur attention, à retenir ce qu'on leur apprend. Ils ne savent plus pratiquer la civilité. Peu après, à l'école primaire et surtout au collège, on recense des micro-agressions sans nombre, des incivilités permanentes – plutôt que de grosses violences, même s'il y en a aussi, évidemment. Si l'on veut traiter de la tendresse, il faut obligatoirement aller voir son corollaire, c'est-à-dire ce qui fait violence dans l'éducation donnée par les parents aux enfants.

Éduquer, est-ce « dresser » un enfant ?

Il existe deux sortes d'attentats à l'équilibre affectif d'un enfant : la violence corporelle et la maltraitance psychologique. La plupart du temps, les parents éduquent les enfants en leur inculquant ce que j'appellerais des limites « apprises », et non des valeurs absolues. Car on leur a «appris» qu'il fallait dresser l'enfant. Cela commence très tôt, dès la maternité ! Il faut laisser pleurer l'enfant, sinon « il s'habituera à réclamer » et deviendra capricieux. Il faut le faire boire toutes les trois heures, il faut le « régler ». Une angoisse se cache derrière ce scénario : la volonté absolue que l'enfant s'inscrive dans le monde comme être social le plus vite possible, sous peine d'être perdu à tout jamais. C'est le sens que prend chez les parents, aujourd'hui, la course aux diplômes, à la réussite, à la place qu'occupera leur progéniture dans la société. Il ne s'agirait pas que dès son plus jeune âge il prenne la nuit pour le jour, devienne exigeant, ou – horreur ! – qu'il « crache » sur ses parents à l'adolescence ! Cette phrase

* Suzanne Robert-Ouvray a notamment publié *Enfant abusé, enfant médusé*, 1998, et *Intégration motrice et développement psychique*, 1997, Desclée de Brouwer.

revient souvent et l'adolescence fait très peur aux parents actuels. Or, par un paradoxe saisissant et bien révélateur, on s'aperçoit finalement que, plus les enfants ont été « dressés » tôt, plus ils transgressent ! Certes, pas au début de la vie, parce qu'un enfant battu et « dressé » est la plupart du temps inhibé et soumis. La violence subie, qu'il a intériorisée, ne va se dégager que plus tard…

Les enfants qui transgressent très tôt et fortement les lois et les règles, de nos jours, sont les enfants qui vivent une violence très particulière, assez symptomatique de notre époque : c'est une violence de la négligence et d'une absence de limites, justement. Parce qu'on a interdit d'interdire, on laisse l'enfant tout faire. Il y a une hégémonie du désir mal compris, j'y reviendrai après, c'est-à-dire un amalgame entre besoin et désir. Si l'on ne doit pas céder à tous les désirs de l'enfant, on doit néanmoins satisfaire ses besoins. Car un enfant qui n'est pas orienté et guidé par ses parents, qui ne se sent pas protégé et structuré par ce qu'on appelle couramment les limites (ce n'en sont pas vraiment, il s'agit en fait de repères), est un enfant terriblement angoissé : il vit alors une violence infiniment destructrice parce que son besoin d'être guidé est un besoin fondamental. Or à partir du moment où l'on ne satisfait pas un besoin fondamental, l'enfant éprouve une violence. Je vais y revenir. Il y a donc un problème de limites, à fixer. Et qui dit limites dit risque de transgression. Mais là n'est pas le principal souci. Bien plus dangereux, c'est qu'il ne les connaisse pas à l'intérieur de soi : c'est-à-dire qu'un enfant inhibé qui ne peut pas se défendre, qui ne peut pas dire « je veux » ou « je ne veux pas », qui ne peut pas s'opposer à autrui, c'est un enfant qui n'a pas intégré à l'intérieur de lui des systèmes de protection. Éduquer, ça veut dire conduire, et non pas soumettre. Et, la plupart du temps, les parents confondent. Quand un père (ou une mère) dit : « Il faut lui mettre des limites », il dit en fait : « Il faut qu'il m'obéisse. » Les limites apprises par les parents vont générer de la violence à l'intérieur de l'enfant. Pourquoi ? Pour comprendre le problème de la violence, il convient d'expliquer précisément la notion de besoin.

Besoins et désirs

Nous connaissons deux sortes de besoins. D'abord les besoins physiologiques, auxquels tout le monde pense : boire, manger, dormir, être suffisamment couvert contre le froid, être protégé de la grande chaleur et avoir une hygiène corporelle. Non satisfaits, ces besoins de base mettent la vie en danger. C'est pourquoi ils suscitent une angoisse parentale. Et la plupart du temps les parents disent : « Il a tout ce qu'il faut ! Je lui donne à manger, il n'a jamais manqué de rien, et voilà qu'il est bagarreur, indocile, irresponsable ! » C'est que le manque peut se trouver ailleurs.

Car il y a aussi les besoins psychologiques, souvent moins bien connus : le besoin de reconnaissance, le besoin d'attention, le besoin de respect, les besoins de valorisation, de tendresse, de liberté et de guidance, et de structure (je préfère dire besoin de guidance que besoin de limites, parce que cela prête à confusion, nous avons vu que toutes les limites ne sont pas bonnes). Si ces besoins psychologiques ne sont pas satisfaits, ils ne mettent pas en péril le corps immédiatement. Un enfant qui a froid, ou qui est insulté, vit une violence. Mais un enfant qui n'est pas regardé avec tendresse, ni admiré, ni reconnu vit une violence tout aussi destructrice.

De plus, du fait d'un besoin non satisfait, un autre processus, de dévalorisation, va se mettre en place : les enfants battus sont des enfants qui se sentent toujours indignes, sales, coupables. La violence que l'enfant perçoit quand on ne le respecte pas consiste en un mélange de frustration, de manque, de colère, de rage et de peine.

Et le mal germe en lui du fait qu'il garde tout ce malaise à l'intérieur de lui. En effet, on ne demande presque jamais à l'enfant de prendre conscience de ce qu'il est en train de vivre. On lui demande en fait de savoir le désir des parents — on veut que j'obéisse, que je me lave les dents, etc. Et si les besoins physiologiques de base mettent la vie corporelle en danger, les besoins psychologiques de base non satisfaits vont mettre le mouvement de vie psychique en danger, c'est-à-dire le désir, parce que le désir ne peut se construire qu'à partir du moment où les besoins de base sont satisfaits.

Un bébé a besoin d'être reconnu. On sait maintenant que ce n'est plus un tube digestif ni un petit animal. Il a besoin d'être humanisé par ses parents, par leur regard, par le toucher. Et le toucher, ça peut être les mots, le tact évidemment. Ainsi les parents autoritaires disent : « Un seul regard et c'est terminé. » En fait, les parents terrorisent leur enfant. On peut faire plein de choses avec le regard. L'enfant a besoin d'être accompagné, soutenu dans sa curiosité naturelle, dans sa créativité, et quand ses besoins de base à la fois physiologiques et psychologiques sont suffisamment étayés et nourris —ni trop ni trop peu—, alors l'enfant se dirige vers l'autonomie et se construit une identité.

Je reprends le lien qui existe entre besoin et désir. Un besoin, c'est quelque chose d'impératif, alors qu'un désir, c'est quelque chose qui se construit. Le besoin taraude la personne. Tant qu'il n'est pas satisfait, il est là, il piétine. Par exemple, les enfants pendus à leur mère en réclamant sans cesse des choses dans les magasins sont perçus ainsi par les parents : « Il n'est jamais content, il en veut toujours plus ! Il est trop gâté. » C'est vrai qu'il est gâté, mais pas dans le sens comblé de cadeaux. Il l'est plutôt dans le sens d'« abîmé », parce qu'un enfant qui réclame, geint et répète les mêmes mots est un enfant qui n'arrive pas à se faire entendre. En fait, cela signifie que son véritable besoin n'est pas exprimé. C'est un besoin qu'il n'arrive pas à formuler. Il lui faudrait justement un parent qui puisse l'interpréter et le comprendre, l'entendre, et ce n'est pas le cas.

Ainsi, un besoin, ça vous taraude et ça reste là. Alors, quand on ne reçoit pas de tendresse, comme cela arrive à tant de personnes, eh bien on va essayer d'aller la chercher. On peut la trouver dans la nature. Beaucoup de personnes qui ont manqué de tendresse sont particulièrement atta-chées à la nature parce qu'elles ont trouvé dans la relation aux animaux des mouvements de tendresse qu'elles pouvaient adopter, gratuitement.

La tendresse est une chose qui se donne gratuitement. On n'est pas pris dans un système de chantage avec le parent. Mais la nature ne peut tout remplacer, comme le toucher tendre, visuel, tactile ou verbal d'un parent. Ça peut juste permettre de continuer sa vie.

Lorsque les besoins de base sont trop lourdement frustrés, je suis dans un manque, et je reste donc dans une demande. Je ne suis plus sujet de mon acte, je ne suis plus dans l'acte de « penser » ma vie. C'est une phrase que je trouve assez jolie ! Je ne suis plus dans *penser* ma vie mais dans la tentative de *panser* ma souffrance. Or la souffrance, comme vous le savez, n'est pas forcément quelque chose de conscient. On peut souffrir, ne pas le savoir et croire que son enfance était formidable, qu'on avait des parents géniaux.

Alors, si les besoins de base s'imposent, et si le désir se construit, ça veut dire que le désir n'est pas le même chez un enfant que chez un adulte. On ne désire pas à trois ans comme on désire à six, comme on désire à dix, comme on désire quand on a trente ans. Par exemple, il n'y a pas de désirs sexuels infantiles, même inconscients, qui seraient de même nature que ceux des adultes. Et si certains adultes pensent comme cela, c'est parce que ça les arrange.

C'est le cas du pédophile notamment.

Le pédophile affirme que l'enfant a le désir inconscient d'avoir des rapports sexuels avec des adultes : lorsqu'il abuse l'enfant, il ne ferait que répondre à ses désirs ! Je ne veux pas rentrer dans la polémique du complexe d'Œdipe, mais on est un petit peu là-dedans. On laisse croire qu'un enfant éprouve des désirs sexuels envers son parent du sexe opposé et des désirs de violence (de meurtre) envers l'autre parent. Je pense qu'en fait cette vision est une violence faite non seulement à l'enfant mais à l'humanité tout entière.

Donc les besoins de base non satisfaits empêchent le désir d'émerger. Ils entravent la liberté d'exister, ils sapent les capacités d'aimer vraiment et de s'aimer soi-même. On ne peut pas dire que les enfants maltraités, battus, abandonnés, négligés seront des adultes qui n'aiment pas. Bon nombre, même, entrent dans des associations ; dans beaucoup de métiers d'aide, justement, on retrouve des tas de personnes qui ont manqué et qui vont donner. Là va résider toute la difficulté de la formation des métiers d'aide, des gens qui veulent entrer dans l'humanitaire. S'ils ne sont pas conscients qu'ils sont en train de vouloir réparer quelque chose de leur propre vie, il peut y avoir des conséquences plus ou moins graves sur les personnes qu'ils vont soigner. Chaque fois qu'on veut faire un métier d'aide, quel qu'il soit, on devrait faire un tout petit travail personnel, être en tout cas accompagné là-dedans, dans ce désir-là.

Les parents violents

Qui sont les parents violents ? Ceux qui pensent qu'il faut dresser les enfants. C'est la position de nombreux parents ! Moi, je m'oppose à de telles attitudes. D'abord, ces parents-là ont un seuil de tolérance très faible aux stimulations de toutes sortes : un enfant qui crie trop fort, qui n'obéit pas tout de suite, qui saute dans la maison, qui saute sur les lits, qui ouvre toutes les revues puis qui laisse tout par terre… La limite chez ces parents est vite atteinte. Mais ce n'est pas celle dont l'enfant a besoin, c'est la leur, c'est-à-dire qu'ils ne toléreront pas plus que ça. C'est la limite interne des parents. Il y a des parents qui acceptent que des enfants crient dans une maison en disant : « Mais si, un enfant ça a besoin de crier et de sauter. C'est formidable, laissons-le s'ébattre. » Et puis, il y a des parents qui ne supportent absolument aucun cri. Certains acceptent qu'un enfant coure, d'autres acceptent qu'un enfant n'ait pas faim et ne veuille pas manger un soir ; pour d'autres encore, c'est absolument impossible – les conduites des enfants réveillent des angoisses profondes chez eux. On ne peut pas faire de la psychothérapie avec tous les parents, mais on s'aperçoit à leur contact qu'ils sont en train de revivre quelque chose de leur propre histoire. Ce sont leurs propres limites émotionnelles qui les amènent à poser ces fameuses limites aux enfants.

Au bout d'un certain nombre de répétitions : « Pour la huitième fois, va te laver les dents », le parent attrape son enfant, lui donne une fessée ou une claque. Mais il ne lui donne pas une limite structurante qui lui permette de s'organiser dans l'espace et le temps. Ils rentrent comme par effraction dans le champ corporel et psychique du petit. La violence introduite ainsi dans l'enfant va lui faire perdre complètement ses repères à lui, internes. En revanche, il va intérioriser les repères des parents. Il est vrai qu'après une fessée, une gifle ou des cris, l'enfant arrête de chahuter. Il finit son assiette, s'endort, et fait tout ce que le parent désire. Mais il ne sort pas de cette épreuve plus aimé, plus grandi, plus autonome, plus libre, plus conscient, plus humain, au contraire. Il a subi une violence qui l'a complètement secoué. Il est en état de stress, avec une élévation d'hormones de stress. Et l'on sait maintenant que les élévations d'hormones de stress trop fréquentes provoquent des dépressions. Il a libéré des morphines naturelles, les endorphines, qui viennent au secours de notre organisme, chaque fois que l'on a mal. Elles viennent atténuer la douleur. Mais l'enfant qui les sécrète de façon répétitive finit par être « drogué » : il parvient à s'insensibiliser complètement. Les enfants battus disent souvent : « De toute façon, je ne sens plus rien », et c'est vrai. Ils sont en quelque sorte anesthésiés. C'est-à-dire qu'ils perdent leur capacité de sensibilité. Car le drame, c'est que l'anesthésie n'est pas seulement corporelle, elle est aussi psychologique : l'enfant perd la faculté d'éprouver des sentiments et d'être empathique (capacité à percevoir les émotions des autres). L'enfant battu ou « hurlé » (chez l'enfant, le cri ou la violence verbale ont un impact physique au même titre que le coup) a perdu confiance en autrui : il ne s'est pas senti aimé et la peur s'est installée au fond de lui. Pourtant, le plus souvent, il recommence, refait un peu plus tard la même bêtise. Il piétine en quelque sorte, il n'a pas trouvé l'accompagnement sécurisant dont il avait besoin. Les coups et les cris tétanisent l'enfant, le terrorisent, le dévalorisent. Ce ne sont des actes ni d'autorité ni d'amour. Faire croire à un enfant qu'on le bat parce qu'on l'aime, c'est un mensonge. Or le mensonge est peut-être pire que la violence. Donner un coup, une claque ou une fessée à un enfant parce qu'il déborde et qu'à un moment donné on n'est pas des parents impeccables, qu'on ne peut pas être sans arrêt dans l'acte d'amour et de respect, n'est pas grave, si on est capable de lui dire après : « Écoute, je crois que j'ai dépassé mes limites, excuse-moi, je vais faire attention la prochaine fois. » L'enfant peut tout à fait pardonner à son parent. En outre, cet aveu va lui permettre de se rendre compte que l'adulte n'est pas tout-puissant, qu'il n'a pas un pouvoir excessif sur lui. Il y a peut-être un moyen de discuter, en tout cas on peut être pris comme un alter ego.

En revanche, le mensonge, c'est de faire croire que la violence est donnée parce qu'on aime l'enfant. Et c'est pour ça que le mensonge est pire que la violence.

Ainsi, l'enfant battu et violenté va vouloir se décharger de toute cette violence-là. On ne peut pas garder ça au fond de soi. Alors il va être aidé par son organisme, car nous avons en nous des systèmes d'auto-régulation. Par exemple il va beaucoup bouger, dépenser sans cesse de l'énergie. Parfois il tapera sur les copains, sur plus petit que lui en général. Et puis, il va titiller, car c'est un enfant qui cherche sans arrêt.

Dans certains cas il peut retourner la violence contre lui en se tapant la tête contre les murs, en s'arrachant les cheveux, en se rongeant les ongles, ou tout simplement en tournant la tête dans le lit, ou tout autre symptôme d'autoflagellation.

Alors, que faire ? C'est la question que les parents me posent. « Il ne comprend que ça. » Il est gentil comme tout après, il vient leur faire un bisou. Preuve que c'est efficace… Et c'est vrai que ça l'est ! Mais l'efficacité provient d'ailleurs. Ce qui rend la méthode efficace, c'est une situation très pernicieuse, celle d'un manque d'amour… Pendant que l'enfant reçoit l'acte de violence, il a perdu l'amour de son parent, parce que quand on bat un enfant, à ce moment précis, on ne l'aime pas. Cela ne veut pas dire qu'on ne l'aime pas avant et après, mais, à cet instant précis, le petit sent très bien ce défaut de tendresse. Alors, quand la tempête est passée, l'enfant éprouve le besoin, urgent et vital, de retrouver l'amour de son parent, parce que sans l'amour parental l'enfant ne peut pas vivre. Il est indispensable pour lui de retrouver au plus vite une relation affective avec l'adulte qui est censé le protéger, prendre soin de lui. C'est pourquoi il vient chercher un câlin, demander pardon. Il est prêt à tout. C'est ce qui ravit son parent, qui se glorifie d'avoir aidé son enfant à se responsabiliser et à grandir, alors qu'il n'a fait que mettre en péril l'équilibre affectif de l'enfant.

Tel est le problème des limites dans l'éducation. Et beaucoup de parents sont complètement perdus dans ces pièges. Car il y a un passage très délicat entre éducation et abus de pouvoir. On peut glisser de l'une à l'autre très facilement et sans s'en rendre compte.

Il faut aussi parler de cette souffrance parentale, inconnue, qui est à l'intérieur des parents, et dont ils ne se rendent pas forcément compte. Il y a deux grands cas de figure, même si évidemment, entre les deux, les situations sont multiples. Soit les parents sont complètement anesthésiés : ils ont intégré l'éducation dure de leurs propres parents et ils estiment qu'il faut dresser un enfant de la sorte. Ces parents-là répètent, d'une façon inconsciente, leur propre éducation. Soit les parents ont été élevés tellement sévèrement qu'ils refusent de répéter ce qu'ils ont vécu. Dans ce cas, le parent n'ose plus mettre aucune limite parce que ce qu'on lui a enseigné était tellement violent et persécuteur qu'il a décidé que jamais, lui, il ne ferait vivre ça à son enfant. Mais le problème persiste : comme il n'a lui-même plus de repères internes, ayant été violenté et ayant ingurgité les limites de ses propres parents, il ne peut plus se diriger lui-même. Ce sont des parents perdus, ils ne savent pas comment faire, donc, pour ne pas faire de bêtises, ils laissent faire l'enfant. Et on trouve en effet des enfants qui n'ont plus aucun repère, qui sont terriblement angoissés et se cognent en permanence à la réalité. Ils sont dans le fond survictimisés, parce qu'un enfant qui n'a pas de protection interne, donc de capacité autonome à s'orienter, est un enfant sujet aux conduites violentes, dangereuses, et il va susciter en retour de l'agressivité de la part de la société.

Quels sont les principaux repères que l'on va donner à un enfant ?

Qu'est-ce qu'une limite ? Est-ce que ça existe ? Comment rester en bonne relation avec un enfant tout en lui faisant accepter les frustrations nécessaires ? Comment structurer un enfant quand on a soi-même été structuré par des parents qui fonctionnaient au gré de leur humeur et de leur volonté ? Je ne répondrai pas à tout, mais je peux vous proposer des éléments de réponse.

1. La confiance. Il faut avant tout faire confiance à l'enfant dans ses capacités d'auto-organisation et d'humanisation. Je pense qu'un enfant se construit beaucoup sur le modèle affectif parental : la façon qu'on a de se conduire avec les êtres humains autour de nous, la façon qu'on a d'accueillir les gens chez soi, de dire bonjour quand on rencontre quelqu'un. Certaines personnes en souffrent. Par exemple, on m'a raconté que la maman et le papa recevaient monsieur Untel très gentiment, mais dès qu'il était parti, ils se répandaient en critiques et en invectives sur cet homme-là. C'est très désorientant pour un enfant parce que, dans un même temps, on lui montre comment on accueille quelqu'un chez soi, comment on entre en relation de manière amicale, et puis deux minutes après le parent démolit les repères socio-affectifs de l'enfant pour lui montrer tout autre chose.

Comment immiscer un repère chez l'enfant ? Cela dépend aussi bien de la façon dont le parent gère ses relations à la fois avec lui, l'enfant, mais aussi avec les grandes personnes et même les autres enfants.

Lorsque les besoins de reconnaissance, de respect et de tendresse de l'enfant ont été suffisamment satisfaits, alors l'enfant se développe dans la spontanéité, dans la joie de vivre, dans l'affection et dans le désir de rencontrer les autres. Il ne sera ni violent ni destructeur. Ce qui ne veut pas dire qu'il n'aura pas une certaine forme d'agressivité qui va lui permettre de s'affirmer et de s'opposer si on lui vole son Carambar. Mais il n'ira pas faire mal à l'autre. Car il y a une distinction entre faire mal et faire du mal. Par exemple, si je refuse de prêter ma bouteille d'eau parce que j'ai mes raisons, je peux faire mal à l'autre, mais je ne cherche pas à lui faire du mal. Je ne fais pas cela contre lui. Ces enfants-là, qui ont été respectés, aimés, ne sont pas en principe des enfants violents, même s'ils peuvent être agressifs et très déterminés. Disons qu'ils sont tout simplement égoïstes parce qu'ils ont une façon de poser leur moi en s'opposant. Et cela peut être une qualité : on n'est pas dans la morale, quand on est dans la psychologie ! Il ne sera ni violent, ni destructeur, ni apeuré, parce qu'il va s'appuyer sur le premier modèle familial qui est le premier modèle relationnel qu'il découvre. Il sera ouvert et curieux. Il s'agit donc de faire confiance au potentiel de l'enfant, à son potentiel d'être humain, à sa capacité à s'humaniser au contact des autres.

2. Prendre en compte sa propre frustration. En deuxième lieu, on va s'attacher à comprendre, dans sa relation avec l'enfant, ce qu'on est en train de vivre. En fait, beaucoup de parents vivent par procuration. Ils ont été lourdement frustrés dans leurs besoins de base et ils vont demander à leur enfant de leur donner ce qu'ils n'ont pas eu. Ce qui fait que l'enfant devient un objet narcissique, un objet de compensation pour le parent. Ils n'ont pas fait de piano, alors l'enfant fera du piano. Certains se transforment en tyrans de la scolarité. Eux-mêmes dévalorisés pendant leur scolarité, ils vont demander à l'enfant d'être brillant. Les besoins de l'enfant passent après les leurs, parce qu'ils sont eux-mêmes en manque infantile. Trop souffrants, trop inconscients, ils ne sont pas capables, bien souvent, de donner à l'enfant ce dont il a besoin pour l'accompagner dans

son autonomisation. En plus, ce sont des parents qui ont parfois le sentiment de s'être sacrifiés et qui maintiennent un système de dépendance lié à une dette terrible. D'ailleurs, ils disent : « Avec tout ce qu'on a fait pour toi, c'est comme ça que tu nous remercies ! » Au contraire, il y a des parents qui ont vécu la frustration avec tant de souffrance qu'ils ne peuvent pas concevoir de frustrer l'enfant. Ils vont alors arriver à un phénomène qu'on appelle la saturation du besoin. Ils vont saturer le besoin de l'enfant. Entre frustrer et saturer, la position intermédiaire est difficile à trouver mais l'un et l'autre sont une violence faite à l'enfant.

3. Savoir gérer des besoins antagonistes. Nous, êtres humains, sommes faits de telle sorte que nous avons des besoins antagonistes, à l'intérieur même de l'être humain, et d'autres existant entre deux personnes. Par exemple on a besoin de solitude, mais en même temps on a besoin d'être entouré de ses congénères. L'enfant a besoin de liberté, mais en même temps il a besoin d'être protégé. Il a besoin d'être touché, mais il a besoin d'être respecté. Il a besoin d'être affilié, d'appartenir à un groupe, mais en même temps il a besoin d'être reconnu comme quelqu'un de différent, de singulier. Donc si on sature le besoin de liberté de l'enfant, on va frustrer le besoin antagoniste de structure. Il s'agit d'arriver, comme on dit, à un juste milieu. Et puis il y a aussi les besoins antagonistes entre enfants et parents. Le père ou la mère rentre du travail, il est fatigué, il a besoin de se reposer alors que l'enfant, lui, n'a besoin que d'une seule chose, c'est de sauter sur le dos de son père ou de sa mère. Alors, que se passe-t-il ? C'est là que la tendresse intervient. Parce qu'il n'y a aucune raison que le parent ne soit pas satisfait dans ses besoins de base, mais en

même temps il n'y a aucune raison que l'enfant soit frustré dans son besoin. Qui doit passer en premier ? Si l'on est tendre avec l'enfant, si on lui fait un câlin et qu'on lui dit : « Écoute, je ne peux pas m'occuper de toi pour le moment, j'ai vraiment besoin de dix minutes de repos », moi, je pense que si la relation est suffisamment respectueuse de part et d'autre, l'enfant est tout à fait capable de comprendre cette réaction. Mais ce mode de relation se met en place dès le début de la vie. Si d'emblée la relation est suffisamment respectueuse, l'enfant est tout à fait capable de vivre une frustration momentanée, car il a confiance. Et cette frustration s'intègre alors et permet à l'enfant de devenir autonome et de «symboliser». Symboliser, c'est substituer : tout en refusant l'achat d'un jouet, on peut proposer à l'enfant de casser sa tirelire. On rentre dans la négociation, mais on reste dans le respect.

4. La tendresse pour intégrer la dureté de la vie. Un autre acte de tendresse réside dans la façon d'aider un enfant à intégrer la dureté de la vie. Car il faut l'avouer, on en est tous là : on ne veut pas que nos enfants souffrent. Mais on s'y prend souvent très mal, à force de vouloir que la vie soit belle. Un enfant tombe par terre. La pire des réactions est de dire : « C'est rien. » En général, on lui dit d'arrêter de pleurer et de dire ce qu'il a. Mais en parlant, on le met à distance. En revanche, si on prend l'enfant dans les bras, si on le console, et si on lui dit ensuite : « Explique-moi ce qui t'est arrivé », une part de la violence qu'il vient de vivre en tombant va devenir une expérience positive, et il va remonter sur son vélo. C'est ainsi que la tendresse peut accompagner l'enfant dans l'intégration des difficultés de la vie. Parmi les cinq sens dont nous disposons, certains

mettent à distance et d'autres rapprochent. La vue, la parole, le toucher auditif mettent à distance. Alors que le tact, l'odorat et le goût rapprochent la personne. C'est pourquoi il ne faut pas parler et expliquer avant de consoler ! Cela suppose aussi pour faire passer ce message-là à l'enfant qu'il ait accepté la vie affective de son parent. Il ne faut pas, enfin, qu'un parent se dévoue entièrement à son enfant, car c'est un parent qui empêche l'enfant d'être libre. Le plus beau cadeau que l'on puisse faire à un enfant, je crois, c'est que ses parents soient heureux. Et les enfants ne peuvent considérer leurs parents comme heureux s'ils sont uniquement dans le dévouement et le sacrifice. Ils doivent aussi avoir une vie affective et respecter leurs propres besoins. Tout cela suppose par ailleurs que l'enfant accepte l'autorité de son parent.

5. Autorité et violence : apprendre à l'enfant à dire non. L'autorité, ce n'est pas de la violence. En effet, l'autorité s'oppose à la contrainte par la force et au chantage. D'autre part, elle aide l'enfant à découvrir sa propre autorité. Autorité a pour racine étymologique *auctor*, « auteur ». Elle permet ainsi à l'enfant d'être auteur des lois. Elle ne vise pas à contrôler. Même si elle requiert l'obéissance, elle ne vise pas non plus la soumission. Les parents ont certes un pouvoir réel sur leur enfant, dont ils doivent être conscients, mais l'abus de pouvoir est destructeur. Et quand nous disons « non » à un enfant, il faut le faire en notre nom. Nous devons dire : « Non, j'ai besoin d'un quart d'heure pour me reposer. Non, là, je ne reviens plus te voir, j'ai lu ton histoire, je n'ai pas l'intention de faire ceci ou cela. » Mais on dit trop souvent: « Non, tu es vilain, tu en veux trop » et on attaque ainsi l'enfant. Ce n'est pas respectueux de l'enfant. Le « non » doit venir

soutenir et respecter un enfant. Car le « non » fait partie de la vie comme le « oui ». On apprend alors à l'enfant à respecter le « non », c'est-à-dire les limites et les impossibles de la vie. S'il est vécu de la sorte dans la dynamique familiale, alors l'enfant pourra dire « non », à son tour, face aux agresseurs et aux abuseurs. Si on n'a pas habitué le petit enfant, au début de la vie, à dire « non » et à être respecté dans son opposition, il ne pourra jamais dire « non » au monsieur dans la rue qui lui propose un bonbon, même si on l'a mis en garde.

D'autre part, en apprenant à dire « non », de façon personnelle et réfléchie, on intériorise la loi. C'est l'accompagnement dans la frustration qui permet à l'enfant de devenir un être social et d'intérioriser la loi. On parle beaucoup de la citoyenneté dans les collèges et on fait de grandes réunions à ce sujet. Mais être citoyen ne signifie pas seulement adhérer à une cause commune. C'est aussi savoir s'opposer, critiquer. Pour cela, il faut que l'enfant ait intégré les repères qui deviendront ses propres repères et qui vont lui permettre de reconnaître où se trouve l'injustice ou l'inacceptable. Mais si toute l'éducation de l'enfant est fondée sur le principe « Tu dois faire comme je te dis parce que c'est moi qui ai raison », à ce moment-là l'enfant n'a pas tout à fait sa capacité de réflexion. La première fonction de l'interdit n'est pas d'entraver la volonté de l'enfant. C'est de lui permettre de différencier, de poser des points de repère, de délimiter le bien et le mal, de donner une forme et de donner un sens à ce qui nous entoure, un sens à la réalité.

Punition et sanction

Poser un interdit, c'est évidemment en envisager la possible transgression. Transgresser, c'est aussi faire l'expérience de la vie. Et toute transgression appellera une réponse. Ce n'est pas la transgression qui est néfaste, mais l'absence de réponse ou des mauvaises réponses. Et une des réponses peut être la sanction.

La sanction n'est pas une punition. Elle permet simplement à l'enfant de recouvrer un comportement acceptable par la famille, le groupe et la société. La sanction règle un abus et empêche la dérive vers le n'importe quoi. Elle enveloppe, comme quelque chose de très sécurisant, directement lié à la dignité de l'être humain.

La punition, elle, est un châtiment. Dans la punition, il y a de la domination, de l'écrasement, de la vengeance, des représailles, du rejet. Le châtiment corporel, par exemple, est humiliant pour l'enfant. Cela l'entraîne à se durcir, on l'a vu, corporellement et psychologiquement. L'enfant se coupe alors de sa vie affective. Quand on soutient un enfant, on l'entraîne à devenir responsable. Et la responsabilité est la condition de la liberté. On ne peut pas être libre si on n'est pas responsable. La guidance parentale n'est pas une privation. Quand les frustrations éducatives sont accompagnées de tendresse, elles libèrent l'enfant.

Jouer son rôle de parent, c'est donc autoriser l'enfant à nommer ses sentiments, l'autoriser à s'opposer à autrui, à être conscient des injustices et des manipulations, même si elles viennent de notre part. Mais attention ! Cela ne veut pas dire laisser tout faire ou tout dire, et ce laxisme observé trop souvent aujourd'hui est très préjudiciable. L'enfant,

125

pendant tout le temps de sa maturation, est plutôt dans les sensations existentielles, avec une difficulté à formuler. Il a besoin de nous pour formuler les choses.

Nous avons le devoir de l'humaniser en l'aidant à conclure, même s'il s'agit de nos propres mots. Il faut des références familiales pour pouvoir s'orienter dans la vie publique, quitte à le reconnaître quand on fait une erreur.

On doit s'interroger quand on éduque nos enfants : au nom de quoi allons-nous imposer le respect de telle ou telle règle, puisqu'il y a des règles dans la famille ? Est-ce que je refais comme ma mère parce que je trouve que c'est bien ? Est-ce que je fais le contraire parce que j'ai trouvé que ce n'était pas bien ? C'est peut-être un début de questionnement. Une phrase d'Édouard Claparède, un psychologue suisse, peut nous guider : « L'enfant ne doit pas, nécessairement, faire ce qu'il veut… mais il doit vouloir ce qu'il fait. »

D'abord psychiatre, puis neurologue

en milieu clinique, enseignant

en éthologie comparée,

Boris Cyrulnik a développé

dans les années quatre-vingt

des recherches en éthologie clinique

à l'hôpital de Toulon.

Auteur de plusieurs best-sellers

sur les « nourritures affectives »*,

il fouille passionnément la mécanique

des ressorts intimes qui aident l'individu,

et particulièrement l'enfant,

à s'en sortir au milieu du chaos.

• Dr Boris Cyrulnik

Sous le signe du lien

Une histoire de l'attachement : des débuts mouvementés

Plutôt que de parler de tendresse, je préférerais employer le mot « attachement », qui appartient à la même famille sentimentale. Les théories de l'attachement sont en très fort développement et l'histoire de cette idée a commencé dès la Seconde Guerre mondiale. Anna Freud, s'étant intéressée au rôle de l'affectif dans le développement des enfants depuis quelque temps, décide de monter une nurserie à Hampstead avec Dorothy Bulingham et Ilse Hellman. Elles choisissent d'associer des observations directes avec un suivi historisant, afin d'obtenir deux éclairages différents. Après guerre, René Spitz, un grand nom de la psychanalyse, a appliqué la même méthode d'observation directe aux enfants privés d'affection, abandonnés et isolés à cause de la guerre. Il a décrit les stades que l'on connaît tous à présent : protestation, désespoir, indifférence, et a clairement présenté le quatrième stade dont personne ne parle, celui de la réparation. Mais lorsqu'il a publié *De la naissance à la parole : la première année de la vie*[1], les réactions ont été très hostiles et il y a même eu un mouvement d'opposition à la reconnaissance de l'affectivité dans le développement des enfants dont Marguerite Mead, la grande anthropologue, prit la tête. Elle soutenait – en 1948 ! – que les enfants n'avaient pas besoin d'affectivité pour se développer ! Vous imaginez ce qu'il a fallu combattre pour faire admettre ce qui nous semble aujourd'hui évident…

Après ces premiers épisodes, John Bowlby, un autre psychanalyste, président de la Société britannique de psychanalyse, eut le projet d'associer observation directe et observation médicale, en raison de sa formation de médecin. En 1960, Bowlby toucha une bourse de l'Organisation mondiale de la santé, après que les autres organismes officiels eurent refusé de financer un projet si farfelu et si peu « scientifique ». Celui-ci accomplit alors un travail remarquable, dans la continuité d'Anna Freud. Et quelle fut sa récompense ? On le renvoya de son séminaire à la Société britannique de psychanalyse, et il dut démissionner de son poste de président… Parlez-moi donc de tendresse !

* Boris Cyrulnik a notamment publié : *Les Nourritures affectives*, Odile Jacob, 1996 ; *Les Vilains Petits canards*, Odile Jacob, 2000 ; *Les enfants tiennent le coup*, Hommes et Perspectives, 2002.

1. PUF, 2002.

Un concept enfin reconnu

Dans les années soixante-dix, Pierre Humbert a fait un recensement, sur ordinateur, du mot « attachement » dans certaines publications : seulement trois pour cent des articles de psychiatrie et de psychologie l'employaient à l'époque. Or, en 1998, trente-sept pour cent des articles comprenaient ce terme, et en l'an 2000 il est plutôt difficile d'en trouver qui ne parlent pas d'attachement ! En trente ans, un concept qui était sous-estimé, cantonné aux pages de *Nous Deux*, *Marie-Claire* et des romans à l'eau de rose, est devenu une notion vitale et scientifique qui appartient en propre à notre culture. C'est même aujourd'hui un concept en voie de développement avancé aux États-Unis, au Québec, en Amérique du Sud, et encore en Russie ou en Roumanie.

Mais il ne s'agit pas de dire n'importe quoi. Ceux qui défendent cette notion appliquent une méthode d'observation et élaborent une véritable sémiologie comportementale, à partir de gestes, mimiques, postures, qui tous font sens. La sémantisation du geste signifie pour eux qu'il n'est pas de mimique qui ne veuille rien dire. Tout est donc « sémantisé », et cela bien avant la parole : voilà l'idée qui se développe dans nos travaux actuels sur l'attachement.

Du coup, on s'est rendu compte que, bien plus que les biologistes, ce sont les linguistes qui sont le plus intéressés par l'éthologie (qui est, je vous le rappelle, l'étude des comportements des êtres vivants dans leur milieu) parce qu'ils y découvrent l'existence de « comportements linguistiques ». En effet, on ne dit pas n'importe quoi n'importe comment, et la manière de parler possède une fonction bien plus affective qu'informative. Si on ne devait se parler que pour se communiquer les informations, le morse suffirait !

Une relation d'abord sensorielle : la caresse de la voix

Intéressons-nous plus particulièrement à l'enfant. Un bébé, même si nous ne nous en rendons pas compte, se développe, même dans le ventre maternel, dans un milieu extrêmement sémantisé. Bien sûr il ne comprend pas la parole adulte en tant que telle, mais ce qu'il perçoit de la voix de la mère ou du père le touche au sens physique du terme. Pour illustrer ce phénomène, je vais vous raconter l'expérience de mon élève Pantaléo, recherche initiée il y a trente ans par Marie-Claire Busnel, à une époque où les capteurs sensoriels étaient encore un peu imprécis. Au cours de la deuxième échographie d'une maman, on filme les réactions du bébé. La mère tout d'abord se repose en silence, puis l'éthologue lui demande de réciter une poésie, de chanter une chanson ou de répondre à des questions. Trente à quarante pour cent des bébés réagissent, ce que nous prouve l'accélération de leur cœur, qui passe de cent quarante à cent quatre-vingts pulsations/minute. Parmi eux, trente à quarante pour cent réagissent en donnant des coups de pied, nous les avons surnommés pour cela les « petits Zidane », trente pour cent se mettent à sucer leur main, ce sont les « Calas », enfin vingt pour cent s'émeuvent à peine, ne bougent pas : ils doivent se dire qu'ils ont bien le temps d'être embêtés avec toutes ces questions philosophiques ! Ceux-là, nous les appelons les « pépères » ! À ce stade de l'ontogenèse, l'enfant capte très bien les basses fréquences émises par la mère, et la voix a sur lui le même effet sensuel et émotif qu'une caresse.

Mais ce n'est pas parce que le fœtus est très réceptif qu'il faut le surstimuler. Je fais allusion aux travaux sur la communication intra-utérine. Une des premières retombées a été, aux États-Unis, de créer des « universités de fœtus », où on stimule les fœtus par la musique, la senso-rialité, la parole... Cela doit marcher puisque les fondateurs de ces institutions ont fait fortune ! Plus sérieusement, je pense que nos « super-fœtus » doivent en être épuisés. Ce qui compte réellement n'est pas la multiplicité et l'intensité des stimulations, mais leur régularité.

Un lien vital : l'expérience du caneton

L'attachement d'un être à un autre est vital, et c'est loin d'être une méta-phore. Il suffit de voir la situation des orphelins en Roumanie, qu'on peut d'ailleurs rencontrer aussi bien en Colombie, en France, en Russie, au Bengladesh, en Algérie, dans tous les lieux où nous avons pu travailler et où les enfants sont privés d'affection. Un enfant dépourvu de tout contact avec autrui, de toute altérité et de tout affect, a tendance à se tourner vers les seuls objets extérieurs à lui-même : ses mains, d'où ses balancements autocentrés et son comportement pseudo-autistique.

On constate en effet que les enfants, tout de suite après leur naissance, sont soumis au phénomène de l'« empreinte », qui est une forme se gravant dans la mémoire de l'être vivant, animal ou humain, en voie de développement, et qui fait que son monde se catégorise à partir du moment où il est imprégné par les objets extérieurs. Admettons par exemple que je sois un petit canard. Moi, caneton dans ma cage, je vais être imprégné par cette bouteille d'Évian qu'on y a placée et que je vois. Mon monde de caneton va s'organiser autour d'elle, je vais avoir un repère familier, dont je connais l'odeur, la forme et la couleur. C'est mon monde de caneton autour duquel je vais manifester des comportements exploratoires qui vont me permettre d'apprendre tout ce qui est nécessaire pour être un caneton statistiquement heureux.

Si, expérimentalement, on enlève l'objet d'empreinte tracé biologiquement dans la mémoire du caneton, il suffit d'une seconde pour que le monde lui devienne inconnu. On observe alors immédiatement des réactions comportementales de panique anxieuse. Ce n'est certes pas l'angoisse de la mort, mais c'est un monde qui change de forme, où toutes les perceptions sont connotées d'angoisse. Le caneton se met à courir en tous sens et cet affolement va le mener à ce qu'on pourrait appeler un « accident prédictible ». Effectivement il se cogne contre la grille et se casse une patte. Il suffit ensuite de remettre l'objet d'empreinte pour qu'instantanément le monde du caneton retrouve une forme tranquillisante. À partir de cette base de sécurité, il peut reprendre ses explorations. Tout son comportement, son apprentissage et même son métabolisme sont changés uniquement par la présence ou l'absence de l'objet d'empreinte dans son monde.

Or, pour les êtres humains, le premier objet d'empreinte c'est la mère. Il n'est à la naissance qu'un objet sensoriel partiel. Nous avons dit que l'enfant *in utero* ressentait les basses fréquences de la voix, maintenant nous savons qu'il reconnaît aussi le goût du liquide amniotique. Ce qu'il perçoit de la mère au tout début est une brillance des yeux à trente centimètres en mouvement ; quelques semaines plus tard, c'est la barre des sourcils, la forme du nez ; à huit semaines, c'est le visage, différent de tous les autres, auprès duquel apparaît un autre visage familier, imprégné, tranquillisant et sécurisant, celui du père.

La relation entre la mère et l'enfant peut emprunter plusieurs voies. Chez le fœtus, le goût et l'odeur sont confondus : on a observé par exemple que les enfants dont les mères avaient mangé de l'aïoli pendant la grossesse tétaient un doigt frotté d'ail en souriant, tandis que les autres faisaient la grimace ! Ce que la mère mange « parfume » le liquide amniotique, et c'est là un premier échange.

Au plan psychologique, j'ai pu voir encore que les bébés de mères stressées avaient un cœur plus rapide – le fameux profil Zidane. Il y a à cela une explication neurobiologique. Les molécules du stress de la mère passent en effet très vite le filtre placentaire, et se communiquent à l'enfant. Les relations établies avec la mère sont donc d'ordre chimique, comportemental et affectif. Après quelques semaines de gestation, le lien existe : l'enfant n'est plus *dans* sa mère, il est avec sa mère.

Mais les psychanalystes ont souvent trop mis l'accent sur la relation mère-enfant en laissant dans l'ombre les pères, même s'ils ont reconnu leur fonction symbolique et leur rôle dans l'apparition de la parole. Nos observations éthologiques permettent cependant de défendre l'idée que les pères apparaissent bien avant la parole, et trouvent tout de suite leur place dès les premières semaines de la vie, certes avec un peu de retard sur la mère, dans le triangle familial où le bébé aura à se développer.

Une bulle sensorielle qui prépare au langage

Ce triangle constitue une bulle sensorielle qui entoure le bébé et qui lui fournit des tuteurs de développement, sans lesquels le monde est pour lui vide. Si la mère souffre, l'enfant souffre de sa souffrance. Il faut savoir que la manière de vivre d'un être est radicalement différente dès l'instant où l'on vit un attachement, dès l'instant où l'on a besoin d'un autre pour devenir soi-même. Les bénéfices adaptatifs de cette dépendance sont immenses : tenter de découvrir ce qu'est le monde d'autrui est une excellente préparation aux signes et au langage. L'enfant, lié à son père et à sa mère par une dépendance affective très agréable et qui permet la poursuite du développement de ses promesses génétiques, va absolument vouloir comprendre ce qui se passe dans leur monde mental, sans se contenter de constater un sourire ou un froncement de sourcils. Donc dès les premiers mois, à six ou huit mois, alors qu'il est encore loin de parler, l'enfant essaie de se représenter les pensées de sa mère.

Bénéfices et maléfices de l'attachement

L'attachement est un phénomène à deux facettes : nous y sommes certes contraints à la naissance, mais le bénéfice incroyable que nous en recevons est la possibilité de se préparer à la création d'un monde intersubjectif. Car entre la figure d'attachement et l'enfant en voie de développement, il s'agit d'une préparation à la créativité. L'enfant est obligé d'aller à la découverte de l'autre simplement grâce à quelques indices de mimiques, de postures, de sonorités verbales, qui ne sont pas encore structurés comme des mots mais qui sont déjà sémantisés. Le fait que l'être humain soit « contraint » à l'attachement est lui aussi loin d'être une métaphore. Il suffit pour comprendre cela de se reporter à l'enquête que Badra Mimouni a effectuée à Oran, en Algérie, où elle montre que selon les structures sociales et les institutions qui accueillent un enfant abandonné, celui-ci a de trente à quatre-vingt pour cent de probabilités de mourir, c'est-à-dire de *se laisser mourir*. Des enfants neurologiquement et biologiquement sains meurent d'une société folle, qui les nourrit sans leur donner d'amour. Privée de valeur affective, l'alimentation perd tout sens : le nourrisson en effet ne mange que parce qu'il aime. La nourriture devient symbole affectif grâce à l'attachement.

Il y a un autre maléfice de l'attachement : si la mère vient à manquer (maladie, mort, etc.), le monde de l'enfant s'en trouve amputé, et si la mère est malheureuse, il est altéré. En effet les gestes qu'elle adresse, les mimiques, les mots, les chansons, tout l'univers sensoriel du bébé est complètement transformé par le malheur de sa mère, dont il souffre autant qu'elle. Cette transmission de pensées est du ressort de la biologie : un monde mental, médiatisé par des comportements, agit sur un autre monde mental et sur la biologie de l'enfant, modifiant systématiquement ses métabolismes.

Mais cette souffrance à son tour va se transformer en bénéfice en mettant en place le concept de résilience, et ce, dès les premières semaines de la vie, où le bébé qui perd de vue sa mère se trouve obligé de concevoir un support matériel qui la représente, nounours, foulard, etc. Ces objets, qui parfois portent l'odeur de la mère, prennent la place de la figure d'attachement et acquièrent eux aussi une fonction tranquillisante.

Conséquences de l'attachement ou déterminisme génétique ?

Les discours de certains généticiens tendent à nous convaincre que notre être tout entier est déterminé génétiquement. Je ne le crois pas. Certes, il existe six ou sept mille maladies dont les déterminants ont des valeurs prédictibles étonnamment fiables. On peut également, dans une certaine mesure, prédire certains comportements futurs à partir d'observations sur l'enfant. Mais il peut se produire tant d'événements impossibles à prévoir ! On en arrive alors à des explications pour le moins curieuses, chez ceux qui affirment par exemple qu'être privé d'attachement au départ augmente plus tard la probabilité de dépression. Ainsi, l'erreur de certaines publications – qui étudient des populations précises – est de conclure que certaines familles se transmettent la dépression sur trois ou quatre générations. C'est probablement vrai dans les faits, mais autant dire qu'il y a une hérédité du béret dans le Pays basque ! S'agit-il en ce cas d'*hérédité* ou bien d'*héritage* ? Les parents malheureux ne transmettent-ils pas pour ainsi dire « par contiguïté » leur douleur morale, plutôt que par leurs gènes ?

Une transmission de pensée… « au corps à corps »

Revenons à la relation mère-enfant, qui nous prouve bien que la transmission de pensée est de ressort physique, palpable, presque « au corps à corps ». Je pense ici à l'« expérience du visage immobile ». Nous partons du principe que, dans les échanges avec la mère, le père ou toute autre personne proche, l'affectivité est primordiale. Dès les premiers mois, de petites conversations se mettent en place, où l'enfant babille, et où la mère interprète et répond. À partir du quatrième mois, le bébé possède un tempérament initiateur de conversation, il fronce les sourcils et prononce des proto-mots (que la mère interprète bien… ou pas !) : ces échanges sont déjà structurés et ne doivent rien au hasard.

On place en observation une mère à qui on demande de « parler bébé » à son enfant : c'est là un stimulant fort pour lui, un acte important digne de capter son attention (tandis que si on lui parle comme à un adulte, il « décroche » en moins d'une minute). On demande ensuite à la mère de se taire et de figer ses traits. L'enfant, sidéré, ne comprend plus, il se sent seul, envoie des signaux que la mère ne reçoit ni n'organise. Alors il se met à pleurer.

Le corps et les sensations prennent donc une place essentielle dans les relations. La connivence d'esprit est une expérience concrète, observable de la même façon dans un vieux couple par exemple, où trente ans de coexistence permettent, par une sorte d'hyperperception, d'atteindre au monde mental de l'autre, grâce à de tout petits indices comportementaux indécelables pour un tiers.

Typologie de l'attachement

Tout le monde n'apprend pas à aimer de la même manière. Dès les premiers mois de la vie, de nombreux éléments vont constituer pour chacun des styles différents d'attachement : présence ou absence de la mère, du père, constitution du triangle parental, mais encore frères, sœurs, famille close ou ouverte… autant de figures de l'attachement plus ou moins prégnantes, qui structurent différemment chaque monde sensoriel et imprègnent diversement chaque mémoire. Dès ses douze mois, on peut dire que l'enfant est imprégné d'un « tempérament », au sens américain du terme, c'est-à-dire par un caractère, une expression particulière de ses émotions.

À ce stade, soixante-cinq pour cent environ des enfants ont des attachements sécures. Pour illustrer cette idée, considérons à présent une autre expérience. On place un bébé seul avec sa mère dans une pièce. Sa présence, qui le rassure, le laisse libre de jouer et d'explorer son petit monde. Rentre alors une inconnue, tandis que la figure familière sort de la pièce. Quelle stratégie comportementale va-t-il mettre en place face à la figure étrangère ? Nous pouvons observer que soixante-cinq à soixante-dix pour cent des enfants, désorientés, tâchent cependant de trouver une solution à leur inévitable sentiment de perte. Ils vont alors « faire du charme » à l'inconnue, une offrande, un sourire, auxquels elle ne peut résister. Pour vingt à vingt-cinq pour cent d'entre eux, l'orage est intérieur même s'ils gardent leur calme, sans essayer de créer le lien avec l'inconnue. Enfin, dix pour cent des enfants observés se mettent à pleurer et demeurent inconsolables, et cinq pour cent manifestent des attachements confus et refusent de créer un lien. Chez ces enfants qui manifestent un attachement confus et savent difficilement aimer et se faire aimer, il faut savoir que rien n'est jamais perdu. Je me refuse à écouter ceux qui me disent que cet enfant est « fichu », qu'« on n'arrivera à rien avec lui », comme je l'ai parfois entendu ! Cela exige parfois d'être un véritable « virtuose du lien » pour parvenir à les toucher et modifier leur relation à autrui, mais on peut toujours leur réapprendre une manière d'aimer.

Pointer du doigt ceux qu'on aime

De quelle autre façon encore l'enfant montre-t-il son attachement ?
N'oublions pas que la communication est possible bien avant la parole.
Les êtres et objets gravitant autour du bébé sont « historicisés », et le
moment où il va les pointer du doigt va représenter son premier geste
sémiotique. On peut alors dire qu'il a compris ce qu'était la parole, car il
ne désigne jamais un objet neutre. Ce geste lui permet de manipuler les
représentations de ses figures d'attachement. Par exemple, un enfant qui
voit tous les jours son père manier, pour son travail, des livres, des feuilles
et des stylos, médiatisera sa relation à son père en pointant du doigt ces
objets privilégiés. Cela lui permet de sémantiser le monde qui l'entoure
grâce à l'histoire de ses parents.

L'enfant qui, à quinze mois, ne pointe pas du doigt, manifeste sûrement
un vide dans son entourage ou un trouble intérieur. Les enfants privés
d'affection, on le constate souvent, se « périphérisent » et restent réfrac-
taires à tout contact. Les psychanalystes en effet nous ont appris qu'un
traumatisme ancien est, d'abord, non un souvenir, mais une trace
neurologique imprégnée dans la mémoire de l'enfant. Ceux qui ont été
abandonnés à la naissance, placés vers cinq ans dans une institution, sont
incapables de s'intégrer. Ils restent en marge, n'ayant pas appris à « faire
du charme » comme les autres. Les enfants qui, eux, ont bénéficié d'un
attachement sécure, à l'arrivée à la maternelle par exemple, vont se
socialiser très vite, passé le petit stress de l'institution, et transformer
l'adulte présent en figure d'attachement.

À travers tous les âges de la vie

Quelle place l'attachement prend-il à l'adolescence puis à l'âge adulte ? L'adolescence est le moment des choix les plus névrotiques, ceux du conjoint et du métier… On met parfois toute une vie à réparer ces choix, et pourtant ils font sens !

Si une personne ayant bénéficié d'un attachement sécure dans l'enfance reçoit, adolescent, un traumatisme, il souffre comme tout le monde bien sûr, mais rebondit mieux car il a acquis des mécanismes de défense précieux et sait aller chercher l'objet affectif qui va le soutenir dans l'épreuve. Les autres, au contraire, ceux qui ont subi un attachement confus ou ambivalent, se défendent moins bien et manifestent des syndromes post-traumatiques.

À l'âge adulte, nous avons remarqué qu'il se passait parfois une sorte de « contrat de couple » particulier, entre un ex-enfant sécure prêt naturellement à recevoir de l'affection, et un ex-enfant non sécure, avide d'en prodiguer, et d'être celui par qui le bonheur arrive – ce bonheur qui lui a cruellement fait défaut en son enfance.

Chez certaines personnes âgées enfin, nous voyons surgir un effet « palimpseste » : un événement traumatisant, tracé il y a longtemps dans leur mémoire, et enfoui sous les superstructures de l'existence, travail, couple, famille, etc., va soudain réapparaître, du fait de l'atténuation de leur vie sociale. Ce trauma n'avait pas eu encore l'occasion de s'exprimer. C'est donc bien que la manière d'aimer, imprégnée en nous au cours de notre petite enfance par nos parents, notre culture, notre tempérament, gouverne toute notre existence.

Peut-il y avoir confusion entre le lien de la présence et de la représentation ?

Sur ce point, l'éthologie donne la parole aux biologistes, aux psychologues et aux sociologues. Mais ce rapprochement n'est pas un œcuménisme ! C'est une méthode d'observation qui permet de distinguer la trace et le souvenir. Avant la parole, la perception laisse dans le cerveau une trace cérébrale que l'imagerie médicale permet de rendre observable. Par exemple, les quelques scanners que nous avons faits aux enfants roumains placés en isolement affectif presque total montraient tous une atrophie du rhinencéphale, comme un sillon en creux. Mais après un an dans les familles d'accueil, l'atrophie avait disparu. Toute une partie du cerveau est en effet façonnée par les stimulations affectives.

Avant la parole, on parle donc de trace laissée par la perception dans le cerveau du bébé, informé par une personne extérieure, en bien ou en mal. Entre le vingtième et le trentième mois, l'enfant possède de nouveaux outils, car il passe d'un vocabulaire de trois cents mots à trois mille : à ce stade-ci, c'est le souvenir par la parole qui va constituer son existence narrative. Ses émotions se forment aussi par les représentations qu'il se fait de ses parents. Mais, encore une fois, les enfants qui ont été privés d'affection ont du mal, plus tard, à maîtriser leurs émotions, ce qui, je le répète, n'est jamais irrémédiable.

Je pense donc que les deux rapports à autrui, perception et représentation, sont intimement associés, mais fonctionnent à deux étages différents de l'appareil psychique.

143

La «créativité» comme capacité à créer
la représentation de l'autre, en son absence

L'absence de l'autre fait naître la contrainte de devenir créatif, pour en atténuer la douleur. On invente alors une représentation, un objet. Cela s'applique autant aux enfants qu'aux adultes ! C'est un refuge intérieur qui garantit des moyens de résistance aux agressions extérieures. Je pense particulièrement aux témoignages que j'ai pu recevoir des rescapés des camps de la Seconde Guerre mondiale, qui mettaient en avant le rôle irremplaçable de la poésie dans leur capacité à survivre. Plus que tout, ils avaient eu besoin de ce monde intérieur de substitution, pour ne pas se laisser mourir.

Le manque imposé invite à la créativité, qu'il s'agisse du premier chagrin d'un petit enfant, dont il triomphera avec ses ressources de petit enfant, ou, de façon plus poignante, de la détresse des orphelins. Certains gamins des rues de Bogotà m'ont littéralement stupéfié par leur inventivité et leur humour, destinés à repousser la tentation du désespoir.

La *tendresse* dans

le couple

Romancière, conteuse,

psychothérapeute, Christiane Singer

a développé toute une œuvre

autour de la passion amoureuse*.

Pour elle, engagement loyal

et liberté assumée sont les deux exigences

d'un amour vrai et vivant, seul réceptacle

possible d'une tendresse véritable.

Si nous sommes responsables de ceux

vis-à-vis de qui nous sommes engagés,

laisser dépérir les amours que nous fait

croiser la vie serait, pour qui voit grand,

irresponsable.

• Christiane Singer

La tendresse
du paradoxe

D ans aucun de mes livres je n'ai voulu enseigner une voie. J'ai trop
de respect pour la liberté de chacun. J'invite mes lecteurs à bal-
butier un moment avec moi, à hésiter un instant devant le seuil
de l'incompréhensible, de cette vie qui se déroule devant nous comme un
mystère total. Car plus nous donnons l'impression d'y avoir compris
quelque chose, plus la vie, au tournant d'après, nous donne de soufflets
et nous remet à notre place. Moi qui écris, je ne sais rien. Je sais seulement que je tente, sur cette terre, de percevoir quelque chose de cet

incroyable mystère de la vie. On ne parle pas, on n'écrit pas parce qu'on a quelque chose à dire. Avoir quelque chose à dire est très restrictif, parce que l'on ne peut plus alors découvrir ce qui se tapit en dessous et qui voudrait se dire à travers nous, qui cherche à se servir de nous comme d'un instrument pour se dire. On écrit à la recherche du mystère, pour trouver ce que l'on veut dire.

L'autre jour, je me suis promenée dans la forêt au milieu de ce que l'on appelle les « fils de la vierge ». Ce sont ces fils que tissent certaines araignées pour se mouvoir dans l'espace. C'est exactement le contraire des toiles d'araignées. La toile d'araignée est stratégique, elle va prendre du butin, tandis que les fils de la vierge permettent de circuler dans l'espace. C'est cette approche que je privilégie lorsque je m'adresse par écrit ou par oral aux autres – un discours qui jette ses fils et dont le seul rêve est de créer de la relation ou peut-être, après un instant d'étonnement, de voir que quelqu'un s'accroche à ce fil, fait un petit bout de chemin grâce à lui puis le relâche pour attendre que le prochain fil passe. Pourtant, cette circulation dans l'espace, sans intention de persuader qui que ce soit de quoi que ce soit, je suis bien incapable de la pratiquer seule. Ce qui peut nous arriver de plus beau, c'est qu'à un instant nous vibrions tous ensemble d'une même interrogation.

Mais si je vous donnais une réponse, cessez de me lire ! En hébreu, dans le système si particulier et magique de numérisation des lettres de l'alphabet, le même chiffre signifie à la fois la réponse et la mise au tombeau. Celui qui répond de façon définitive à une question, la met par sa réponse au tombeau. Je pense moi aussi que nous sommes sur terre pour vibrer dans un questionnement qui ne prendra jamais fin. Nous

* Citons parmi les nombreux livres de Christiane Singer : *Une passion,* Albin Michel, 1992 ; *Éloge du mariage et autres folies,* Albin Michel, 2000 ; *L' Alliance sacrée,* Alice, 2001.

n'aurons pas de réponse. C'est la seule chose que je promets avant de commencer…

Engagement et liberté

Engagement et liberté : ce sont ces pôles dans lesquels je voudrais me mouvoir au sein de ces lignes pour parler de la relation aux autres. Je veux le faire d'une façon très personnelle parce que j'ai appris que la véritable humilité passait par l'audace de livrer sa propre expérience, dans la profondeur. Il n'est pas question d'indiscrétion. Il y a un niveau d'indiscrétion, à notre époque, qui est révoltant, voire ignoble. Le partage d'expérience est d'une autre nature. C'est pourquoi je vais commencer par ce qui fait pour moi le sens de l'engagement, de la loyauté et de la liberté.

Je suis née pendant la guerre, en 1943, à une époque où mettre un enfant au monde était une folie. Dans ce monde de déchirement, de sang coulant à flots, où les hyènes étaient lâchées (c'est faire insulte aux hyènes que de dire cela !), ce monde où les hommes étaient ivres de leur enfer, mettre un enfant au monde, quelle folie, quelle inconscience ! On aurait pu dire à cet homme et à cette femme qui avaient conçu la vie qu'ils étaient fous, qu'ils allaient faire subir l'enfer de ce monde à leur enfant. Eh bien, au contraire, cet homme et cette femme ont refusé à la mort le dernier mot à travers la célébration de leur amour, ils ont donné la vie au cœur des ténèbres les plus terrifiantes. Après avoir réalisé l'ampleur de ce geste, j'ai compris l'amour illimité que, toute ma vie, j'ai porté à mes parents. Dans une loyauté absolue, il n'y a pas un jour, jusqu'à ma mort, où je ne dirai merci à cet homme et à cette femme de m'avoir mise au monde.

Pourtant, malgré cette loyauté, cette petite fille que j'étais avait un goût immodéré de la liberté. Petite fille, je songeais déjà: « Je vous aime, mais vous n'aurez pas ma peau! » Que de fois, par loyauté envers les êtres qui nous ont mis au monde, on jure: « Je ne partirai pas, je ne te quitterai jamais, je ne peux pas te faire si mal! » Mais croyez-vous que le Créateur ait mis en nous cet appel du large, cette soif de fugue qui nous habite, si la liberté était coupable ? Dans l'immensité de ce monde, il n'y a pas de pire danger que d'entrer dans une existence passive où le couvercle de la liberté se referme.

Nous devons tous résoudre ce dilemme de l'existence affective : comment vivre entre d'un côté la loyauté (je m'engage dans l'amour que j'ai pour mes proches) et de l'autre le respect de cet appel de liberté ? La plupart du temps, c'est simple : on se casse la figure, comme si c'était programmé, évident. Oui, nécessairement on est appelé à se mouvoir, à se faufiler entre deux abîmes. Jeu difficile, c'est le moins qu'on puisse dire. Mais se satisferait-on d'une vie facile ? L'enjeu qui consiste à respecter cette loyauté envers ceux que l'on aime tout en honorant cet immense espace qui nous habite, voilà qui sera pour beaucoup d'entre nous une épreuve de souffrance, en même temps qu'un incroyable apprentissage. Pour expliquer ce dilemme, je voudrais relire deux histoires, deux métaphores qui peut-être nous donneront des éléments de réponse.

La liberté du point de vue bourgeois

La première histoire, délicieuse, qui a hanté mon enfance ainsi que probablement celle de millions d'autres personnes, est *La Chèvre de monsieur Seguin*. Elle incarne pour moi la saga bourgeoise de la liberté. La petite chèvre est obsédée par l'envie de s'enfuir, mais elle ne le peut pas. Monsieur Seguin est si gentil ! Mais il a beau, chaque jour, rallonger un peu plus le licol et agrandir l'espace où elle se meut, le désir de fuir habite la chèvre et s'accroît de jour en jour. Elle finit par s'enfuir, mais, en choisissant la liberté, elle sait ce qui va lui arriver : la rencontre du loup et la mort ! Selon moi, c'est l'archétype même de l'histoire bloquée, sans fenêtres, sans ouvertures.

Suivons la chèvre dans la forêt, après qu'elle se fut échappée. Elle goûte à toutes les herbes, à toutes les saveurs inédites pour elle. Les branches la caressent à son passage. Elle découvre avec délice tout un univers dont l'emprisonnement la privait. Bien sûr, elle a eu raison de s'enfuir ! Elle peut enfin toucher la vie. Elle éprouve pour la première fois l'ivresse au cœur de la grande forêt. Mais bientôt la nuit tombe, et l'angoisse monte. Toute la nuit, la chèvre de monsieur Seguin va se battre contre le loup. Elle sera déchirée en pièces, déchiquetée. Jusqu'à ce que l'aube s'annonce. La lutte aura duré une nuit entière. À l'aube, c'en sera fait de la chèvre de monsieur Seguin.

Voilà l'histoire terrible qui nous disait, enfant : si tu oses la liberté, si tu as l'audace de t'enfuir, si tu n'acceptes pas de bon cœur d'appartenir à monsieur Seguin, vois ce qui va t'arriver. Gare aux loups, les petits !

153

La lutte avec l'Ange

Je voudrais rêver maintenant sur une autre histoire. Sur un autre combat d'une nuit. Mais accompagné par le souffle des grands livres sacrés. Ce combat nous offre des issues grandes ouvertes, vibrantes d'une symphonie de sens. Nous sommes à mille lieues des histoires « bourgeoises » qui, comme le loup, ferment leurs gueules sur leurs proies. Je fais allusion au combat de Jacob avec l'Ange.

Mon commentaire reprend pour l'essentiel celui de Friedrich Weinreb, grand philosophe juif de langue allemande. Il nous a laissé un commentaire sublime de ce combat. Selon lui, Jacob est doué d'une âme prophétique qui le pousse à vouloir rendre visible la face cachée et divine du monde. À la faire surgir aux yeux de tous, de manière à ce que plus personne n'en puisse douter. Rêve émouvant et fou – impossible : la face cachée du monde doit ontologiquement rester cachée ! Le rêve de Jacob est de faire passser « en fraude » le monde invisible dans le monde visible. À cause de sa vocation, Jacob endure des déboires à n'en pas finir, comme son exil de vingt et un ans. À son retour, apprenant que Jacob revient, son frère Ésaü – qui n'a pas eu une vie facile, lui non plus, face à ce frère qui monopolisait l'attention de leurs parents –, Ésaü lève une armée de quatre cents hommes. Tout ce qu'il y a de force sur cette terre, il le met en marche pour anéantir son frère, pour l'expulser à nouveau de son monde où il n'y a pas de place pour lui. Jacob apprend que l'armée de son frère approche. Et il est dit dans le commentaire talmudique (qui développe quelques mots de la Bible) qu'au même moment Jacob s'aperçoit qu'il a oublié dans sa longue marche une coupe dans laquelle il aimait boire ; il retourne sur ses pas, chercher de l'autre côté de la rivière Jabocque l'objet oublié. Malgré le danger encouru, il retourne chercher cet objet qui paraît en comparaison insignifiant.

Le commentaire fait le lien avec notre tradition chrétienne : le berger, s'apercevant qu'une petite brebis manque, n'hésite pas à abandonner son troupeau et à retourner en arrière la chercher. Nous sommes ici dans un monde où le plus petit pèse son poids d'or, où il n'est plus question de quantité mais de qualité ; nous avons pénétré dans l'autre monde, le monde de l'esprit. C'est pourquoi, en passant la rivière Jabocque, Jacob rencontre celui que l'on appelle l'Ange.

Sa mission est d'empêcher à tout prix que le Mystère soit exposé à la lumière du monde. Il doit interdire à Jacob de passer dans cette intention ; il garde en somme le seuil comme un dragon. Il arrête Jacob et lui signifie qu'il ne passera pas. La lutte qui s'engage entre Jacob et l'Ange va aussi durer toute la nuit. Ils sont pareils à deux amants qui s'empoignent, dans un corps à corps dont la violence n'a d'égale que la lutte amoureuse. Il y a une dimension d'érotisme brûlant dans la lutte de l'Ange et de Jacob, que beaucoup de peintres ont pressenti et reproduit.

Pourtant, même s'ils se battent jusqu'à l'aube, aucun des deux ne vaincra. Car à l'instant où le jour paraît, l'Ange doit quitter ce monde – parce qu'il n'a plus de pouvoir dans le royaume de la lumière. C'est alors que Jacob le retient et lui dit cette phrase qui va bouleverser le monde parce qu'elle est la clef de toute ouverture : « Ne t'en va pas sans m'avoir béni » (Gn 32, 27).

À cet instant précis, les deux mondes entrent dans une relation, reconnaissent et respectent leurs grandeurs singulières. Par cette bénédiction,

155

que Jacob demande à l'Ange, cesse la malédiction de ces deux univers opposés qui sont face à face comme des falaises et qui – jamais – n'ont pu entrer en relation. Cette prière abolit en même temps le pouvoir du loup et l'impuissance de la chèvre. Désormais, la nuit a reçu le germe du jour, et le jour le germe de la nuit. Ces deux univers séparés sont fécondés l'un par l'autre, dans la bénédiction. Nous voilà entrés dans l'ère de la relation. Cette expérience si puissante doit nous inspirer infiniment d'espérance devant tout ce qui se présente de contradiction et d'obstacle dans nos existences. Nous comprenons désormais que les rives opposées de la dualité – fidélité-infidélité, fidélité-liberté, engagement-liberté, vieillesse-jeunesse, printemps-hiver, peur-confiance, vie-mort, homme-femme – appartiennent au même fleuve.

La semence de la relation naît du combat de Jacob avec l'Ange.

Sous cet éclairage si exceptionnel, si riche d'enseignements, on pourrait s'amuser à réécrire la fin de l'histoire de *La Chèvre de monsieur Seguin*. Au terme de la lutte, le loup dirait à la chèvre qu'elle s'est bien battue, qu'elle vient de vivre une initiation et que maintenant elle est libre de partir et de vivre sa vie… Voilà la dimension mythique de cette histoire, qui serait enrichie par la dimension eschatologique du combat de Jacob avec l'Ange. D'un côté, on bute sur le « ou bien ou bien » : ou bien la chèvre reste chez monsieur Seguin et y mène une brave vie ; ou bien elle s'enfuit et vérifie, bien malgré elle, que monsieur Seguin avait raison de l'attacher. De l'autre côté, dans le modèle de la relation, l'enfer de l'alternative rigide disparaît devant l'appel à mettre les mondes séparés en relation, à les faire respirer ensemble. Ainsi, l'homme et la femme, la mort et la vie, le roi et le fou peuvent fêter les arcanes de leur rencontre, parce que tous les univers séparés, toutes les dualités qui rendent si difficile notre quotidien, entrent ensemble dans cette danse de la relation, cessant un instant de s'opposer pour se reconnaître et se bénir. *Être là, être présent* : telle est, en hébreu, la signification étymologique de la bénédiction. De cette attitude jaillit une force qui met debout.

La liberté ou l'engagement ? La question peut-elle encore désormais se poser en terme d'exclusion ? Je m'engage ou je reste « libre » ? Cette manière de laisser tomber un verdict comme une hache sur un billot ne s'accorde pas au génie de la vie.

Les univers opposés sont reliés par les fils invisibles du paradoxe. Le fruit que tu cherches dans une direction avec une obstination butée est peut-être en train de mûrir dans ton dos. Il y a, dans l'inépuisable force de renouvellement de cet univers créé, une forme d'humour qui aime à casser le dogme. Une zone floue, un surgissement de tendresse libératrice – celle qui se tisse lorsque les deux bagarreurs, les deux lutteurs de nuit, Jacob et l'Ange, baignés de sueur, se regardent et se concèdent l'un à l'autre l'existence. La conviction et l'idéologie cèdent le pas devant la vie et se laissent décoiffer. L'obsession d'avoir raison s'incline devant le mystère.

En tenant ces propos, je ne plaide pas pour l'arbitraire ou l'indécision face aux engagements de la vie.

Ces engagements sont essentiels. Sans eux, nous ne pourrons jamais nous élancer vers nous-mêmes. Nous n'adviendrions pas.

Je tente seulement d'éclairer la nature paradoxale de l'engagement. Un engagement ne se force pas. Je ne crois pas même qu'il se prenne. Je crois qu'il se donne et qu'en se donnant il entre dans la coulée d'un surgissement de source.

En tentant de vivre les yeux ouverts, j'ai toujours été, depuis l'enfance, fascinée par le phénomène de la *coincidentia oppositorum* : l'apparition d'une qualité dans sa forme la plus irradiante, là où l'on a toutes les raisons pour ne pas s'attendre à la trouver : la santé dans la maladie, la jeunesse dans la vieillesse, la lumière dans le noir, la cime dans l'abîme… Ainsi des limites que nous imposons à nos vies par le choix d'un chemin et par l'engagement. Loin de rendre notre vie plus étroite, la jugulation même de l'énergie crée un espace de liberté impossible à soupçonner. À l'intérieur même des limites, arrachée à la dispersion, la liberté se fait verticale et puissante.

Psychanalyste jungien reconnu,

de Montréal à Avignon, pour ses travaux

sur les relations père-fils

(*Père manquant, fils manqué**),

ses propos sur l'amour (*N'y a-t-il pas d'amour*

heureux ?), et pour sa recherche

sur le sens de la souffrance (*La Guérison*

du cœur), Guy Corneau aime insister

sur les paradoxes innombrables qui,

surtout dans la vie de couple, font se côtoyer

le pire et le meilleur – pour l'avènement

de ce dernier, heureusement !

• Guy Corneau

La crise qui guérit le cœur

« L'amour est, nous ne sommes pas. » Voilà ce que j'ai compris hier soir de la bouche de Josette Stanké qui récitait un texte sur la scène du Festival Tendresses. En fait, j'ai commis une sorte de lapsus auditif, puisque Josette disait plus exactement : « L'amour est ou n'est pas. » Après réflexion, je trouve cela intéressant. Il y a dans ce détournement de l'inconscient une vérité profonde : nous n'existons pas tant que nous n'avons pas réintégré le grand courant amoureux. Et ce

qui nous empêche de le faire, c'est précisément l'illusion qu'on existe…
Je voudrais faire de ce lapsus le point de départ de mon intervention et
vous rassurer en vous disant : on est toujours dans le bon couple, que
celui-ci aille bien ou qu'il aille mal ; comme on est toujours à la bonne
place, seul ou en couple. C'est-à-dire qu'on va y rencontrer ce qu'on doit
y rencontrer pour nous aider à retrouver notre essence intime.

En fait, à titre personnel, je pense qu'un couple est plutôt fait pour nous
déranger que pour nous arranger. Il y a tellement de frictions entre deux
personnes que, forcément, beaucoup de choses nous seront révélées dans
la vie à deux. Comme le dit si bien le psychologue Patrick Estrade, dans
un couple, on tente d'ouvrir la porte vers l'extérieur et vers l'autre, mais
la porte, au fond, s'ouvre toujours vers l'intérieur. Je vais tenter de vous
expliquer de quel « intérieur » il s'agit en commençant par vous lire un
extrait de mon livre *N'y a-t-il pas d'amour heureux ?*

Quand les assiettes commencent à voler…

Lorsque la mayonnaise commence à prendre pour ainsi dire, et que les
assiettes commencent à voler dans votre tête ou dans la cuisine, lorsque
la foire d'empoigne est à son meilleur, si vous me passez l'expression, vous
avez alors une vue imprenable sur vos ombres. Courez vite devant un
miroir ! Le travail peut commencer. Ce que vous avez vécu en thérapie,
c'étaient les hors-d'œuvre, vous voici devant le plat principal !

Devant le plat principal, vous avez le choix : en manger un peu, beaucoup, ou pas du tout. Il n'y a pas de jugement à poser là-dessus. À
chacun son rythme et rappelez-vous que de toute façon, dans la vie, le

* Le premier ouvrage
cité de Guy Corneau est
édité aux Éditions de
l'Homme, 1992 ; les deux
suivants chez Laffont,
respectivement
en 1997 et 2002.

premier devoir consiste à survivre. Vous voici donc devant ce plat où grouillent… des vers. De vieilles choses remontent à la surface. Il y a des années que vous ne vous êtes pas senti bouleversé, irrité, trahi ou abandonné à ce point.

C'est précisément à ce moment tragi-comique par excellence, alors que voulant être doux et compréhensif vous n'arrivez qu'à éclater, alors que voulant vous montrer ouvert vous n'arrivez qu'à vous fermer, c'est précisément à ce moment que vous aurez avantage à vous souvenir de la modeste hypothèse qui fait l'objet de ce volume : vos épreuves ont un sens. Il ne s'agit pas d'une erreur d'aiguillage, vous êtes vraiment devant la personne qui est faite pour vous, à ceci près qu'elle vous empoisonne la vie. D'ailleurs, il faut bien avouer qu'elle joue son rôle à merveille. De plus, bien qu'à ce moment précis de votre histoire personnelle cela semble la chose la moins évidente du monde, cette personne est là pour vous révéler que vous êtes tout amour.

Hé oui ! Disons simplement qu'il y a quelques obstacles à surmonter pour que vous puissiez vous en rendre compte. Oh, rassurez-vous, il ne s'agit que de vétilles, des détails somme toute, et l'autre est là pour faire en sorte que vous ne les ratiez pas ! Quelle chance n'est-ce-pas ! Il vous déstabilise, il vous fait sortir de vos gonds, bref, il vous révèle là où le bât blesse. Arrivé à ce moment de perdition extrême, ce moment où le grain de sable menace d'étouffer le carburateur, la meilleure attitude à prendre consiste en ceci : au lieu de considérer que l'autre empêche votre vie de tourner rondement, concevez plutôt qu'il vous empêche de tourner en rond sur vous-même. Comme le dit si bien un de mes amis : « On ne connaît jamais la raison pour laquelle on se trouve derrière une auto qui lambine sur la route ! »

Trêve de plaisanterie : vous êtes de la même essence que ce que vous voyez chez l'autre et vous êtes bien aussi ce personnage ignoble qu'il fait naître en vous. Si vous ne l'étiez pas, vous ne le reconnaîtriez pas, vous seriez indifférent à tout cela. Hum ! dur coup pour l'orgueil ! Consolez-vous, vous êtes simplement en train de prendre conscience de vos chaînes, et à moins que vous ne puissiez les voir, vous ne pourrez vous en libérer.

Bien entendu vous n'êtes absolument pas obligé d'épouser une vue aussi déplaisante des choses. Vous pouvez vous séparer sur-le-champ mais, entre nous, pourquoi courir dans les bras d'un autre problème quand on en a un si beau à la maison ? Vous risquez tout simplement de tomber sur la seule autre personne au monde qui soit née pour vous emmerder autant que la première puisque c'est votre vision de la réalité qui est en cause.

Vous pouvez prier le bon Dieu pour qu'il vous délivre d'une telle épreuve, vous réfugier dans un monastère, vous abrutir dans le travail, ou œuvrer jour et nuit pour une grande cause, gageons que le démon des relations saura vous débusquer jusque-là. Vous arriverez tôt ou tard à l'une des seules conclusions possibles : l'univers, qui n'est autre que vous-même, entendons-nous sur les termes, l'univers, donc, vous aide à devenir vous-même en vous plongeant dans les emmerdements. Autrement dit, vous aurez à lever vous-même les obstacles qui vous empêchent d'aimer.

Le couple révélateur

Voilà : la friction intense qui se produit dans le couple est un outil de révélation de soi à soi-même. Bien sûr, il y a dans toute histoire d'amour le côté « belle histoire romantique » mais, en réalité, l'autre a été choisi parce qu'il a la capacité, dans son incapacité même pourrait-on dire, de vous révéler ce que vous ignorez de vous-même. Dans le phénomène amoureux, on est toujours en train de se faire révéler un au-delà de soi-même, dans les aspects positifs comme dans ceux que nous jugeons négatifs. On se découvre différent de ce que l'on connaît de soi, parfois contraire à ce que l'on connaît de soi, mais c'est bien de soi qu'il s'agit. Alors, il arrive qu'on aime de moins en moins ce que l'on commence à découvrir...

Après le grand éclair du coup de foudre, après la foudre pour ainsi dire, et lorsque les coups arrivent, ce moment où on commence à se refermer, où on commence à trouver que les communications téléphoniques sont un peu chères, si on habite Avignon et l'autre Amiens, on commence alors à entrevoir en soi un être plus calculateur, plus égocentrique, un person-nage quelque peu ignoble, qu'on aurait tendance à juger. Pourtant, même si cette révélation nous déplaît, il s'agit toujours de la révélation amou-reuse qui se prolonge, mais qui nous provoque en nous révélant des parties cachées de soi-même.

De fait, la relation amoureuse fait surgir à notre propre surface tous les « moi » que nous portons ordinairement enfouis, toutes nos sous-person-nalités. Malheureusement, on apprend de la sorte des choses qui nous deviennent vite intolérables. Et le plus intolérable, c'est la façon dont on se voit réagir à toutes ces révélations, si bien que l'on veut y mettre un terme. Donc on se sépare de l'autre, pensant en finir avec cette mise à nu de son inconscient.

Pourquoi cette révélation se produit-elle ? En tant que bon psychanalyste, bien éduqué, je vais vous dire qu'elle a lieu parce que des problèmes relationnels liés au passé n'ont pas été résolus et se répètent. Ce passé-là, vous pouvez le situer dans l'heure qui a précédé, dans les dix ans qui ont précédé, dans l'enfance, ou, comme vous diraient certains, dans les vies qui ont précédé. Peu importe, ça traite du même problème. Le passé dont on parle n'est pas, à proprement parler, du passé, c'est plutôt un conditionnement présent qui est toujours en train de former la réalité, de préformer l'entendement, la perception, le senti, et finalement tout ce qu'on ressent de l'autre. Eh bien, il faut absolument que ces conditionnements soient visités et revisités, pour qu'on parvienne enfin à les dissoudre.

Le couple est un terrain très favorable pour ce travail parce que les charges du passé y éclatent sans que je puisse les contrôler : les charges restées en moi vont pouvoir exploser, les blessures cicatrisées mais mal guéries vont pouvoir généreusement se rouvrir. Ces lieux intérieurs doivent être visités, parce qu'ils définissent notre identité et parfois nous referment sur nous-même, en nous empêchant d'aimer réellement, en nous empêchant de nous ouvrir à l'amour. Il faut faire ce travail de compréhension de soi pour aborder l'autre d'une façon plus satisfaisante.

Mon amie journaliste, un cas d'étude

Il y a donc répétition du passé, et la répétition, même si on peut la qualifier de névrotique ou d'absurde, est un tremplin, une aide pour mieux se connaître. En voici un exemple.

Une de mes amies, journaliste, la cinquantaine au moment de cette anecdote, était spécialiste dans l'art de trouver des hommes pas vraiment faits pour elle. À chaque histoire, elle s'efforçait d'y croire absolument, mais se retrouvait toujours, quelques mois ou un an plus tard, le bec dans l'eau, en pleurs, abandonnée et détruite. Elle avait fini par rencontrer quelqu'un, dans un cercle d'amis communs, et nous étions tous très contents pour elle.

Un matin, pourtant, en faisant mes courses, je tombe sur elle dans la rue, complètement défaite. Son formidable nouveau copain avait disparu. Elle m'apprend qu'il ne veut plus lui parler, même pas lui expliquer pourquoi il l'a quittée ! Je trouve cette histoire étonnante, encore plus lorsqu'elle m'apprend que ce scénario se répète, à peu de choses près, pour la troisième fois dans sa vie. Mes engrenages de psychanalyste se mettent à tourner sur-le-champ. Trois fois, cela ne relève plus du hasard.

Nous allons nous asseoir dans un café, et je lui demande ce que ce sentiment d'abandon, qu'elle éprouve si tragiquement, évoque pour elle par rapport à son passé. Après avoir longtemps réfléchi, elle me répond qu'il lui rappelle les abandons qu'elle a vécus très tôt dans sa vie, la séparation de ses parents, le départ de son père quand elle avait quatre ans, la maladie de sa mère chez qui elle vivait, son arrivée chez ses grands-parents, le retour chez sa mère… Bref elle me rapporte une enfance réduite à des départs et abandons successifs. Avec ce lourd héritage, elle est devenue une femme battante – très tôt ! Dès l'âge de cinq ans, elle s'était juré que tout cela ne l'affecterait plus. Ainsi s'était-elle peu à peu endurcie, musclant son intellect pour apprendre à mieux se protéger. Après l'avoir attentivement écoutée, je lui demande ce que ses compagnons lui reprochent exactement. Elle me répond sans hésitation que c'est sa dureté, sa froideur, son absence de tendresse et de sensibilité, ou encore son manque d'initiatives pour faire l'amour, son avarice de caresses… « Au fond, conclut-elle, ils me reprochent tous de ne pas être très créatrice par rapport au couple. »

Je me rends compte alors qu'elle rencontre des gens qui l'abandonnent, parce qu'elle a abandonné une partie d'elle-même pour survivre. Elle a abandonné sa créativité et sa sensualité, et, aujourd'hui, les hommes qu'elle rencontre lui reflètent cet abandon d'elle-même qu'elle pratique inconsciemment. C'est comme si elle avait un petit spot sur son tableau de bord qui clignotait en disant : « Abandonnée, cherche abandonneur », ou bien « Incomprise, cherche égocentrique absolu qui ne peut absolument pas écouter quelqu'un d'autre », ou encore « Abusée, cherche abuseur. » Tout cela pour être bien certaine d'arriver à remettre en scène et à guérir par elle-même ce qui encombre son élan amoureux.

Un passé qui ne passe pas

Au fond de cette histoire, il y a la répétition de l'incompréhension que mon amie traîne en elle depuis sa petite enfance. C'est pourquoi elle n'a pas pu utiliser sa sensibilité de femme, elle qui en a pourtant beaucoup. À cause de ses expériences d'enfance, elle a développé une interprétation de la réalité trop limitée. Elle court après un homme qui va la rassurer et ne l'abandonnera pas, mais en même temps quelque chose en elle est convaincu que, quoi qu'elle fasse, elle sera toujours abandonnée.

Elle rêve de rencontrer quelqu'un qui va la deviner, avant même qu'elle ait besoin de parler. Mais qui rencontre-t-elle ? Des gens qui ne la devinent pas du tout, qui l'obligent à formuler ce qu'elle désire vraiment. Et même lorsqu'ils la comprennent, à ses yeux, ils ne saisissent pas ce qu'elle voudrait que l'on comprenne d'elle. Comme chacun de nous, elle porte l'espoir non seulement d'être comprise, mais que quelqu'un répare les blessures d'antan et lui donne la permission d'être ce qu'elle sait être mais qu'elle s'interdit de devenir.

C'est fantastique de trouver quelqu'un, dans la vie, qui peut nous sécuriser et nous encourager suffisamment pour nous aider à mettre en action certaines de ces parties refoulées. Mais en réalité, personne, même dans une situation amoureuse, ne peut nous sauver de nous-même. Il faut donc accepter d'avoir à se salir les mains et les plonger dans le pétrin de sa vie… Le drame, c'est que l'on refuse de mettre les mains à la pâte. Il ne faut pas s'étonner alors que le pain ne grossisse pas tellement! Au fond, l'amour, s'il est là pour nous réjouir et nous rendre heureux, est là aussi pour nous pétrir, pour nous ouvrir à l'autre. Car, en réalité, nul n'est réellement disposé à aimer.

Le ressenti qui naît dans la vie de couple peut rendre triste, nous donner le sentiment que l'on n'est pas compris, nous désespérer, nous rendre impuissant. Toutes ces émotions sont justes. Elles nous aident à nous découvrir. En premier lieu, elles nous ramènent à une attente ou à un désir inconscient par rapport à l'autre ou au couple… Si nous écoutons nos émotions, nous allons trouver ces désirs et ces attentes que nous n'avons jamais pris la peine de mettre en conscience. On a du mal à admettre ces choses parce qu'en général on passe son temps à se les masquer. Dans un deuxième temps, nous allons découvrir que ces besoins et ces manques profonds s'articulent eux-mêmes sur des blessures d'enfance ou du passé qui ne sont ni refermées ni résolues. Si ce n'était pas le cas, les émotions et les attentes qu'elles suscitent n'auraient pas la capacité de nous percuter avec tant de force, elles ne nous toucheraient pas tant que cela. Finalement, nous allons découvrir que ces blessures cachent elles-mêmes des croyances qui constituent les véritables programmations de nos vies.

Je vous donne un exemple *a contrario*. Vous êtes quelqu'un qui a été abusé dans sa jeunesse, ce qui nuit considérablement au sentiment de valeur propre. Mais vous avez eu la chance d'avoir une tante, un oncle, un parrain, une marraine, un instituteur, une institutrice, un coach, peu importe, qui a pu recevoir votre confidence, vous comprendre et vous suivre dans ce parcours difficile. Vous avez eu la chance de pouvoir parler à quelqu'un. Du coup, cette expérience traumatisante, même très dure, pourra être intégrée. Bientôt, elle sera devenue une expérience de votre vie passée, qui vous aura blessé, certes, mais qui ne vous aura pas amputé. Par le fait même, elle n'aura pas tendance à se réactiver.

Par contre, si vous avez dû cacher cette expérience traumatique secrètement au fond de vous, nul doute que tôt ou tard la vie vous présentera d'autres situations d'abus et que vous revivrez à nouveau cette relation d'abuseur/abusé. Vous allez donc devoir remonter et visiter de l'intérieur tout ce courant qui va de la victime au persécuteur, de l'abusé à l'abuseur, du dominé au dominant, afin de défaire l'interprétation de base qu'enfant vous aviez formulée de façon limitée, par rapport aux femmes, par rapport aux hommes, par rapport à l'univers. Il faudra défaire tout cela, parce que c'est l'un des barreaux de la prison qui vous empêche d'aimer. Cette interprétation de base, cette croyance limitative résume votre sagesse d'enfant devant une situation blessante. Elle vous a permis de survivre lorsque vous étiez jeune, mais, aujourd'hui, elle vous étouffe.

La peur d'aimer

Notre histoire amoureuse est une histoire que nous attirons, que nous aimantons de l'intérieur, avec nos complexes et nos dynamiques propres. Certaines de ces dynamiques sont conscientes ; on sait pourquoi on choisit telle personne : elle est agréable physiquement, elle a de l'humour, elle est intelligente, etc. Une partie du choix se fait donc consciemment, mais une autre partie est tout à fait inconsciente, parce qu'elle correspond à des complexes intérieurs non résolus qui attirent certaines personnes, sans doute tout aussi inconscientes que nous. On va alors se déplacer dans ce courant d'attirance, ce courant d'événement et de situations, pour y rencontrer des choses qui nous éveillent à nous-même.

Rencontrer la brute, le tyran, le dictateur que l'on porte en soi, n'est jamais agréable, mais a toujours un certain sens. Même si vous aviez espéré qu'il en soit autrement, il reste que l'autre vous invite à explorer quelque chose de sombre en vous. Et il est important de connaître cette part obscure de soi-même. Cela permettra à un individu de choisir qui il veut être dans des situations difficiles, au lieu d'être possédé par une violence inconsciente. En réalité, nous agissons tous, sans le savoir et pendant longtemps, comme des brutes envers nous-même. Nous sommes tous enfermés dans ce jeu et nous accusons l'autre de nous tyranniser : nous devenons de bonnes victimes et de bons tyrans à l'extérieur, parce qu'au fond nous sommes nos propres tyrans !

En fait, notre potentiel de lumière, d'amour, de générosité, la part de l'élan vital qui nous permet de partager, de participer, de nous transformer, de nous exprimer, nous ne le laissons pas s'épanouir pleinement : nous le tyrannisons. Nous sommes tous des bourreaux inconscients – ce qui entraîne toute une cascade de problèmes psychosomatiques et psychologiques. Voilà ce que l'autre vient nous révéler sans le savoir.

Comment se fait-il que nous n'allions pas beaucoup plus facilement vers le potentiel de beauté, de lumière, de générosité, d'acceptation et de tolérance que nous portons en nous ? C'est qu'au fond, au moment même où nous courons après l'amour, la chose qui nous fait le plus peur... c'est d'aimer ! Parce qu'aimer nous emmène à nous ouvrir, nous pousse à nous oublier un peu. Aimer nous change ! Même l'amour d'un animal familier, d'un chien, d'un chat, peut transformer notre vie.

Lorsqu'on aime vraiment, beaucoup de choses supposées importantes jusque-là tombent comme feuilles mortes et n'existent plus. Ainsi, à partir d'un regard thérapeutique, les souffrances de l'amour apparaissent comme des indicateurs, des signaux, pour dire que la boussole n'est pas sur le bon cap, que quelque chose déraille, qu'il faut se remettre sur la piste de cet élan universel profond.

La peur d'aimer est en réalité une peur de mourir : on ne veut pas remettre en question toutes les identités que nous portons et que l'autre nous fait découvrir, simplement par sa présence, comme un miroir, parce qu'elles nous définissent, nous donnent un statut et une fixité dans un univers en mouvement. Et notre plus grande peur, c'est de nous rendre compte que nous n'existons pas en tant qu'entité séparée des autres. On a peur de s'ouvrir et l'on sait que l'amour va nous ouvrir. Nous souhaitons cette transformation tout en la redoutant : on pleure, on crie, on a le goût du suicide, on prend des médicaments, on va en psychothérapie, on vient suivre des séminaires… bref, on voudrait que ça s'ouvre, et, en même temps, on ne le voudrait pas.

Au fond, lorsque quelqu'un rencontre une vraie grande crise, on peut se réjouir, parce qu'enfin quelque chose va peut-être se casser pour de bon, enfin on va se trouver acculé à quelque chose qui ne se contrôle pas. La grande crise vient percuter l'identité assez fortement pour contraindre à un changement réel, qui amènera peut-être la personne à un respect profond d'elle-même, un respect du courant de vie qu'elle a si longtemps négligé.

De quoi ce courant de vie est-il fait ? D'un goût d'expression et d'affirmation individuelle, d'un élan de participation à la vie communautaire, à une vie collective, avec le goût de transformer des choses et de se transformer, d'être motivé par un idéal, par des idées sublimes. Au fond, l'épreuve d'intimité que la vie de couple impose nous invite à une épreuve d'intimité avec nous-même, mais aussi avec ce qui est semblable à nous, c'est-à-dire toute l'humanité et tout l'univers qui nous entoure.

Le maitre zen Albert Low vient de publier un livre qui s'appelle *Se connaître, c'est s'oublier*[1]. Il nous dit que la voie de la connaissance de soi, la voie de l'ouverture de l'intelligence et de la sensibilité à soi-même, est une voie qui amène l'être à se connaître comme personnalité, comme individu dans le monde, comme énergie en mouvement mais aussi comme semblable à tout ce qui existe. On finit par avoir moins d'importance à ses propres yeux, à prendre les choses de la vie plus légèrement. Bref on relativise. Cette liberté, on ne peut

1. Albert Low,
*Se connaître,
c'est s'oublier*,
Les Éditions du Relié,
1998.

la trouver que si l'on entreprend une démarche, un questionnement intérieur…

Nous courons après l'amour pour être enfin déchargé de nous-même. Mais la réalité va en sens inverse ! L'amour ne peut que nous charger de nous-même, nous renvoyer à nous-même, nous rappeler cette nécessité d'ouverture.

L'amour n'est absolument pas moral. Vous connaîtrez ce que vous avez absolument besoin de connaître, même s'il faut tout perdre. Jusqu'à ce que le mouvement de la vie soit tellement bien compris qu'il n'y ait plus de réaction extrême devant aucune chose. Malgré la tristesse, l'élan est là qui continue, qui vous soutient sans cesse. La seule issue est vraiment vers l'intérieur, à travers cette porte ouverte vers le dedans qui s'appelle « autonomie ». Plus vous connaissez de choses sur vous-même, mieux vous connaissez l'autre, et plus les choses deviennent relatives parce que votre regard change.

Ainsi, dans un atelier, je me rappelle avoir accompagné un homme victime d'une crise phénoménale, qui pleurait, criait, se débattait comme un diable dans l'eau bénite. Je l'ai pris dans mes bras pour le calmer. Un participant me demanda comment j'avais fait pour accompagner cet homme à travers tous ces cris, ces pleurs, ces douleurs, ces coups. J'ai répondu que je n'avais pas l'impression de voir une personne pleurant, ou criant, mais une personne en train de naître. C'était extraordinaire. J'étais émerveillé de voir quelqu'un qui était en train de « casser » ses blocages. À force d'accompagner des gens à travers des crises, vous vous rendez compte que, derrière les voiles de violence et les enfances souvent difficiles, vous avez encore des êtres humains, qui croient à l'amour, qui veulent l'amour, qui cherchent l'amour… Ce qu'il faut ouvrir, c'est seulement ce petit orgueil, cette prétention à être quelque chose qui devrait être réparé ou contenté.

Aimer, c'est être Un

Je vais terminer ma conférence par un petit texte qui s'appelle « Aimer, c'est être Un ». C'est la dernière page de mon livre *La Guérison du cœur*[1]. Voici :

« Aimer, c'est être un, aimer c'est apprécier, aimer c'est être avec, aimer c'est être lié à ce qui existe, aimer c'est se mélanger au tout, aimer c'est réaliser que l'on est de la même nature que la personne qui partage notre vie, que l'on est de la même nature que le réfugié à la frontière de n'importe quel pays, et que l'on est aussi de la même nature que celui qui le chasse et qui l'opprime. Car aimer, c'est ne plus rien rencontrer d'étranger dans le monde, parce que nous reconnaissons en chaque chose notre essence intime.

Aimer, c'est voir dans les yeux du bourreau comme dans celui de la victime le même désir de vivre, de s'unir. Aimer, c'est pressentir la joie profonde qui soutient tout ce qui est. Aimer, c'est sentir le grand élan créateur qui anime chaque cellule de notre être et qui cherche son expression pleine et entière dans un retour à l'amour, dans un retour au bonheur, dans un retour à l'extase.

L'amour est notre essence la plus intime, il est ce que nous sommes, ce vaste mouvement créateur et joyeux et majestueux… Il est ce que nous avons oublié que nous étions. Il est notre commencement, notre pendant

1. *Op. cit.*

et notre futur. Nous sommes libres de mettre le temps qu'il faut pour nous éveiller à cette réalité puisque nous sommes déjà dans l'amour et qu'il n'y a rien à redire à nos jeux, à nos errances et à nos complaisances. À travers eux, nous ne faisons que nous révéler à nous-mêmes les lois de l'univers, nous ne faisons qu'apprendre une à une les leçons de l'amour, nous ne faisons que nous révéler et nous rendre compte que la souffrance est un instrument de la joie. »

Championne des plus grands
changements de mœurs depuis
la révolution du *Flower Power*,
Paule Salomon a passionnément
suivi les mutations qui ont affecté
les rôles respectifs des hommes
et des femmes à la fin du vingtième siècle.
Sa constatation majeure : si la femme,
s'ouvrant à ses potentialités jusque-là
écrasées, est devenue « solaire »,
l'homme, lui, a commencé à éveiller sa part
féminine de tendresse et de lâcher-prise*.

• Paule Salomon

Les hommes s'ouvrent à la tendresse

Pour moi, la tendresse est d'abord une sensation énergétique : il m'arrive de ressentir comme une colonne de tendresse tout autour de la zone cardiaque et j'ai parfois l'impression d'« exploser » de tendresse !

Cette manifestation physiologique de la tendresse coïncide avec la rencontre des deux triangles : celui dont la pointe est en haut et celui dont la pointe est en bas. Le premier représente le masculin et le second le féminin. Et c'est donc de l'alliance de ces deux triangles que naît l'étoile qu'on nommera, de façon poétique, une étoile d'espérance, la fusion de l'homme et de la femme. Car je vais vous parler des hommes, mais aussi des femmes, ainsi que de notre capacité à franchir ce vieil abîme qui depuis si longtemps les sépare et entrave aujourd'hui encore notre volonté de bien vivre ensemble, de fonder des couples et des familles qui durent. C'est à cet endroit précis que je souhaite m'arrêter un instant avec vous, le lieu d'une tendresse vécue, conjuguée, partagée et prolongée sur le temps, peut-être même jusque dans l'éternité des âmes… Mais tenons-nous-en au vécu des corps, ce qui sera déjà bien !

J'ai été très frappée dans l'exposé de Guy Corneau par une idée particulière : la tendresse pour soi-même, semble-t-il, est la plus difficile à pratiquer, que l'on soit thérapeute ou non. Il est plus facile de s'occuper des plus démunis que de soi.

Or toute la difficulté de la sagesse réside précisément dans l'équilibre entre la manière dont on va donner à soi-même et celle dont on va donner à l'autre. Personnellement, cela m'est encore très difficile, et je me sens à ce sujet en travail continuel.

C'est pourquoi je voudrais vous livrer une autre image qui permet d'éclairer ces sentiments humains confus : dans la tendresse, il me semble que nous cherchons à ce que le monde devienne une cathédrale et un utérus. La cathédrale représente toute cette dimension qui, en nous, veut s'élever. Sa flèche veut pouvoir subtiliser, alléger la lourdeur de la vie. Quant à l'utérus, c'est la dimension de fusion qui nous habite, ce désir que nous portons en nous de faire un avec toute chose : on tend évidemment à faire un avec une autre personne, dans l'amour, mais aussi avec toute chose en ce monde. Ainsi, je vous propose de garder en tête

* Paule Salomon
a notamment publié :
Je peux changer,
Dervy, 2000 ;
La Femme solaire,
Albin Michel, 2001 ;
La Sainte Folie du couple,
Albin Michel, 2002.

ces images pour comprendre les propos qui suivent : triangle pointe en bas, triangle pointe en haut, l'axe intérieur, mais aussi faire de soi une cathédrale et un utérus.

Je vais allumer trois bougies ! Ces trois bougies, je désire qu'elles soient présentes parce qu'elles m'accompagnent tout le temps dans mon travail, dans mes séminaires, et qu'elles sont comme un symbole. Le symbole, c'est l'opposition des contraires, une chose et son contraire. On évoque souvent la fascination des extrêmes, la façon dont chacun tend à se mettre plutôt dans un pôle ou plutôt dans un autre, et de nombreux auteurs amis parlent du paradoxe. Nous sommes à la recherche de quelque chose d'autre, qui ne soit ni de la vulnérabilité ni de l'invulnérabilité, ni du masculin ni du féminin, ni du malade ni du guéri. Et ce quelque chose d'autre, je vous propose de le comprendre comme une troisième voie qui s'appellerait la *grâce*.

Mais l'originalité de ce que je vous propose est ailleurs : jusqu'à présent, on a entretenu un déséquilibre entre les hommes et les femmes. Le masculin avait comme identité la force, donc une certaine manière d'être invulnérable, dominé par son aspect conquérant de la vie et se gardant bien de s'abandonner à la vulnérabilité. Et puis, de l'autre côté, éventuellement, comme une sorte de contraire qui pourrait être complémentaire mais qui a longtemps vécu dans l'exclusion, la dimension féminine, censée, elle, incarner la douceur, l'intériorité et éventuellement aussi l'aide aux autres, aux enfants, à l'homme.

Pour sortir de cette dualité, il faut considérer chaque acte de notre vie quotidienne et essayer d'y découvrir une troisième voie. Cette troisième voie n'est pas la moyenne des deux autres, elle n'est pas du gris quand l'un serait blanc et l'autre noir. Elle est encore différente, comme une créativité, un nouveau pôle, celui de l'unité. Prenons par exemple les concepts d'indépendance et de dépendance, de fidélité et d'infidélité : on pourrait certes mettre l'autonomie au milieu, mais on peut aussi mettre l'unité, c'est-à-dire le fait d'être fidèle à soi-même.

Comment dépasser en fait, dans un mouvement d'ouverture et de tolérance, les vieux clichés de cette dualité du bien et du mal ? J'ai été très intéressée aussi par le fait que tous les textes débouchent toujours sur une façon d'ouvrir un petit peu la morale, comme si cette nouvelle incarnation humaine vers laquelle nous sommes en marche tous ensemble un peu confusément était une façon de chercher cette troisième voie, quitte à commettre parfois des erreurs…

L'homme guerrier

Je voudrais raconter une histoire qui me permettra d'introduire le premier archétype d'homme. Elle se passe en Islande, où je me suis rendue récemment avec un groupe. C'est l'histoire d'un jeune couple qui se promène dans la campagne. La jeune fille est très belle et l'homme très amoureux. Tout à coup, la jeune fille aperçoit un bouquet de fleurs : « Oh, je voudrais, je voudrais tellement ces fleurs! » dit-elle. Mais ils sont séparés des fleurs par un cours d'eau assez violent. L'homme, n'écoutant que le désir de sa bien-aimée, s'arme de courage et cède à son désir de prouver son amour à travers cette prouesse. Il se précipite et va cueillir le bouquet, mais au moment de revenir vers sa belle, le courant l'emporte. Juste avant de disparaître dans les flots, il a le temps de jeter son bouquet, un bouquet de myosotis, et de lui crier : « Ne m'oublie pas ! » C'est pour cette raison que dans certaines langues (allemand, anglais), les myosotis s'appellent « Ne-m'oublie-pas ».

Cette histoire symbolise à la fois le côté positif et le côté négatif du guerrier. Elle traduit la conception d'un amour aux limites de l'impossible, célébré par les troubadours et les chevaliers qui combattaient pour leur dame. Comme si les hommes pendant si longtemps n'avaient pu montrer leur amour que dans le combat, dans les épreuves de la vaillance, en endossant l'armure, en menant des guerres. L'amour était alors vécu comme quelque chose de lointain, d'inaccessible, un sentiment auquel on ne pouvait pas trop s'abandonner, bref comme un idéal. Je suis très frappée par la manière dont nos identités masculine et féminine se sont forgées dans l'histoire, une histoire qui a considérablement compliqué la tâche de l'amour et de la tendresse.

Je voudrais avec vous retracer la progression de la tendresse humaine, et montrer comment l'humanité s'est donné des chances, de mieux en mieux réalisées, d'incarner la tendresse pour parvenir, à notre époque, à une complicité sans précédent.

Guy Corneau nous a expliqué que l'extase nous faisait peur. C'est une réflexion qui m'habite aussi, c'est comme si nous n'osions pas être heureux. Nous sommes héritiers d'un conditionnement extrêmement fort, qui rend l'amour impossible et nous empêche de manifester notre tendresse, tout comme nous avons peur de manifester notre créativité.

Pour relater cette histoire secrète de l'humanité, je m'appuierai sur les archétypes masculins, parce qu'en ce moment j'éprouve une tendresse et un intérêt particulier pour les hommes. Sans doute n'est-ce pas désintéressé, car je pense que les hommes sont en train, pour la première fois dans l'histoire, d'inventer l'amour. Jusqu'à présent et depuis des siècles, les femmes ont été chargées de le faire. Mais pour une personne comme moi, qui n'a pas de passion plus évidente que de chercher à aimer toujours plus, j'admets apprendre plus à présent auprès des hommes que des femmes.

Le patriarche

Le point de départ, le premier archétype, est celui que nous connaissons le mieux : l'homme patriarcal. Comment était-il ? Je vais dessiner son portrait-robot dans lequel certains d'entre vous pourront se reconnaître, car n'allez pas croire que les visages les plus archaïques ne vous concernent plus ! Cet archétype possède deux facettes. Il y a l'aspect négatif, « le patriarche du premier stade », qui s'apparente au guerrier avec ses caractéristiques de destructeur et son pouvoir de prédateur, parfois de manipulateur, vis-à-vis de la femme. Puis il y a le côté positif du patriarche : l'homme combatif, vaillant, noble, celui qui se dépasse, celui qui d'une certaine manière a posé les fondements de notre civilisation. Paternel dans ses manières, il est à l'origine de la notion de père. Fiable, courageux, compétent, dévoué, c'est quelqu'un qui pourvoit aux besoins de la femme, qui est capable d'une tendresse bourrue envers elle, avatar d'une véritable tendresse cachée. Pourtant le patriarche, qui fonde son pouvoir sur la guerre et qui a fait de la force une sorte de droit, aura tendance à s'enfermer dans la violence, si bien que son noyau de tendresse ne s'exprimera que par à-coups, comme par effraction, comme s'il lui fallait traverser une sorte de carapace. Nous en avons tous fait l'expérience, parce que très souvent notre tendresse reste bloquée par l'armure de la peur.

Face à la figure du patriarche, la « femme soumise » va développer une tendresse un peu sacrificielle, à l'image de ces mères merveilleuses qui passaient souvent des nuits à broder un habit pour leur enfant, ou à le soigner. À moins qu'il ne s'agisse, à travers ce don, de reprendre subrepticement le pouvoir...

Dans ces relations hommes-femmes, la tendresse est donc encore emprisonnée et même empoisonnée par un système de rapports de force et d'institution, qui reconnaît à l'homme la force et qui réduit la femme à la douceur. Dès lors que ces deux identités sont d'une certaine façon coupées de l'entièreté et de la fusion, l'homme et la femme, chacun pour moitié de l'être total, ne peuvent espérer vivre l'amour dans toute sa plénitude. Le désir de tendresse se heurte au rapport de force. Pourquoi les hommes ont-ils été ainsi amenés dans notre histoire à prendre une position dominante et d'une certaine façon à exploiter d'autres hommes, des femmes et des enfants ? Pourquoi ont-ils nié le noyau de tendresse qu'ils portent en eux ? Je pose ces questions sans confondre accusation et constat. Le constat, c'est que notre humanité, dans sa survie, exerce très volontiers une volonté de puissance qui est devenue destructrice. J'ai rencontré beaucoup d'hommes qui se reconnaissent dans cet archétype.

Viril et tendre

Faisons maintenant un saut à la fois quantitatif et qualitatif. Que se passe-t-il aujourd'hui par rapport à ce premier archétype ? On constate que l'identité patriarcale pure, enfin ce qu'on appelait le « macho », est en voie d'effritement. À l'évidence, il y a une véritable crise à l'œuvre, même dans les pays les plus fermés. L'image que j'utiliserai pour la décrire est celle d'une grande vague du féminin, mais du féminin existentiel, pas de la femme. Cette vague du féminin est en train d'atteindre le cœur des hommes. La preuve en est donnée par les sondages des magazines qui placent la tendresse parmi les trois premières vertus masculines. C'est un phénomène vraiment inédit : aurait-on imaginé il y a quelques années que les hommes puissent désigner la tendresse comme un idéal de virilité ? On retrouve la même nouveauté dans le rapport de l'homme à l'enfant, de l'homme à la femme. Ces hommes que nous avons toutes connus bagarreurs, toujours à prouver qu'ils étaient les plus forts, les plus beaux, etc., sont en train de se pacifier alors que les femmes ont de plus en plus tendance à se bagarrer !

Toujours est-il que la mutation est en train de s'accomplir à une vitesse considérable. De plus en plus d'hommes modifient leur comportement à la maison : depuis dix, quinze ans, ils partagent les tâches familiales, et même les tâches ménagères. Et surtout ils s'investissent davantage dans l'éducation des enfants : jadis, si vous demandiez à un « guerrier », c'est-à-dire à un homme qui va tous les jours au combat, que ce dernier soit financier, politique ou militaire, de prendre un bébé dans ses bras, de le caresser, de lui donner le biberon, vous forciez en quelque sorte sa nature et, pendant longtemps, les hommes ne se sont pas approchés des bébés. Ils apprenaient à être invulnérables, à tuer la femme en eux, à nier leur sensibilité. Approcher et toucher un bébé, c'était réveiller une sensibilité refoulée et c'était redevenir vulnérable. Aujourd'hui, pour un homme qui n'accepte plus de refouler et de renier sa part de féminin, prendre un bébé dans les bras devient une aventure humaine profondément enrichissante. On constate même que cette attitude remonte la chaîne des générations. Ainsi, j'ai vu dans mon village, lors des réunions que j'organisais avec les familles, des grands-pères m'avouer qu'ils copiaient leur fils et que maintenant ils osaient prendre les bébés dans leurs bras, alors qu'ils n'avaient jamais osé le faire avec leurs propres enfants.

Or ce corps à corps cellulaire est très important pour le bébé, car c'est dans ce triangle parental que le nouveau-né peut trouver l'équilibre entre le masculin et le féminin. Il faut que l'enfant soit imprégné, imbibé à la fois de son père et de sa mère. La proximité physique du père, cette nouvelle complicité ludique et tendre, est un espoir formidable pour nos enfants et ceux qui vont venir au monde, car l'équilibre entre le masculin et le féminin est le fondement même d'une vie intérieure épanouie. La fin de la guerre entre le masculin et le féminin est une victoire pour toute l'humanité. Elle évite bien des blessures, car un être humain qui passe toute sa vie à rassembler ses deux pôles dans le processus d'individuation propre à la construction de soi mettra évidemment beaucoup de temps à trouver son équilibre intérieur. Le développement de la tendresse chez les hommes est absolument essentiel pour l'humanité future, parce que l'homme jouera mieux son rôle de père.

Entre le patriarche et cet homme solaire et lunaire à la fois, la différence est dans la manifestation de la tendresse, et surtout dans la réceptivité. Car l'homme lunaire ose le démembrement d'Osiris. Il entre dans le creux du féminin. Il y a d'un côté la partie conquérante, active, créatrice, qui nous permet de pénétrer la matière pour nous affirmer, nous incarner, et il y a le creux du féminin, notre dimension de réceptivité. Vous savez bien que le sexe de la femme est réceptif, le sexe de l'homme, lui, est préhensible. Ces éléments sexuels conjugués aux hormones ont une influence profonde sur notre psychisme. Si les femmes écoutent leur nature, leur ventre, je dirais même leurs règles, si elles écoutent en profondeur ce qu'elles sont, elles vont découvrir une dimension métaphysique liée à la contemplation, au non-faire, à la capacité de jouir de la vie, d'être présentes à chaque instant à la vie. L'aspect féminin de l'existence, c'est cette capacité de jouir du présent. L'aspect masculin de l'existence, qui est aussi en chacun d'entre nous, correspond à la capacité d'entreprendre et donc de se projeter dans le futur avec ses soucis et ses obligations. C'est aussi se construire dans le temps et donc, d'une certaine manière, être décentré, défait de sa capacité à être là tout simplement.

Le phallus de la femme

Je ne connais pas de trajet initiatique qui ne soit passé par ce creux de l'existence. Pendant des millénaires, la gent masculine, mis à part les prêtres et les artistes, était d'une certaine façon interdite de tendresse, privée de contemplation. En somme, elle ne pouvait s'offrir du vide ! Or je ne connais pas de possibilité de se remplir de la présence si on n'a pas d'abord osé faire le vide en soi. Et derrière le vide, qu'est-ce qu'il y a ? La dépression de l'existence. Il faut oser le rien, c'est-à-dire cesser d'être le plus fort, ne plus faire l'amour à la femme à partir de sa domination, à partir de la possession, il faut oser la douceur, la faiblesse, la gentillesse.

C'est risqué car les femmes peuvent ne plus comprendre les hommes. Elles commencent d'ailleurs à se plaindre de ces hommes affectueux qui rentrent trop dans leur désir de femme.

Car dans le même temps où les hommes se transforment en se féminisant, on s'aperçoit que les femmes ont bien changé depuis un siècle : de soumises, elles sont devenues révoltées. Elles se posent des questions, elles affirment une certaine force virile, elles retrouvent un phallus : alors que l'homme perd son phallus psychique, c'est-à-dire sa compulsion à être toujours phallique, la femme, elle, est en train d'acquérir son phallus, c'est-à-dire sa capacité de dominance, sa capacité à décider, à vouloir organiser les choses. Que de plaintes je reçois dans mes séminaires venant de femmes qui décident tout, qui ont toujours l'initiative des projets et des envies, alors que l'homme, lui, reste en retrait !

Le nouveau couple

Voici donc résumée la double évolution si singulière qui se manifeste aujourd'hui dans l'humanité : d'un côté les hommes dans ce processus d'acquisition du féminin et dans ce parcours qui les mène du héros solaire au héros lunaire, de celui qui mène la guerre à l'extérieur à celui qui mène non plus une guerre mais une exploration de soi ; et de l'autre côté le mouvement inverse des femmes. Et ces hommes, plus intériorisés, sont extrêmement attirés, polarisés par les femmes plus extériorisées. Cela donne naissance à un nouveau couple. Si vous regardez bien autour de vous, vous en verrez à foison. Et moi-même, en tant que « femme conquérante » qui a osé prendre la parole, je pense participer à cette

189

évolution. Autrefois on disait aux femmes : « Sois belle et tais-toi ! » Récemment quelqu'un m'a dit avant une conférence : « Tu peux continuer d'être belle mais surtout ne te tais pas ! » La question est donc de savoir si en même temps qu'émerge notre capacité phallique nous allons, nous les femmes, accepter que les hommes se démembrent. Allons-nous les laisser faire leur voyage intérieur, n'avons-nous pas besoin de comprendre qu'ils sont en train de prendre le relais spirituel ?

Certes, ce sont toujours des femmes qui cherchent avec beaucoup d'intensité et de cœur leur développement personnel et l'amour. Mais maintenant qu'elles partagent du pouvoir avec les hommes, elles ont tendance à devenir elles-mêmes trop dures, trop masculines. Les femmes que je rencontre veulent redevenir plus féminines. La solution que je leur propose c'est, plutôt que de changer, de retrouver un cœur différent, de s'ouvrir à l'homme d'une autre manière, en acceptant cette évolution.

Isis et Osiris

Si je reprends l'histoire d'Isis et d'Osiris en la prolongeant à ma manière, je constate qu'il y a de plus en plus d'Osiris sur le plan intérieur, c'est-à-dire d'hommes morcelés, bousculés. Ce qui peut apparaître comme une crise, comme une difficulté qui provient des situations difficiles du chômage pour certains hommes, mais aussi d'une incompréhension de ce que veulent les femmes. D'une certaine manière, l'homme est prêt à changer pour plaire à la femme, pour qu'elle ne parte pas. Il pleure (ce qui peut être bon parfois), mais en même temps il a honte de pleurer et surtout honte des exploitations passées de l'homme sur la femme.

Pourtant cette exploitation n'a existé d'une manière générale qu'avec la complicité des femmes, et nous pouvons, hommes et femmes, porter ce poids du passé ensemble.

Dans le domaine de la sexualité, je trouve qu'aujourd'hui la femme a un comportement érotique plus conquérant que réceptif. On retrouve le tantrisme lorsque la femme chevauche l'homme et je pense qu'on a tous gagné à dépasser la vieille histoire dans laquelle Adam faisait l'amour à Ève. À ce propos, la première femme d'Adam n'était pas Ève mais Lilith, qui était elle-même l'épouse de Dieu qui donnait ainsi à Adam un fil pour se reconduire au ciel. Or Lilith est partie parce que Adam la maintenait toujours en dessous de lui sexuellement, alors qu'elle lui disait : « Une fois dessus, une fois dessous ! » Cette femme était intelligente mais, à cause de ce comportement, elle est devenue la révoltée, la sorcière, celle qui ose dire non aussi bien à Dieu qu'à l'homme et qui ose dire non même si on la menace de tuer ses enfants, ce qui prouve jusqu'où elle pouvait aller quand on connaît la culpabilité naturelle de la mère. La liberté de Lilith est une liberté inaliénable, et nous sommes toutes à sa recherche, parce que nous héritons toutes d'Ève dans notre inconscient, comme la figure de la femme qui se penche vers l'homme pour lui demander ce qu'il veut manger ce soir, pour rentrer dans son désir. Lilith, au contraire, c'est ma liberté de conscience, c'est celle qui me fait tenir droite.

La tendresse comme enjeu des temps à venir

Mais derrière Lilith il y a une profondeur inouïe, la même que celle que je signalais pour les hommes : la profondeur du vide ou l'unique préoccupation de la vie intérieure. Et cela fait peur. Dans la vie de tous les jours, nous sommes définis par notre profession, par notre statut d'épouse. Mais pour rentrer véritablement dans ce qui fait l'essence de la dimension spirituelle, il faut oser la liberté et le vide. Pourtant, les seules femmes libres qui se soient manifestées ont longtemps été lapidées ou ont été brûlées vives comme sorcières.

Aujourd'hui, l'enjeu des temps à venir réside dans le fait que la tendresse puisse s'immiscer comme une confiance entre l'homme et la femme. L'objectif consiste à faire de la tendresse une véritable hygiène de la civilisation.

Le guerrier refoulait sa tendresse dans l'armure, le tyran vivait dans l'exaspération du rapport de force, la violence était instituée comme un droit et la tendresse était reniée. Dépasser cette dimension de la tyrannie et du conflit pour arriver à une autre forme de tendresse, tel est le destin de la personne éclairée. Qu'est-ce qu'une personne éclairée ? C'est une personne qui est capable de réflexions mais qui ne les applique pas. L'exemple type est le fumeur qui sait très bien le mal qu'il se fait mais qui continue quand même à fumer. Ou bien c'est vous qui sortez de cette conférence, qui rentrez chez vous et recommencez l'éternel conflit avec votre compagnon ou votre compagne. Cette disjonction entre la tête, le cœur et l'action montre à quel point la volonté de tendresse n'est pas suffisante pour passer de l'oppression à la coopération. Le chemin que nous devons suivre aujourd'hui doit nous sortir de l'ornière de l'oppression, des esclavages en tout genre, et pas seulement entre l'homme et la femme ! Je pense notamment au rapport de domination des adultes sur les enfants et à tout ce qu'il reste à faire dans la manière de concevoir une éducation.

Nous devons donc apprendre à sortir de tous les conflits, de toutes les oppressions par une épuration de la relation dominant-dominé, par une sorte d'hygiène personnelle. Nous n'aurons jamais assez de gens pour nous apprendre à sortir du conflit. Des idées accompagnées d'exercices nous y aident et je vous invite à vous y intéresser parce que le conflit est le pire des poisons. Tous les couples y sont confrontés à un moment ou à un autre, lorsque pour d'infimes querelles on essaye d'avoir raison de l'autre, de le piéger. Tous, nous avons une hygiène de la tendresse à construire au quotidien parce que malgré notre bonne volonté, malgré nos élévations spirituelles, nous nous retrouvons remplis de cruauté à l'égard de nos proches. Et souvent, ce qui est pire, nous nous montrons plus cruels encore à l'égard de nos proches qu'à l'égard des autres parce qu'il est plus facile de masquer sa cruauté ou sa violence vis-à-vis des gens qu'on voit de loin, même dans la profession, que des gens avec lesquels on vit une intimité qui met en jeu nos ressorts profonds. Heureusement, il nous arrive de traverser le conflit et d'accéder au domaine éclairé où l'on retrouve la gentillesse de l'homme lunaire.

Mais la solution n'est pas non plus de quitter une soumission pour une autre, même sous le prétexte de la tendresse. Il y a donc autre chose à inventer, ce que j'appelle l'acceptation des mauvais costumes. Je m'explique. L'acceptation des mauvais costumes, c'est le fait de cesser de croire que l'autre a tort. Nous avons besoin d'incarner une chose et son contraire : je suis le bon mais l'autre n'est pas le méchant, je suis le tendre mais l'autre n'est pas le violent ou le cruel. Je porte en moi de la cruauté, je porte en moi de la violence, et c'est dans la mesure même où je vais oser reconnaître cette violence par un mouvement décisif de conscience que je vais accepter cette cruauté en moi et comprendre qu'il n'y a ni a ni bien ni mal nulle part. La cruauté est une force sauvage, et comme toute chose sauvage et indomptée, elle peut être destructrice mais, chaque fois qu'elle est canalisée, elle peut devenir la source, la force d'une nouvelle énergie. Celui qui accepte et comprend cette violence, au moins à cinquante pour cent, pourra rentrer plus facilement dans ce troisième terme qui consiste à pouvoir vivre une tendresse consciente. La tendresse a toujours été là mais la tendresse, comme on peut le voir à travers la séparation des identités homme-femme, a toujours été menacée de ne pas pouvoir s'exprimer, ce qui a permis à la violence et à la haine de l'emporter.

L'espoir de l'androgyne

Nous vivons donc une nouvelle phase de handicap car, en même temps que les hommes osent explorer le creux de l'existence et les femmes la bosse de l'existence, nous reconstruisons une nouvelle dissymétrie. La tendresse rencontre de nouvelles difficultés. Seul l'espoir de l'androgyne peut nous permettre de les dépasser, lorsque nous aurons appris à travers le parcours que nous venons de faire à marier notre masculin et notre féminin. Aujourd'hui, une nouvelle spiritualité est en train de se construire au creux de l'intimité de l'homme et de la femme, dans cette quête de la transparence et de la vérité de l'âme. Pour que l'homme et la femme quittent la vieille histoire du patriarcat, ils doivent livrer passage à une autre forme de désir à mesure que les hommes rentrent dans l'ère du féminin. Une mutation du désir sexuel se prépare, qui déjà se voit dans les laboratoires que sont les séminaires. Inutile de vous dire que cette mutation dépasse de très loin la solution Viagra ! Les hommes se dirigent vers une expérience océanique, moins centrée sur le plaisir du sexe, destinée à inonder l'ensemble du corps et à nourrir la partie spirituelle de l'être. Car la sexualité du corps a toujours été faite pour nourrir la sexualité, et la sensualité de l'être est d'éveiller le plus haut degré de notre nature. Devant nous aujourd'hui se dessine un chemin inédit et magnifique que les hommes-Osiris et les femmes-Isis pourront seuls construire. L'homme lunaire rencontre la femme solaire, celle qui a émergé du creux et de la soumission, de la ruse et de la fascination du pouvoir. Cette femme s'affirme comme une créatrice, et je la vois s'éveiller dans le cinéma, dans la littérature. Nous nous acheminons vers Isis mais aussi vers un Osiris en résurrection. Le rôle de la femme aujourd'hui est d'aider l'homme, par son amour, à reconstituer ses quatorze morceaux mais aussi son phallus dévoré par les poissons du Nil. Cela signifie que l'homme en train d'émerger à travers ses recompositions, ses morceaux, est un homme plus spirituel, un homme dont la virilité est différente. Sa virilité et son identité ne sont plus fondées sur la force, sur l'argent ou même sur l'intelligence, c'est un homme dont la virilité est couplée à la sensibilité. Je ne fais que mettre des mots sur des réalités que je vois déjà sur le visage de beaucoup d'hommes et parfois, heureusement pour moi, dans une intimité avec d'autres hommes. Il faut un minimum d'attention de la part des uns et des autres pour comprendre que cette métamorphose n'a rien de désespéré. Ce qu'il faut comprendre, c'est l'émergence de ces nouveaux besoins de l'âme qui se manifestent et qui demandent autre chose que des prouesses sexuelles telles qu'on les imagine à vingt ans. L'ère de la tendresse dans la sexualité ouvre sur l'infini, sur le raffinement, sur la délicatesse intérieure. Alors, au moment où, par l'approche sereine de l'un et de l'autre, nous pouvons atteindre cet infini, nous abordons véritablement la paix des corps et des cœurs.

Le dernier stade de cette évolution, c'est le passage de la patrie à la fratrie. Cela signifie que les hommes et les femmes deviennent des frères et des sœurs. Regardez Isis : c'est une mère, une amante, une épouse et une sœur. Je crois à ces moments où la complicité du cœur devient plus importante que la complicité des sexes. Réaliser la jonction sexe/cœur/tête n'est pas chose aisée, car vous savez bien que parfois on aime quelqu'un qu'on ne désire plus ou qu'on désire quelqu'un que l'on n'aime pas encore. Ainsi, tout n'est pas toujours aligné dans une rencontre. Ne vous en affligez pas, et si vous vous retrouvez dans la violence et dans la cruauté, n'oubliez pas que la régression fait partie de l'évolution.

Médecin sexologue,

le Dr Gérard Leleu s'est

passionnément consacré

à l'amélioration des rapports

affectifs entre hommes

et femmes. Auteur de nombreux

ouvrages sur l'art d'aimer*,

il a aidé des milliers

de personnes à découvrir

une meilleure intimité

dans le couple.

• Dr Gérard Leleu

L'écologie amoureuse : intimité et tendresse

L e mot intimité vient du latin *intimus*, superlatif d'*interior*, ce qui existe au plus profond de l'être, le secret de l'âme, son essence même. Notre vie intime, notre vie profonde qui est tenue « secrète » aux autres, s'oppose naturellement à la vie publique.

Je voudrais définir avec vous l'intimité amoureuse dans la relation privilégiée, infiniment étroite, de deux êtres et la décrire tant sur le plan corporel que sur le plan de la conscience. Car dans cette intimité coexistent deux pôles, l'un physique et l'autre psychique. Un message que je

voudrais transmettre, c'est qu'on ne peut avoir une bonne intimité avec
l'autre que si l'on a une bonne intimité avec soi-même…

L'intimité, remède à la dureté des temps

L'intimité est une réalité à laquelle les gens aspirent de plus en plus. Parce
que nous sommes saturés de sexe, violent, violant, banalisé à en hurler,
vide à en pleurer, nous cherchons avec l'autre une relation sexuelle
apaisée. Parce que les gens ont peur des MST, ils se recentrent sur le
partenaire habituel, parfois avec résignation, parfois avec la possibilité de
nouer avec lui une vraie relation. On ne va plus « utiliser » la relation, on
va l'explorer. Cela peut être une chance − il nous faut la saisir !

La dureté du système économique, la pression de la productivité génèrent
le stress. Le couple peut construire un havre et restaurer la paix que l'on
ne trouve pas à l'extérieur. La raréfaction des relations interpersonnelles
− nous vivons dans un monde d'extrême médiatisation, mais ces échanges
sont virtuels, non tangibles, ils se font de loin − accentue le besoin de
relations tactiles, vraies, charnelles. D'où la frustration par rapport à ce
soi-disant monde de la communication.

Nous voilà isolés dans la bulle d'acier de notre voiture, dans la bulle de
béton de notre appartement, privés de relation humaine, de chaleur
humaine. Développer l'intimité chez soi, c'est compenser la frustration et
l'isolement à l'œuvre dans les sociétés.

* Gérard Leleu
a notamment écrit :
Le Traité des caresses,
Éditions
de la Seine, 2001 ;
La Fidélité et le couple,
J'ai Lu, 2001 ;
Écologie amoureuse,
Flammarion, 2001.

Le plus court chemin

La communication entre deux êtres se fait par l'intermédiaire des signaux émis par certaines parties du corps et reçus grâce à la complémentarité de nos sens. Ainsi l'oreille capte la voix, les yeux saisissent les expressions du visage…

Il existe différents degrés de participation et de communication entre les corps et les sens. Edouard Hall a étudié les différentes formes de distance entre les êtres.

Il a distingué quatre groupes. Il y a d'abord la distance *publique*, qui va au-delà de trois mètres et demi : c'est une distance où l'on est peu impliqué. Seules comptent la voix et l'image du vis-à-vis, sans qu'on puisse percevoir le détail de ses expressions.

Hall qualifie la deuxième distance de *sociale*. Elle s'étend entre trois mètres et demi et un mètre vingt : elle correspond généralement à l'espace des relations professionnelles. La voix et la vue jouent également un rôle déterminant mais purement informationnel.

Puis nous passons à la distance *personnelle*, entre un mètre vingt et quarante centimètres, distance qui crée des occasions où les mains peuvent se toucher, où les regards se croisent et s'accrochent. C'est le prologue privilégié où peuvent naître l'amitié et l'amour.

Nous accédons enfin à la distance *intime*, qui débute à quarante centimètres et va jusqu'à la peau, jusqu'au corps-à-corps : la voix a moins d'importance, elle chuchote. C'est le règne du toucher et de l'odorat.

La symphonie des sens

Imaginez que nous sommes à l'intérieur d'une bulle : notre peau est située au centre, et tout autour, à quarante centimètres, c'est le monde extérieur qui nous entoure. Cette bulle représente notre territoire intime, privé, interdit. Seuls les aimants et les soignants peuvent y accéder en la traversant… Voyageons dans cette bulle jusqu'au cœur du désir !

À peine entré dans la bulle de l'aimé, on sent un ravissement, un frémissement de joie qui résulte du fait primordial que l'on est accepté. On éprouve une sorte d'ivresse et de béatitude, comme dans un jardin plein de sortilèges… Il y a tout d'abord ce que la vision nous apporte, la vision de l'être aimé « à bout portant ». La scène de la rencontre d'un être de l'autre sexe se déroule à la surface de nos corps, où il existe quantité de signaux sexuels que le rapprochement démultiplie : par exemple les pupilles des yeux sont dilatées par le désir (mydriase)… D'ailleurs les Romaines se distillaient dans les yeux de la belladone pour provoquer artificiellement cette dilatation. Il existe un jeu de miroir par lequel les désirs vont se renvoyer.

Les lèvres sont aussi des signaux sexuels qui accrochent le regard. Si les femmes se peignent les lèvres et si les hommes aiment cela, c'est parce que ce désir est inscrit dans nos cellules depuis six millions d'années ! En effet, lorsque nous n'étions encore que des préhominiens, la femelle, pendant le rut, présentait son postérieur au mâle et lui montrait ainsi sa vulve rubiconde. Puis l'*homo erectus* est apparu : l'homme s'est mis debout sur ses deux jambes. Alors, selon Desmond Morris, il a bien fallu transférer les signaux sexuels du versant postérieur au versant antérieur.

La force du signal des lèvres provient de cette évolution car dans aucune race, même chez les singes, il n'existe de lèvres pleines. Si elles se trouvent chez l'humain, c'est en raison d'une utilité précise qui célèbre le désir.

Le troisième signal sexuel de la rencontre est lancé par les seins. Desmond Morris ajoute qu'il fallait reproduire sur le versant antérieur le signal sexuel constitué par les fesses des guenons. Les seins jouèrent donc ce rôle. Si les guenons possèdent des tétines, elles sont néanmoins dépourvues de seins. Chez l'humain, les seins sont permanents et non pas dépendants de la période de lactation. Les seins forment trois cercles concentriques : le globe, l'aréole, le mamelon, qui représentent comme une cible.

Mais dans la bulle, on découvre également l'autre par les sons ! La voix troublante chuchote et nous rappelle peut-être le chuchotement originel de la mère… Vous pouvez aussi entendre battre le cœur de l'autre, en posant votre tête sur sa poitrine, et accéder ainsi à ce qu'il a de plus intime. Je me suis aperçu lors de mes consultations que, lorsque j'étais fatigué ou tendu et que j'écoutais le cœur de mes patientes avec mon stéthoscope, j'éprouvais immédiatement une forme d'apaisement. La relation avec la vie intra-utérine est évidente ; c'est pourquoi, comme l'affirme M. Flamand dans un de ses livres, on peut lutter contre le stress en écoutant le rythme de son cœur, ce qui nous replonge dans le nirvana fœtal.

Il y a un quatrième signal essentiel dans la bulle : les odeurs. Il existe sur notre corps certains endroits que j'appelle « encensoirs », tels les aisselles, le pubis, le périnée… Ces parties du corps émettent des molécules odoriférantes, des phéromones, véritables messagères du désir aux effets le plus souvent inconscients. Notre espèce dite supérieure n'a pas de considération pour l'odorat ; on préjuge que c'est juste bon pour les animaux, pour les chiens par exemple. Mais, bien malgré nous, nous subissons les attractions et les répulsions déterminées vécues par notre sens olfactif. L'influence très forte des odeurs sur notre psychisme s'explique par le fait que ces molécules atteignent immédiatement le fond des narines, situé à seulement deux millimètres du cerveau. Au-dessus de cette zone se trouve l'hypothalamus, centre des pulsions sexuelles. C'est pourquoi les odeurs déclenchent en nous des désirs. Elles enclenchent également des affects, car ces stimulations sensorielles atteignent aussi le rhinencéphale, centre des émotions. De plus, les odeurs et leurs impacts y sont mémorisés ; ainsi, lorsque vous sentez une fragrance, vous vous souvenez parfois du ressenti particulier qui fut lié à cette sensation. C'est ce que décrit Proust dans le célèbre épisode de la « madeleine ». Dans *Le Traité du plaisir*[1], j'explique comment profiter de ces odeurs, comment se délecter de ce bain de volupté. Il faut pratiquer de véritables inhalations de l'être aimé !

Au centre de la bulle se trouve la peau, dont j'ai déjà beaucoup parlé dans *Le Traité des caresses*[2]. La peau est un élément important, aujourd'hui totalement négligé. On oublie que c'est l'organe du toucher et le plus étendu de tous nos sens : dix-huit mille centimètres carrés ! Le nombre de capteurs que la peau recèle est inimaginable.

La caresse peut se décliner sous différentes formes : le pincement, la griffure, le foulement, le baiser, la succion, l'empaumement... Je ne vais vous parler que de l'étreinte. L'étreinte, c'est le contact de toute la surface de notre corps avec toute la surface du corps de l'autre, ce qui

1. Gérard Leleu,
*Le Traité du plaisir
ou comment caresser
la vie dans le bon sens,*
J'ai Lu, 1995.

2. Gérard Leleu,
Le Traité des caresses,
op. cit.

nous donne l'impression d'une immersion totale… Bien que la peau soit plane, les corps s'arrondissent et se creusent, les bras se font rives, les jambes se font grèves, le visage ferme le ciel. Nous voilà revenus à l'océan, rivage primitif de nos vies…

Le besoin cutané n'est pas une émotion poétique mais un besoin fondamental. Ainsi, les enfants mal caressés peuvent développer des troubles graves qui perdurent parfois jusque dans l'âge adulte. Peut-être faudrait-il parler, au sujet de la caresse, d'aura, de rentrer dans l'aura de l'autre ? La caresse nous apporte également des bienfaits physiques : le relâchement des muscles nous libère et met à notre disposition des énergies bloquées. L'action de la main sur la peau a un impact psychologique, elle se traduit par une réaction anxiolytique, antidépressive. Le toucher épidermique stimule la production de neuro-hormones, en particulier les endorphines. Ces endorphines sont nos drogues internes et provoquent la sensation de bien-être. Elles ont un effet euphorisant et psychotonique. On découvre ainsi que le bonheur possède un substrat biologique, une origine physique, charnelle. C'est la fin de la solitude, l'expression de la sollicitude. Je pense que le toucher est un langage : alors que l'acte sexuel peut n'être qu'un plaisir égoïste, la caresse, elle, est altruiste, elle exprime la tendresse et la générosité.

Mais la bulle, aussi proche soit-elle du corps, n'en demeure pas moins la banlieue. La chair qui palpite, le sang qui pulse, le cœur qui bat se trouvent en deçà de la peau. Alors comment accéder au saint des saints, au cœur de l'autre ? L'envie vous prend, cannibale, de dévorer sa chair. Qui n'a jamais connu la pulsion de manger l'autre à force d'amour ? Adorateurs, nous inventons toutes sortes d'eucharisties pour concilier la pulsion et le divin ! C'est le désir qui nous inspire, nous porte au-delà de la peau, nous pousse à regarder au-delà du tain du miroir… C'est par la bouche que s'opère la première effraction : le baiser, véritable communion des chairs, est aussi une transfusion des âmes. Puis on explore du corps toutes les entrées. Finalement, c'est par les sexes que les corps se joignent, s'ajustent, se fondent. Les voilà bientôt sang et feu ! Et les enveloppes de se consumer : ce qui était extérieur devient intérieur, ceux qui étaient étrangers sont désormais confondus : ils se sentent un et se pensent infinis !

Mais l'union est éphémère. De ces fulgurances jaillit néanmoins une certitude : le chemin de l'autre ne peut pas passer seulement par l'intimité physique, il doit également accéder à l'intimité psychique.

Les phases les plus propices à l'intimité ne sont pas seulement les gestes excitants et tendres des préludes, mais plutôt celles du postlude qui témoignent d'une authentique complicité et d'une vraie tendresse. La partenaire a la preuve qu'elle n'a pas uniquement servi d'exutoire au seul désir. Bien au contraire, c'est le moment où, couverte de baisers et adorée, elle se sent plus belle et quasi divine. Entre le prélude et le postlude, il y a l'union qui devrait se concevoir et se faire comme une conversation, comme une promenade sexe dans sexe où l'on devise tendrement.

La caresse gratuite est la caresse que l'on se donne pour se faire plaisir réciproquement sans avoir automatiquement pour finalité l'acte sexuel. Les hommes restent souvent, en cette affaire, victimes d'une « répression de leur tendresse ». C'est une évidence naturelle que le désir masculin est plus ponctuel et externe que celui de la femme. Heureusement, les évolutions culturelles que nous sommes en train de vivre modifient cette configuration fruste.

Les obstacles à l'intimité physique existent : une mauvaise odeur, la laideur, les séquelles d'une opération, une amputation, l'obésité, les maladies de peau, des dents abîmées… Les femmes rondes, quant à elles, sont victimes du terrorisme de la minceur, omniprésent dans les magazines et les vitrines. Les régimes les conduisent alors à perdre leurs joues, leurs seins, leurs fesses… mais aussi leur bonne humeur ! Si vous êtes atteinte d'une disgrâce, contournez-la, jouez de ce que vous possédez de beau et d'attirant, comportez-vous comme un volcan d'érotisme, pensez à votre tendresse ! Ne recherchez pas l'intimité en vous sentant moche, car « il » vous pensera moche. Essayez d'accéder à la beauté intérieure ! Il faut s'accepter physiquement : c'est un travail solitaire, très dur car il demande beaucoup à la conscience. Mais la première règle, le fondement du contrat, c'est de ne jamais dire du mal de soi-même !

L'intimité psychique

Ouvrir sa propre intimité intérieure à son partenaire – et réciproquement, accueillir la vie intérieure de l'autre –, c'est en même temps donner et recevoir. Le choix de l'intimité, la volonté d'être vrai. Les gens pourtant ont peur d'être authentiques car ils craignent de laisser paraître leurs faiblesses et du coup d'être moins « aimés », voire abandonnés. Pourtant, quiconque connaît un amour authentique sait que la qualité essentielle de l'intimité, c'est l'humilité et la tolérance. Sachons toutefois que l'authenticité dans le couple, ce n'est pas non plus déverser le flot de sa conscience, pur fatras de pensées, mais opérer un choix subtil pour apporter quelque chose qui construit la cohérence du couple et sa finalité. Le partenaire ne doit pas être la poubelle de nos soucis et de nos peines, non plus que de nos turpitudes et relations passées… Et encore moins de nos prouesses sexuelles d'antan ! Les confidences doivent aspirer à un haut niveau d'amour et de conscience, elles ne doivent pas servir à nous venger de l'autre, ni à le faire souffrir. Respectons un certain silence, préservons quelques mystères, ne soyons pas totalement transparents. L'usure du couple commence par la certitude (tout à fait présomptueuse) de connaître l'autre.

Il existe également des obstacles à l'intimité psychique. La répression sexuelle en est une, en ce sens qu'elle perturbe l'harmonie érotique. Marguerite Yourcenar a écrit qu'« en Occident, l'amour n'a jamais été un plaisir sacré, mais un péché ou un sentiment ». Il faut rejeter cette diabolisation de la sexualité. Bien au contraire, l'amour est la rencontre avec le divin : si on l'aborde ainsi, le sacré de l'amour resurgit dans toute sa splendeur, dans toute son évidence.

L'autre obstacle relève de la peur de s'abandonner. Dans notre culture, et principalement chez l'homme, se relâcher revient à se rendre vulnérable et à n'être plus digne de sa virilité et de son statut. Aussi a-t-on peur de se découvrir, de montrer ses faiblesses, ses insuffisances, ses carences. Le danger suprême qui nous dissuade de nous abandonner, c'est la peur d'être abandonné. Peur qui a son jumeau symétrique dans la peur de la fusion, de se perdre dans l'autre…

Un autre obstacle majeur à l'intimité psychique est une mauvaise communication. Il nous faut donc apprendre à communiquer, en commençant par apprendre à écouter : entendons ce qu'on nous dit sans déformer ni tamiser ! Oublions notre critique intérieure qui nous persuade que l'on ne peut être aimé, que l'on est moche, que l'on est bête. Et décidons de réagir positivement aux propos de l'autre, fussent-ils négatifs. C'est alors qu'il convient d'éviter le « tu » qui tue l'autre. Parler à la place de l'autre est une attitude qui peut être destructrice, car de l'ordre du jugement. Trop souvent les projections sont des déjections ! Ce qu'on déteste chez l'autre, c'est ce qu'on n'aime pas en soi et dont on se débarrasse en le rejetant sur l'autre. Ce comportement revient à fuir ses responsabilités. Les règles d'une bonne communication nous enseignent que c'est en utilisant le « je », en se responsabilisant, en exprimant son ressenti, que l'on se situe dans un vrai dialogue, et non plus dans une partie de ping-pong verbal.

Ainsi un couple doit-il parvenir à gérer ses crises et ses conflits. Écouter, ne pas parler *sur* l'autre, mais de soi, ne pas projeter sa propre ombre, ne pas refiler ses vilains costumes, accepter sa part de responsabilité et se remettre en cause. Voilà les secrets d'une communication harmonieuse. Autre redoutable obstacle à la tendresse : la domination. J'ai rencontré de nombreux couples dont la vie était le théâtre d'une lutte pour le pouvoir, dont le quotidien était l'enjeu d'une épreuve de force permanente. Le dominant ne connaît pas l'autre, n'entend plus son partenaire. Il faut encore citer, parmi les ennemis de l'intimité, l'usure du temps, la banalisation de la relation, le quotidien, la monotonie de la répétition… tous ces processus signifient que le couple est en perte de ferveur.

Des illusions à l'amour véritable

Une fois écrite la brûlante page de la découverte, chacun redevient soi-même, et c'est une cascade de désillusions, de déceptions pour chacun.

C'est que, dans les premiers temps de la rencontre, il y avait beaucoup de faux-semblants qui s'immisçaient entre les partenaires.

Le premier mirage vient de l'idéalisation : on rêve l'autre, on projette sur son visage ses propres fantasmes. Et inversement, on va tout faire pour renvoyer à l'autre l'image de ce qu'il désire voir en nous, quitte à porter un masque, à s'inventer un personnage. Les partenaires jouent un jeu factice, et l'intimité devient une intimité de fantasme.

Deuxième mirage : l'identification. « Je suis toi, tu es moi » : chacun s'efforce de se rendre semblable à l'autre. C'est une erreur, car chacun est différent.

Troisième déformation : la fusion absolue, qui prive chacun de son autonomie, voire même de son existence propre. Ces mirages, la vie commune au quotidien finit par les dissiper. Et chacun apparaît tel qu'il est, avec sa vraie personnalité, ses différences et son besoin d'autonomie. Une crise s'ensuit qui, bien gérée, devrait déboucher sur une nouvelle relation. Alors le couple va pouvoir accéder à l'amour véritable, à l'intimité vraie. Pour cela, il devra sortir des trois processus de l'idéalisation, de l'identification et de la fusion. Ce qui revient à accepter l'autre tel qu'il est, avec ses différences, à s'affirmer soi-même dans sa vraie personnalité et à savoir redevenir autonome. La perte de la fusion, plutôt qu'un drame, est la chance d'une renaissance. L'apprentissage de l'autonomie se fonde sur cette certitude que ce que l'on fait « pour soi » ne se fait pas contre l'autre. Être à la fois solidaire et solitaire. Cela sous-entend une maturité affective : je te choisis non comme un pansement, car j'ai pansé moi-même mes blessures ; je te choisis comme un supplément de vie et d'âme.

En définitive, la meilleure manière d'aimer consiste à sortir du besoin lancinant d'être aimé. Notre vie ne doit pas être une quête de mendiant où l'on s'épuise à courir après l'amour et l'Autre. Le véritable amour ne peut être qu'un don, jamais l'attente angoissée d'un autre qui saura enfin m'aimer à ma place !

Aimer dans la tendresse, c'est entrer dans une relation authentique avec l'autre. Qu'est-ce qui fait perdurer un couple ? C'est la relation dans la tendresse, être bien à se parler, à s'écouter.

Après le temps mythique de l'état de grâce des débuts, vient le temps de la vérité, où chacun, dépassant son ego, non sans effort mais porté par les vertus de la tendresse, construira une relation enrichissante et solide.

La *tendresse*

entre soignants
et soignés

Docteur en psychologie, psychothérapeute et formateur de praticiens, auteur de plusieurs ouvrages sur le bonheur et la « distance intime », Alain Delourme aime rappeler qu'il fut un élève de Max Pagès et de Robert Misrahi, et que ceux-ci se réclament de la pensée de Spinoza et de son « appel à la joie » panthéiste et humaniste. Soucieux de préciser avec rigueur le sens des mots, Delourme fut le premier, en France, à revendiquer le « droit d'être tendre » avec ses patients. La rupture qu'il marquait ainsi vis-à-vis d'une tradition psychanalytique volontairement distante, voire froide, l'obligea du même coup à préciser la « juste distance » qu'il convient de respecter entre soignant et soigné*.

• Alain Delourme

Distance intime et tissage du lien social

La tendresse est un sentiment à la fois central et périphérique, simultanément au cœur de l'homme et aux frontières de son être social. Expression non sexuelle de l'amour interhumain, elle est restée grandement inexplorée par les disciplines anthropologiques. Les sciences humaines se sont beaucoup développées au détriment de l'humanité des sciences. Celles-ci ne s'intéressent pas à la tendresse, qui relève d'une autre logique : ne pouvant être mise en équation, ni être captée par une doctrine, elle s'exprime poétiquement. Cette expression poétique n'est pas une exclusivité des seuls poètes, elle apparaît et s'épanouit dans des modalités sensibles de relation à soi-même, à autrui et au monde.

Les deux niveaux de connaissance que constituent la rationalité scientifique et la sensibilité poétique sont pourtant un seul et même univers, le nôtre. Si la gravitation « ne sera jamais responsable du fait que les gens tombent amoureux » (Einstein), la poésie, à l'inverse, ne pourra jamais expliquer les lois physiques qui régissent notre existence. Il n'y a donc pas antagonisme stérile mais enrichissement mutuel entre les ouvertures affectivo-poétiques et les recherches scientifiques. Par exemple, le geste tendre est tout à la fois une action fraternelle et un schéma sensori-moteur, ces deux niveaux d'approche ne s'excluant évidemment pas. C'est la tendresse en tant que mouvement non passionnel de l'amour et en tant que lien social que je m'attacherai à décrire.

Le sens affectif moderne du mot tendresse apparaît vers la moitié du dix-septième siècle. Il correspond à une inflexion du sentiment amoureux vers plus d'égalité et d'interdépendance entre les sexes[1]. L'idéal de l'amour égal et partagé tend à devenir l'une des plus hautes valeurs sociales, alors que jusqu'à cette période la relation amicale était davantage valorisée : avant 1650, l'expression de la relation d'amitié était l'objet d'un investissement affectif égal sinon supérieur à celui de la relation amoureuse : « Le terme d'*ami(e)* conserve la puissante connotation amoureuse de la tradition courtoise. Les chansons du seizième siècle parlent d'ami(e) et non d'amoureux(se). Dans la correspondance, " mon amour " ne viendra qu'au dix-neuvième siècle ; c'est " mon ami(e) " qui domine

* Alain Delourme a publié *La Distance intime, Tendresse et relation d'aide*, Desclée de Brouwer, 1997.

1. Voir Maurice Daumas, *La Tendresse amoureuse*, XVI*-XVII* siècle, Perrin, 1996.

uquel s'ajoute au dix-septième siècle " mon cœur ")[1] ». Le terme d'ami t extrêmement valorisant : « Mon ami ! (je vous appelle de ce doux nom ns l'effusion de mon cœur), vous pourrez trouver autre part moins de gueur mais non pas plus de tendresse[2]. »

es débats d'amour vont ensuite évoluer en même temps que progres-era la position de la femme dans la société. L'histoire de la tendresse moureuse s'inscrit donc dans le champ plus large de celle des relations fectives et sociales. Si les gestes et les attitudes de l'amour se modifient cette époque, c'est que les mécanismes psychosociaux qui sous-tendent comportement amoureux évoluent.

ans ses *Remarques sur la langue française*, connues en 1647, Vaugelas ulait encore qu'on réserve le vocable tendresse aux viandes : « Tendreté e vaut rien, tendreur encore moins ; il faut dire tendresse[3]. » C'est rogressivement que l'individu « au cœur tendre » se verra attribuer la ualité de tendresse, celle-ci désignant tout d'abord la fragilité de l'enfant t l'amour que sa mère lui porte, puis les liens qui unissent tous les embres d'une famille ainsi que l'affection entre les amoureux. La ndresse alors n'est plus seulement un état, mais surtout un sentiment. Dans le premier dictionnaire moderne, celui de Richelet en 1679, le ocable *tendresse* veut dire « amitié, amour ». Furetière la définira comme ne « sensibilité du cœur et de l'âme[4] ».

imant tout d'abord avec faiblesse, elle accompagne mieux dorénavant idée de richesse. La tendresse désigne à la fois un comportement et un entiment ; état affectif stable, elle se caractérise surtout par la douceur et délicatesse. Les trois siècles qui ont suivi son apparition ne lui ont pas etiré sa place de plus récent synonyme du mot amour de notre langue.

1. Maurice Daumas,
op. cit.

2. Marie-Jeanne Philippon
à Roland, 1779, cité
par Maurice Daumas,
op. cit.

3. Cité dans le *Littré.*

4. *Dictionnaire universel,*
1689.

Les autres qualitatifs de l'amour qui ont surgi par la suite, tels « senti-mental » et « romantique », sont venus s'inscrire dans son champ.

La tendresse comme lien social

Nous savons que la gêne, la honte, l'agacement accompagnent parfois une expression tendre. Hormis les paroles et les gestes affectueux adressés à de jeunes enfants ou échangés entre amoureux, il faut reconnaître que la tendresse, *comme sentiment exprimé*, reste taboue. La recherche de contacts interhumains doux et rassurants, le désir de gestes affectueux et calmants ont pourtant d'importantes fonctions. J'en distingue trois : 1. l'*unification* de l'être, c'est-à-dire la possibilité de vivre ensemble, sans clivage, les niveaux corporel, psychique et affectif de nos expériences ; 2. la *sécurisation*, c'est-à-dire le soulagement vis-à-vis de nos craintes d'abandon, de perte ou d'isolement ; 3. enfin la *confirmation*, le fait que chacun par sa présence et son attitude renforce l'autre dans son sentiment d'exister et le conforte dans sa valeur.

Le sentiment tendre opère ainsi comme un ciment affectif des échanges, il exprime une intention qui donne sens à la rencontre. Il n'est donc pas un pis-aller, une compensation faute d'amour. Ce sentiment a valeur plei-ne et entière. C'est sa méconnaissance qui mène tant de personnes à cher-cher l'amour sexualisé avec une telle obstination qu'elles en manquent nombre de relations tendres, amicales et créatrices. La crainte de toucher physiquement autrui, par association inhibante avec une connotation sexuelle, s'inscrit en fait dans un contexte plus large qui est celui du *tabou de la tendresse*.

Comme l'a identifié Jean Maisonneuve, « les relations affectives sont insé-
parables des cadres sociaux et des situations où elles apparaissent[1] »; et
les groupes auxquels nous appartenons seront d'autant plus favorables à
l'exploitation des enjeux qui leur sont liés qu'ils favoriseront le partage
affectif. L'appartenance communautaire et l'existence coopérative sont
notamment propices à une élaboration du sentiment de solitude, vécue
non plus comme isolement mais comme séparation saine, partagée et
constructive.

Le groupe est ainsi un lieu de vie où chacun peut éprouver les différentes facettes de son existence dont il ressent, peut-être là plus
qu'ailleurs, combien elle est profondément solitaire et profondément
communautaire. Dans cette *demeure*, selon une expression de Buber à
propos du désir humain de vie commune, l'individu trouve sa singularité
et se réalise par la liaison aux autres, vécus non plus comme menaces
potentielles mais comme sources possibles de son individuation et de son
épanouissement.

Cette socialité naturelle, souvent inconsciente ou méconnue bien que
constamment à l'œuvre, est particulièrement mise en évidence dans
l'*affinité*, considérée comme « un lien de bienveillance d'intimité qui ne
repose ni sur la parenté, ni sur le désir sexuel, ni sur les convenances
sociales[2] ».

Le sens du nous

La rencontre avec une autre personne relègue au second plan la distinction
classique sujet-objet. La volonté de dépasser l'insularité des individus et

1. Jean Maisonneuve,
La Psychologie de l'amitié,
PUF, 1993.

2. *Ibid.*

de prendre la communication interpersonnelle comme fait premier mène à la reconnaissance des relations intersubjectives comme tissu fondamental et domaine privilégié de la socialisation. La relation déborde largement le couple sujet-objet, celui-ci ne pouvant exister que dans le rapport entre une personne et des objets matériels ou dans un mode de pensée manipulateur. La conscience solitaire restera somnambulique si son réveil n'est pas assuré par l'intervention d'autrui.

Ainsi, le *tu* n'est pas tant une limite qu'une source du *je*. Mais la relation nécessite aussi l'accès au *nous* qui se différencie tant de la quête fusionnelle qui abolit les sujets que de la séparation absolue et forcenée qui veut oublier les similitudes. Le *nous* situe chacun en face de l'autre, à la fois lié et séparé, à la fois semblable et différent. Cette conscience de la similitude et de l'altérité est stimulée et amplifiée dans certaines circonstances, comme la participation à des groupes de formation. Comme l'a exprimé Edgar Morin, les structures de l'individualité et de la subjectivité comportent un principe d'exclusion dans le *je* et un principe d'inclusion dans le *nous*, et le problème clé de l'humanité est d'élargir le *nous*, de reconnaître en l'autre un frère humain[1]. Ainsi, en disant *nous*, nous effectuons un acte de communication qui exprime et la séparation et le lien.

Une des forces vives à l'œuvre en situation groupale est bien la *fraternité* dont le caractère énergique et producteur est source de sécurisation. Le lien social prend assise dans une relation de fraternité de type solidaire/communautaire, même si cette fraternité sociale n'exclut pas la potentialité agressive. Le sens profond de la fraternité est de rétablir le lien originaire de communication/communion entre congénères égaux,

1. Edgar Morin,
Terre-Patrie,
Seuil, 1996.

mais il comporte aussi des aspects rivalitaires et conflictuels souvent liés au sexe et au pouvoir. Même si nous ne pouvons faire l'économie de cette dimension conflictuelle ambivalente, il nous faut « savoir être fraternels[1] ».

La tendresse comme émotion

Les émotions fondamentales de l'être humain sont au nombre de six : la joie, la colère, la tristesse, la peur, le désir sexuel et la tendresse (l'amour entre adultes étant l'union de ces deux dernières émotions). Chaque état émotionnel se caractérise par l'articulation d'un état subjectif particulier avec des réactions physiologiques et expressives.

La tendresse est donc une émotion qui a ses caractéristiques propres. Un élan de tendresse se différencie d'un élan amoureux. Être transporté de tendresse, ce n'est pas pareil qu'être transporté de joie…

La culture de la tendresse, il est vrai, est restée balbutiante, aussi me paraît-il opportun de signaler qu'elle n'est pas un simple ersatz de l'amour, ni de libido réprimée, ni un dérivé plus ou moins réussi de la sollicitude polie. Elle semble bien posséder une fonction à part entière.

Au sein du couple

Ce sentiment connote l'amour d'un sens moins passionnel en n'épousant pas la conjoncture parfois tempétueuse de la vie du couple. Elle permet de supporter et de surmonter les contradictions, les incohérences et les tensions qui se manifestent dans la relation. Relâchement, bien-être, assouplissement des défenses sont quelques-unes des conséquences de

1. Edgar Morin, *La Vie de la vie*, Seuil, 1985.

221

son vécu et de son expression, conséquences fort utiles à la vie commune. Sur le plan des relations intimes entre deux partenaires sexuels, elle reste un sentiment charnière entre romantisme et érotisme. Plus sensuel que l'amitié mais moins charnel que l'amour, le jeu de la séduction tendre recourt aux mots mais aussi aux gestes intimes et gratifiants ; il favorise l'articulation du désir sexuel direct, à l'état brut, et de la poétique amoureuse. La tendresse relie ainsi le désir et l'amour, elle est le signe de leur complémentarité.

Modulation du lien d'amour, la tendresse est à la fois une émotion et un sentiment, un élan et un repos, un mode de communication et un état interne. Elle reste un réservoir inépuisable de potentialités affectives toujours prêtes à s'actualiser, une ouverture sur soi-même, sur autrui et sur notre terre d'accueil. À la fois pôle sentimental et soutien de la pensée rationnelle, elle s'épanouit autour de leur articulation.

À la fois mouvement et stabilité, la tendresse stimule cet espace intérieur qui nous aide à affronter l'inconnu, à faire confiance aux processus d'exploration et d'ouverture. Protégeant le délicat en chacun, il stimule l'apparition et le respect des intuitions, toujours liées à la sensibilité profonde. Ne se choquant pas du caractère nébuleux de ses expériences, l'individu qui assume sa force tendre accroît sa lucidité : n'étant plus dans la désastreuse préoccupation interne de juger, il peut plus aisément comprendre. Remplacer le jugement par la compréhension a une importance considérable, quel que soit l'exemple illustratif choisi (relation à soi, entre deux partenaires, dans une famille, dans le milieu professionnel, entre cultures différentes).

Du sentiment au social

La tendresse est un état affectif, une fonction primaire de communication et un lien social. En tant qu'ouverture sensible et participation distanciée à la vie d'autrui, elle est simultanément une des sources et un des résultats de la participation sociale.

« Tout comme un écran épais de quelques millimètres peut arrêter la lumière solaire la plus intense qui a voyagé pendant des millions de kilomètres ; tout comme un morceau de porcelaine isole un courant électrique assez fort pour alimenter des centaines de moteurs, de même un petit " isolant psychique ", le manque de chaleur, de sympathie et d'amour peut bloquer l'expression d'immenses trésors de sentiments et d'intelligence », écrit Roberto Assagioli[1].

La tendresse vécue évite la formation ou l'épaississement de tels isolants psychiques ; nous pouvons alors mieux profiter des richesses de ce trésor humain fait indissociablement d'amour et d'intelligence.

Toi, patient, mon ami : la tendresse partagée

Le processus psychothérapeutique sera plus probablement créatif et efficace si le lien entre patient et praticien intègre une part affective. Ce constat pose la question du statut des sentiments et plus spécifiquement de la tendresse dans l'échange thérapeutique. Soutenant le rôle du psychothérapeute présent en tant que personne dans la communication avec les patients, et refusant de chosifier autrui, je me suis aperçu que le lien spécifique qui s'instaurait alors avec les personnes qui travaillent avec

1. *Psychosynthèse*, Épi-Desclée de Brouwer, 1976.

223

moi comprenait fréquemment de la tendresse, celle-ci m'incitant à me rapprocher affectivement d'eux pour mieux les comprendre et les soutenir. Nous allons préciser cet aspect délicat du lien professionnel thérapeutique.

La véritable mutualité se rencontre essentiellement en amitié et en amour. Cette constatation m'a incité non pas à renoncer à la mutualité dans le lien psychothérapeutique, mais à assumer plus d'amitié et plus d'amour dans mon travail, cherchant ainsi davantage de vérité dans l'échange. Mais les mots *amitié* et *amour*, et les sentiments qu'ils désignent, ne me semblent pas pouvoir être utilisés directement et au sens plein pour qualifier la relation entre patients et thérapeutes. C'est alors la tendresse qui constituerait l'étayage sentimental de ce lien particulier. C'est la tendresse réciproque qui transformerait la neutralité du lien professionnel en alliance véritablement thérapeutique, c'est-à-dire favorable au changement. Comme tout sentiment, la tendresse est un état personnel, une disposition intérieure ; sa lumière éclaire bien des pensées confuses et souligne notre sensibilité et notre subjectivité foncières. À cette subjectivité sensible, la tendresse ajoute une intelligence intuitive qui donne sens aux échanges thérapeutiques. Ceux-ci se nourrissent aussi des éléments stabilisants et liants de l'affectivité assumée.

À la sollicitude, qui ne suffit pas, j'ajoute donc l'intérêt d'une *implication affective*. Ce qui est demandé au psychothérapeute n'est pas seulement une relative neutralité, mais aussi un engagement affectif clair et réfléchi, sans confusion avec un quelconque copinage ou un désir amoureux. Le psychothérapeute, dans ses échanges avec ses patients, reste d'ailleurs vigilant sur ce point, toujours prêt à éviter les dérapages ou les malentendus. Qu'un patient devienne trivial dans l'échange et le praticien doit immédiatement resituer le contexte et prendre de la distance. La mutualité vraie exclut la trivialité et nécessite au contraire un incessant travail de respect, de part et d'autre. C'est le respect qui continuellement arrache l'affect à sa tendance à annexer autrui. Mais si au contraire, et c'est le cas le plus fréquent, le patient n'ose pas se montrer véritablement ouvert et spontané, par exemple dans ses associations verbales ou dans ses élans expressifs, alors le psychothérapeute peut là aussi prendre l'initiative de montrer le chemin mais en réduisant cette fois-ci le fossé relationnel.

Ainsi, un jour, je vais chercher Hubert dans la salle d'attente, je lui dis bonjour et l'invite à entrer dans le bureau. Arrivé là face à lui, je le regarde et ressens de la tendresse pour cet homme jeune, timide et déprimé. Je lui dis alors : « Je suis content de te voir », il me regarde avec intensité, lui qui détourne souvent le regard, il s'ouvre, sourit et me dit qu'il est content que je sois content. On pourrait peut-être interpréter cette attitude du psychothérapeute comme une entreprise de séduction ou comme le résultat d'une confusion entre ce qu'il était à l'âge de ce patient et le patient lui-même. On pourrait également, connaissant l'histoire intime du psychothérapeute et celle du patient, saisir combien ce court échange condense de thèmes prégnants pour l'un comme pour l'autre. Toutes ces interprétations auraient leur poids de vérité mais n'expliqueraient pas l'effet positif obtenu ce jour-là chez Hubert et dans la suite de son travail thérapeutique. Il est des moments où ce qui est en jeu de manière prédominante n'est pas la clarification des thèmes non conscients, mais l'utilisation concrète de la situation actuelle comme situation nouvelle. La compréhension émotionnelle qui sert de levier aux échanges s'accompagne d'un dynamisme affectif renouvelé. Avec Hubert, ce jour-là, le partage vrai et spontané du contentement rendit cet échange utile au processus thérapeutique en inscrivant un lien positif à l'intérieur d'une personne qui en manquait terriblement.

La tendresse partagée peut être assumée en psychothérapie, mais à l'intérieur d'un cadre relationnel défini par le praticien qui reste gardien de ses règles de fonctionnement professionnel. Le registre de l'intensité qui est parfois utilisé, notamment dans les temps de travail émotionnel, n'est rendu possible et utile que par la double facette du psychothérapeute : à la fois sa présence est tendre et chaleureuse, à la fois il pose des lois cadrantes et rigoureuses.

La sensibilité est une exigence à assumer dans les rapports professionnels et nous savons qu'être soi-même en présence d'autrui est parfois une entreprise difficile, mais c'est parce que le psychothérapeute montre qu'il accomplit cet effort, et qu'il s'agit bien parfois d'un effort, qu'il peut aider le patient à effectuer une action analogue pour lui-même. Dans le registre des interventions du praticien, les manifestations verbales et gestuelles tendres possèdent une valeur de réalité interhumaine propice au bon développement du processus évolutif. La réaction psychique intime du patient à la tendresse du psychothérapeute va donner aux séances, dans l'après-coup élaboratif, plus de valeur, plus de poids et finalement plus de sens.

Ainsi, la tendresse exprimée fait lien entre relation et signification, elle donne plus de sens à la relation et plus d'affectivité aux découvertes psychiques.

Est-ce à dire que le dernier mot revienne aux sentiments ? N'y a-t-il pas à maintenir l'arbitrage de l'intelligence et du raisonnement ? Je suis persuadé que nous avons à maintenir cet arbitrage, et c'est là une des grandes différences entre des relations familiales saturées d'affects, ce qu'ont connu certains patients – cette saturation ne signifiant pas bien entendu qu'ils ont été trop aimés mais plutôt qu'ils ne l'ont pas été assez, c'est-à-dire pas dans le respect de leur personnalité – et une relation thérapeutique nourrie par la tendresse, certes, mais réfléchie et cadrée par un travail constant visant la clarification et la mentalisation. L'engagement affectif du psychothérapeute et celui du patient, grâce aux soucis d'authenticité et de progression qui les nourrissent, seront repris et psychiquement élaborés. Cette analyse élucidante n'exclut pas mais intègre le niveau affectif des échanges.

Les deux exigences d'implication et de distance convoquent inévitablement chez le psychothérapeute et chez le patient la nécessité de gérer de manière productive la tension entre ces deux pôles. Le patient effectue généralement cette négociation avec moins de réussite que le psychothérapeute, du moins au début du travail, et ce n'est pas l'une des moindres obligations du second que de favoriser l'appropriation par le premier de ses capacités de compréhension et de mentalisation. Les qualités denses et opaques du lien feront progressivement place à une clarification chaque fois recherchée et progressivement accrue des échanges et de leurs enjeux. Cette recherche permet que l'un et l'autre effectuent régulièrement des redéfinitions personnelles de leur mode communicationnel et de leur positionnement respectif, sans remise en cause du lien dans sa globalité. L'importance donnée à la tendresse dans la rencontre n'est pas acceptation inconditionnelle, mais recherche de respect réciproque et de vérité exprimée.

227

Du statut exact de la tendresse

À la complexité du vécu concret de la tendresse, notamment dans l'échange thérapeutique, s'ajoute une difficulté, celle d'attribuer une place théorique à ce sentiment, que ce soit en philosophie ou en psychologie. Entre un désintéressement vaguement méprisant lié à une sorte de pudeur moraliste et la complaisance sentimentaliste, il nous faut trouver une approche adéquate. Nous pouvons établir une saine articulation entre l'humanité d'un soignant impliqué dans son travail et l'obligation de recul et de réflexion distanciée qu'impose ce même travail. Nous pouvons valoriser une *genèse réciproque de la réflexion rationnelle et de l'implication affectueuse.* Toutefois, il ne s'agit pas de soutenir une telle attitude seulement parce qu'elle serait sympathique et ferait sourire le lecteur lui aussi attendri, mais parce qu'elle correspond de près aux exigences du changement.

Notons par exemple que l'importance considérable de la tendresse n'est niée ni dans l'accueil du nourrisson, ni dans le développement de l'enfant, ni même dans l'épanouissement de l'adulte. Pourquoi le serait-elle dans le soutien des personnes en difficulté ?

Tentons de préciser le statut de la tendresse. Ce statut ne sera pas freudien, car on se souvient de la définition donnée par Freud de la tendresse : un érotisme détourné de ses buts sexuels, c'est-à-dire un désir désexualisé et déplacé. Pour moi, au contraire, la recherche de contacts interhumains doux et rassurants, le désir de caresses affectueuses et calmantes ont une fonction à part entière qui est d'unification et de sécurisation, et non pas de satisfaction libidinale ratée ou appauvrie. La tendresse partagée a une fonction de confirmation existentielle réciproque et mérite pour cela qu'on l'exprime sans trop d'avarice.

Dans le domaine de la psychothérapie, les sentiments tendres cimentent les prises de conscience apparaissant parfois de manière éparpillée lors des échanges, et favorisent l'incarnation et l'acceptation de ces émergences mentales qui sinon restent souvent sans suite, faute d'inscription affective. Le sentiment de tendresse donne plus de sens à l'échange. Prenant appui sur l'intériorité, la tendresse nous mène vers autrui avec l'intention de le rencontrer, d'en faire un alter ego. Par cette intention, l'intériorité se fait échange, se développe en action sans perdre sa valeur singulière. Le projet de me positionner vis-à-vis d'autrui rend mon intériorité et *la sienne* beaucoup plus sensibles. La tendresse est ainsi la manifestation sentie d'une relation qualitative à autrui.

Je peux exprimer ainsi à propos de la tendresse ce que Ricœur dit généralement du sentiment, à savoir qu'elle est le révélateur des élans de notre être. J'ajoute qu'elle est l'expression des liaisons préréflexives avec autrui. Elle est la *manifestation sans passion* de l'amour entre les hommes. Elle serait même parfois un repos vis-à-vis de cette passion souvent fébrile. C'est pourquoi son vécu et son expression se révèlent si primordiaux dans le travail thérapeutique avec des personnes ayant souffert de la part de l'environnement familial d'un amour maladroit, insuffisant ou passionnel. Il s'agit de pouvoir vivre une *relation d'amour sans relation amoureuse*. Pour éviter les équivoques et parce que l'affect de tendresse correspond mieux phénoménologiquement à ce que j'éprouve avec les patients, je préfère actuellement parler de tendresse plutôt que d'amour.

Relation d'amour sans passion amoureuse

Une des possibilités offertes aux patients est d'explorer verbalement et physiquement avec le psychothérapeute la différence entre ces deux niveaux, entre amour et tendresse, dans l'investigation des similarités et des contrastes entre eux, par exemple entre dialogue affectueux et dialogue amoureux, entre caresse tendre et contact érotisé. Nombre de personnes en psychothérapie ont eu, étant enfants ou adolescents, des relations ambiguës, durables ou ponctuelles, réelles ou imaginaires, avec un membre de leur famille : un des parents, un oncle, une tante, un(e) cousin(e), etc. Certaines expériences ont parfois cristallisé une confusion entre tendresse et désir sexuel dont les connotations œdipiennes sont souvent puissantes et inhibantes. Avec le psychothérapeute, envers qui s'actualisent généralement le besoin de tendresse mais aussi les désirs sexuels et l'ambiguïté entre les deux, il est opportun dans une perspective de clarification et de dégagement de pouvoir explorer ce qui les différencie. Peuvent être comparés par exemple les sentiments et sensations vécus dans la situation présente et ceux éprouvés en imagination, le plus souvent à distance de cet échange. Ceci met en évidence concrètement et précisément le rôle puissant de l'imaginaire dans le rapport psychothérapique, mais aussi dans d'autres relations ou dans la mise en place et le maintien des causes de la souffrance.

Il est arrivé un jour qu'une patiente se mette à pleurer en séance par dépit et frustration et que sa douleur soit redoublée par le fait qu'elle avait besoin que je la prenne dans mes bras et que, dit-elle, je ne le ferais assurément pas. N'étant pas trop naïf, j'étais conscient de quelque manipulation possible que pouvait évoquer cette scène, mais je décidai de lui signaler que j'étais d'accord pour la prendre dans mes bras si elle en avait besoin. D'abord surprise, presque hébétée, elle hésita quelques secondes puis se mit à rire longuement, prenant conscience de tout un scénario imaginaire qu'elle avait forgé et qui la menait invariablement vers la frustration et le désespoir. Elle croyait en effet que je ne pouvais pas la toucher pendant son émotion car je serais trop troublé notamment par sa chaleur et son odeur, et que je me défendrais par avance de cela en refusant le contact. Le fait que je l'accepte lui fit comprendre la confusion qu'elle entretenait en projetant sur moi (mais aussi sur les autres hommes) sa difficulté à gérer ses émois. Lors de la séance suivante, nous fîmes ce travail d'enlacement et elle prit conscience, cette fois-ci dans le contact réel, premièrement qu'elle n'était pas si troublée qu'elle l'envisageait, deuxièmement que je ne l'étais pas non plus et que finalement les désirs sexuels avaient une importance qui pouvait être relativisée. Ceci l'amena à se demander pourquoi elle passait tant de temps à souffrir de la frustration puis à profiter de notre échange ce jour-là. Elle n'en demanda pas d'autre par la suite. Un tel travail peut aussi s'effectuer dans le seul échange verbal, mais la possibilité de mettre en acte le rapprochement donne plus de corps et d'impact aux prises de conscience qui en résultent.

Cet exemple confirme également que le sentiment de tendresse nous incline à l'échange et à la réussite de celui-ci. Il est d'une grande importance car il soutient le processus de restauration et de dégagement en psychothérapie.

De la qualité humaine du psychothérapeute

Des enquêtes à la méthodologie sérieuse suggèrent que l'efficacité du traitement est à peu près semblable quelle que soit la théorie de référence du thérapeute. Les études comparatives de résultats ont échoué à démontrer de manière constante la supériorité d'une psychothérapie par rapport aux autres. Par exemple, une étude récente n'a trouvé aucune différence globale signifiante entre trois modalités de traitement de dépression qu'elle comparait, bien que l'évolution des patients ait été meilleure dans ces trois groupes que dans un groupe-contrôle, sans traitement. Il apparaît qu'il n'y a pas de correspondance régulière entre la méthode elle-même et l'évolution des patients.

Mon hypothèse est que si les psychothérapeutes ont des résultats sensiblement égaux, c'est que ceux-ci ne dérivent pas de leurs adoptions doctrinales mais de leurs qualités humaines et que, parfois malgré eux ou malgré leur adhésion à des doctrines qui méconnaissent l'importance du lien affectif, ils ont vécu, pensé et peut-être même exprimé des sentiments ouverts et soutenants vis-à-vis de leurs patients. Un tel positionnement interhumain *ne remplace pas le travail d'analyse mais il le rend thérapeutique.*

Dès lors, il me paraîtrait important que dans les formations de cliniciens on mette moins l'accent sur les subtilités des doctrines ou sur le projet d'application fidèle d'une pratique, quelle qu'elle soit, et qu'on aide davantage chacun à penser pleinement le lien et à se préparer à le travailler avec ses patients. *Travailler le lien ne se réduit pas à interpréter le transfert.* La relation thérapeutique, sous son aspect humain et qualitatif, est plus fortement liée au processus de changement positif que les aspects techniques ou théoriques. Entre rapport authentique et superficialité, entre résonance empathique et incompréhension, nombre d'organisations dyadiques peuvent effectivement voir le jour. Le lien déborde de toute façon le niveau technique des transactions pour inclure les qualités personnelles, ce qui donne à chaque relation une alchimie spécifique encore mal comprise.

Tendresse, agressivité, ambivalence

La vie sentimentale nous relie à autrui. Assumer la tendresse me semble le complément indispensable à la stimulation de la vie représentative dans tout travail se voulant thérapeutique. Il existe en effet une genèse mutuelle de la vie mentale et du lien émotionnel aux autres. Ils permettent tous les deux d'intérioriser la réalité et de compenser les peines liées à la séparation par une conscience de participation et d'échange. Pensées, émotions et relations sont contemporaines, elles croissent ensemble et s'enrichissent mutuellement.

Le lien sentimental atteste notre affinité élective avec nombre de réalités partagées par les hommes. Parmi celles-ci, l'agressivité ne doit pas être négligée. C'est pourquoi l'expression de la tendresse telle que je la valorise n'est pas une annulation ni même une sous-estimation de l'agressivité. Sans soutenir les doctrines pessimistes, par exemple celle de Sartre qui définit l'essence des rapports entre les consciences par le conflit, je donne néanmoins à l'agressivité, ou plutôt à l'ambivalence, une place primordiale.

C'est bien souvent la dialectique de l'amour et de la haine qui grève les rapports humains et génère, quand s'y ajoutent une mauvaise communication et un insuffisant respect, tant de conflits individuels et collectifs. Cette ambivalence est difficile à vivre et à penser car constituée d'états contradictoires et parfois indéfinissables pour le sujet déchiré qui n'y perçoit que confusion pénible et amalgame de tendances rivales.

Si la tendresse n'était promue que pour remplacer l'agressivité, elle serait en fait l'expression d'une faiblesse de pensée et apparaîtrait à juste titre accessoire. Mais il s'agit au contraire d'un sentiment fondamental dont l'articulation avec les mouvements agressifs et haineux est d'un grand intérêt en psychothérapie. L'opposition entre amour et haine, entre tendresse et agressivité, fera place, au fur et à mesure du travail expressif et réflexif effectué, à une collaboration lucide et intelligente n'excluant pas les conflits mais les dédramatisant.

Le clivage entre l'amour et la haine, quand il est suffisamment travaillé, mène à l'ambivalence constructive.

L'enlacement et la recherche du contact doux ne seront donc pas proposés en remplacement du travail sur l'agressivité, qui serait alors à refouler, mais en association ou en articulation avec lui. L'exploration relationnelle de l'ambivalence vécue émotionnellement et verbalement a ainsi une fonction unificatrice et sécurisante.

L'alliance thérapeutique

L'alliance thérapeutique se nourrit d'une réflexion philosophique sur le lien et concerne les différents aspects relationnels (psychiques, émotionnels et corporels) du travail. La relation vive et tendre qui la constitue s'étaye sur la recherche d'authenticité, de cohérence et de consistance. Elle se fonde autant sur l'exigence de qualité (elle doit être vécue et pas seulement pensée) que sur le besoin de signification (elle donne sens à l'itinéraire de ceux qui l'assument). Elle s'appuie sur la collaboration active et sincère des deux protagonistes et, ne dépendant pas seulement de la singularité de chacun d'eux, elle apparaît singulièrement et se développe dans leur rencontre.

Cette perspective positive n'est ni simple ni laxiste. Elle est faite d'exigences réflexives et d'incitations à l'action, ces deux niveaux de réflexion et d'action se développant dans un rapport de soutien mutuel. Elle vise la prise en charge pleine et totale par le patient de son devenir. Les deux dimensions, individuelle et groupale, du travail thérapeutique que je soutiens, et qui vise explicitement la construction et l'épanouissement, se trouvent elles aussi prises dans un circuit de consolidation réciproque.

La liberté, la conscience et le désir sont des aspects différents d'une même réalité, celle du sujet responsable. Pour quitter la passivité malheureuse et nous tourner vers une activité joyeuse et assumée, il nous faut comprendre et dépasser la complicité qui nous faisait maintenir en place l'ancien mode d'existence. Pour cela, nous devons opérer un changement d'attitude mentale et relationnelle. Le patient, pour être en mesure d'élaborer lui-même le dégagement de ses blocages, doit d'abord reconstruire et développer sa conscience. La réflexion sur la liberté et le travail de la conscience contiennent en effet une véritable puissance d'arrachement. Mais il faut, pour canaliser ce dégagement et assumer notre part de création dans les valeurs et les situations qui nous définissent, développer une pratique thérapeutique concrète basée sur le lien humain et les expériences qu'il autorise. Les patients et le psychothérapeute peuvent ensemble donner plus de sens aux affects et plus de corps aux représentations, et ne pas craindre lors de ce voyage de vivre la tendresse dont la fonction sera justement de relier la vie émotionnelle et l'univers mental.

La visée thérapeutique défendue ici consiste en la recherche de principes pour l'action et de voies d'élaboration permettant non seulement de dépasser les expériences négatives mais aussi et surtout de construire une vie épanouie. Le but reste la reconstruction d'une vie meilleure, non pour des principes abstraits et désincarnés mais pour des raisons existentielles concrètes. Il appartient au sujet de comprendre le passé et de contester le présent pour construire l'avenir. Il devra pour cela énoncer et assumer des préférences et deviendra alors, via l'alliance thérapeutique, son propre fondement.

L'aptitude à organiser et orienter sa propre existence sera le projet et le résultat de ce travail étayé sur une conception positive de l'être que qualifient le désir, la liberté et la réflexion. Prenant conscience qu'il est maître de son devenir et non l'objet d'un processus historique qui lui échappe et le dépasse, l'individu peut reprendre en main son destin et son efficacité intellectuelle. Cette tâche nécessite de faire l'expérience de soi comme substantialité, c'est-à-dire comme dynamisme, consistance et force. Chaque sujet a ainsi à inventer les modalités concrètes de réalisation de ses choix existentiels, en quelque sorte à inventer sa vie. Établir son autonomie et de nouvelles modalités relationnelles à soi et à autrui sont les deux facettes complémentaires de la réflexion menée conjointement avec le psychothérapeute.

Ainsi, je tente d'enrichir l'alliance thérapeutique par le développement de deux aspects : d'une part, la réflexion éthique sur le lien et, d'autre part, l'instauration d'une relation vive. Toutes deux sont sources de fondation et de libération. L'équivalence entre les êtres, pilier important de cette alliance, se définit par la joie de la relation comme coopération et comme tendresse.

Ce qui est essentiel dans cette ouverture théorique et clinique est la possibilité offerte au patient de trouver-créer les conditions de son épanouissement. Elle ne met pas l'accent sur le sens tragique de l'existence et sur un primat a priori de l'angoisse et du souci de la mort. À bonne distance des doctrines pessimistes, notre entreprise consiste au contraire à mettre l'accent sur le désir de vivre et sur l'accroissement de la liberté de chaque sujet. Comme les philosophes de la joie (tels Spinoza et Misrahi), je n'ignore pas la souffrance. Mais je connais comme eux son caractère contingent, c'est pourquoi je traite du malheur dans l'existence et non du malheur de l'existence. Le sens profond de la souffrance n'est pas de nous rendre nobles et dignes, sa fécondité pédagogique consiste plutôt à nous révéler le désir de santé corporelle et psychique, le désir de plénitude et de joie.

Le désir étant dynamique par essence, l'individu ne peut être considéré comme une nature définitivement modelée par l'entourage et la société. Toute action est un choix et chacun peut dès lors inventer les valeurs qui dirigeront ses actions, et notamment inventer les conditions de son épanouissement.

Puisque la base éthique de notre pratique est le choix de la liberté, alors il faut convier chacun, surtout en psychothérapie, à se libérer, à assumer sa liberté. On ne peut appliquer à la conscience de méthodes déterministes et causalistes car c'est le sujet qui donne sens à ce qu'il construit.

La crise sera alors comprise comme une contestation radicale de la souffrance. Elle est l'expression extrême de la prise de conscience et de la protestation.

La liberté, la conscience, le désir et l'imagination sont une seule et même réalité : la personne concrète, le *je*. Par le travail réflexif et affectif mené coopérativement avec un psychothérapeute, et parfois dans la crise intérieure ou relationnelle, chaque patient peut quitter l'aliénation et la dépendance pour accéder à une liberté accrue et véritablement autonome. Ce renversement de la passivité en activité, en le rendant plus libre et plus efficace, le fait progressivement passer de l'angoisse du tragique au goût de vivre.

Après un long parcours en médecine

d'urgence et de réanimation,

le Dr Odile Ouachée a choisi de s'installer

en médecine générale pour mettre

au service du malade, qu'elle place au centre

de la question du soin, tous les outils

conventionnels comme l'allopathie et

non conventionnels comme l'homéopathie.

Elle a travaillé durant cinq ans dans

un groupe de recherche pour l'amélioration

des conditions de vie des enfants

en milieu hospitalier, à Lyon,

avec Juliette Binoche notamment.

• Dr Odile Ouachée

Médecine et tendresse sont-elles compatibles?

Médecine. Médecins. Maladie. Malades. Consultations. À priori, ces mots-ci ne sont pas bien tendres. Ils évoquent la douleur, la souffrance, l'attente et se déclineraient bien en termes de rudesse…

Écoute. Accueil. Accompagnement. Présence. Relation. Ah ! ces mots-là nous parlent d'une autre ambiance ; celle qui nous mènerait bien à la tendresse…

Alors ? Sont-ils compatibles, ces deux mondes ?

En apparence pas, bien sûr. Les obstacles semblent si nombreux !

Pourtant quelque chose, ce qu'on appelle une intime conviction, au plus profond de moi, me dit que oui.

Oui, j'ai foi dans l'avenir de ce couple : médecine et tendresse. Tendresse et médecine.

Mais abordons la réalité…

Médecins, handicapés de la tendresse

Les médecins sont plutôt considérés comme des handicapés de la tendresse. C'est même le plus grand reproche qui leur est fait. Dans la plupart des cas litigieux entre le corps médical et les patients, c'est l'absence d'écoute et d'attention qui fait manifestement la gravité de la situation. D'où peut venir ce handicap ? Les hommes et femmes qui choisissent ce métier ne sont pas tous des durs !

Alors ? Où est l'écueil ?

La nature et le déroulement de leurs études dites scientifiques (et non humaines…) y seraient-ils pour quelque chose ? Apprendre encore et encore, pendant sept ans et plus, pour savoir. C'est bien et c'est même nécessaire. Mais est-ce suffisant pour soigner ?

Luc Boulanger, dont la compassion n'est plus à démontrer, nous disait hier cette évidence simple mais non moins extraordinaire : « Les moins handicapés de la tendresse que j'aie rencontrés sont sans doute les handicapés mentaux. » Serait-ce grâce à leur spontanéité ? Du fait de cet élan qui n'est arrêté ni par le mental ni par le savoir ?

Mais alors, y aurait-il contradiction par nature ? Le savoir empêcherait-il la spontanéité ? Il n'est pourtant pas envisageable d'empêcher les médecins d'apprendre ou de leur demander d'arrêter leur mental ! Mais si, plutôt que de croire devoir retirer, ou arrêter, nous songions à ajouter, à compléter ?

Ce d'autant que personne ne niera que les premiers pas dans ce registre de la tendresse peuvent déclencher des peurs terribles au sein des schémas psychologiques qui nous protègent et nous constituent.

Donc ajouter ou plutôt apporter non pas une nouvelle discipline, mais un art dans chaque discipline.

Faire évoluer les études et les pratiques médicales

Et cet art, pour moi, est celui de la relation. Je plaide pour que soient enseignés aux étudiants en médecine les quatre savoirs fondamentaux dans la relation :

1. Seule attitude qui, par le respect qu'elle contient, donne à chacun des protagonistes de toute relation existence et identité ;

2. Seule attitude qui, dans le système d'échange qu'elle impose par définition, va inscrire ce qui se propose (ici le malade) dans le cycle du vivant – comme les ions qui, traversant la membrane de la cellule, expriment, dans le graphique de l'électrocardiogramme ou de l'encéphalogramme, la vie même.

Il a été accordé, pour l'instant, si peu d'importance (voire pas d'importance du tout !) au lien qui relie le malade à son thérapeute et le malade à sa maladie. Pourtant, sans ce lien accordé, sans relation instituée et préservée, il n'y aura aucune tendresse possible. Pour comprendre cela, je dis souvent par boutade que tout médecin devrait avoir été malade, avoir été opéré et réanimé au moins une fois ! Pas de maladie, pas de chirurgie, pas de réanimation, pas de diplôme et pas de droit d'exercer ! Je connais un chef de service de province qui « oblige » ses étudiants à s'allonger dans un lit comme patient une journée entière dans son service. Tous reconnaissent la difficulté, mais aussi la richesse de ces instants traversés. Bonne manière pour réaliser que le savoir ne suffit pas ; et le savoir-faire non plus, même si c'est son corollaire obligé pour une juste « prestation » médicale.

Dans l'art-relation dont je parle, j'inclus deux autres savoirs, pour atteindre ce quatuor des Quatre Savoirs : le savoir-communiquer et le savoir-être.

1. Le savoir-communiquer qui ne peut se passer de la considération de l'autre, qui lui donne tendresse par ce respect et l'écoute ;

2. Et le savoir-être qui accueille l'autre dans toute son entièreté.

Il me semble que tant que le monde du soin ne voudra prendre en compte que le plan physique ou cellulaire des maladies et des symptômes, et non le malade dans sa globalité, la tendresse ne pourra s'installer confortablement et durablement. C'est pourquoi il apparaît si fondamental que la médecine dépasse le stade d'un présupposé anthropologique aussi réducteur. Mais il est vrai que c'est aussi pour se protéger de grandes peurs humaines face à la question de l'existence du vivant et de sa fin, que d'aucuns ont tendance à réduire l'homme à un amalgame de cellules.

Le médicament apporte une réponse à certains symptômes ; mais il ne répond que partiellement à la problématique soulevée par la maladie.

Depuis le début de mes études, je me suis beaucoup interrogée sur la véritable nature de cette dernière ; et j'en suis arrivée à penser qu'elle est souvent un appel, parfois désespéré, à la tendresse.

Un présupposé anthropologique particulier

Pour comprendre cela, il est nécessaire que je vous décrive ce qui pour moi constitue l'être humain.

Il est doté d'un plan physique, certes, que l'on peut expliquer et décrire par la neurologie, l'hormonologie, l'immunologie, etc. – autant de sciences qui apportent des informations extraordinaires et indispensables ; les étudier est toujours un grand plaisir. Les actes de chirurgie, de réanimation même très poussés et que j'ai pratiqués moi-même pendant de nombreuses années, sont tout aussi remarquables et absolument nécessaires. Et de même que monsieur Jourdain faisait de la prose sans le savoir, nombre de médecins donnent heureusement, au sein de ces actes thérapeutiques, de la tendresse sans le savoir… Certains de mes professeurs en étaient pétris et je reste encore très émue à ce souvenir. Mais le grand risque serait d'en rester là…

En cheminant dans mon métier de médecin, j'ai découvert une première autre dimension chez ceux qui venaient me consulter. Celle de la psyché ou du psychique, ou encore de l'âme qui, au-delà du besoin physique, a une véritable autre « demande ». Beaucoup de parents connaissent l'expérience de l'enfant qui veut dire « j'ai peur » en disant « j'ai mal au ventre ». Sait-il donc spontanément que c'est plus facile à dire pour se faire entendre ? Nous, adultes, pourrions être constitués en somme

245

comme des poupées russes, et de ce fait garderions en nous ce petit enfant que nous avons été. Serait-ce cet enfant intérieur qui demanderait encore si souvent attention et tendresse ? Il s'agirait alors d'apprendre, pendant nos études de thérapeute, à entendre cette demande du corps psychique pour que le symptôme physique puisse être correctement approché ?

Sur ce chemin de compréhension de l'être humain et par ma pratique dans l'accompagnement des mourants, j'ai découvert, au-delà des besoins du corps physique et de la demande du corps psychologique, une aspiration, une soif de l'être à une autre dimension encore. Certains l'appellent soif spirituelle, d'autres maturité vers l'accomplissement. En aucun cas je ne souhaiterais l'enfermer dans un plan religieux. Je constate seulement que sans attention, sans accueil, il ne peut y avoir de tendresse, et que celle-ci m'apparaît vitale tout au long de la vie et de ses « vicissitudes » comme la naissance, la maladie ou la mort.

Cependant, pour qu'il y ait accueil, il s'agit pour le thérapeute de disposer d'une sorte de paix intérieure, comme un noyau constitué au cœur de lui-même afin qu'il puisse donner cette tendresse.

Gageons que cela puisse se transmettre et s'enseigner. Gageons qu'il n'est pas si difficile d'apprendre à poser un regard, une qualité de regard qui verrait, au-delà du symptôme, un être tout entier dans ses multiples dimensions. La tendresse est comme un brin d'herbe qui passe au travers de la roche avec une force peu spectaculaire mais incroyablement efficace. Imaginons donc cette force transmise au patient, si le regard du thérapeute l'exprime ! Cette force qui triomphe des obstacles les plus lourds, sans bruit, et qui imperceptiblement déplace les montagnes !

Rêvons donc et admettons que notre médecin a désormais les outils requis : les Quatre Savoirs au cœur du principe de relation. Rêvons encore que le monde médical a accepté l'ouverture d'un présupposé anthropologique admettant les consonances physique, psychologique et spirituelle de l'être humain. Quel bonheur !

Et le patient dans tout cela, que fait-il ?

Participation citoyenne du patient

Car il s'agit bien de lui, donc de vous ! Répétons qu'il est plus que jamais dans le besoin d'être regardé avec tendresse, d'être respecté dans sa globalité. Mais encore faut-il qu'il participe à tout cela. Car rien ne peut se faire vraiment sans lui. Je fais ici appel à sa nécessité de faire valoir qu'il est propriétaire de son corps d'abord et de tout son être, et que tout traitement sera d'autant plus efficace et performant qu'il s'associera activement à son traitement (s'il le peut bien sûr). Il est en droit de le demander et nous sommes en devoir de le lui accorder.

Puisque l'offre et la demande gèrent le « marché », si vous réclamez d'être soigné comme une personne à part entière, capable de demander ce que vous avez et d'entendre pour participer à vos soins, tout le personnel soignant, de la plus petite unité jusqu'à l'hôpital, sera dans la nécessité de tenir compte de votre demande.

Et vous, patient, contribuerez à faire évoluer le système médical vers plus d'humanité, vers plus de tendresse.

Un mot est né dans le monde de la consommation : *consom'acteur* au lieu de consommateur. Le premier parle de participation à un acte, le second n'exprimait que passivité. Ce choix est possible dans le monde du soin aussi. Et si cela fait peur à certains, beaucoup de médecins ne demandent que cela.

Apprenez aussi à vos enfants à demander ce respect, à refuser d'être traités sans tendresse. Cela peut se passer sans conflit ni colère ni caprice. Le regard et la parole liés dans cette demande peuvent être très puissants pour parler à un médecin pressé et fatigué.

Une de mes patientes me racontait l'entrée rapide et stressante d'un chirurgien qui, déboulant dans sa chambre, la prévient de l'ablation de ses trompes le lendemain. Il s'en retourne vers la porte sans la regarder et elle lui lance : « Eh bien, non ! » Il se retourne : « Comment ça, non ? C'est incontournable ! » Elle répond vivement : « Non, car vous n'êtes pas plombier et je ne suis pas un radiateur ! » Interloqué, il est revenu vers elle et s'est assis sur son lit, s'est excusé et lui a expliqué son opération, en prenant son temps. Enfin respectée, elle a pu accepter excuses et opération, et tout s'est bien passé. Depuis, « je souris plus souvent », a-t-il avoué lors de consultations ultérieures…

Aux États-Unis, il n'est pas question de forcer un enfant à subir un examen de force ; on passe le temps nécessaire pour l'apprivoiser s'il n'y a pas d'urgence vitale. J'ai vu ce principe expliqué dans un service de radiologie à Lyon ; c'est donc possible !

La maladie peut être ainsi l'occasion d'un apprentissage de « tendresse-justesse ».

Un temps pour identifier et refuser toute forme de violence.

Nous venons de le voir, cette violence peut surgir dans l'attitude d'un thérapeute non respectueux. Si ce non-respect vient de sa fatigue, elle est plus compréhensible, mais elle n'en reste pas moins inacceptable pour celui qui la subit. Le corps n'est pas un objet et l'individu qui l'habite non plus ! Le médecin doit s'en souvenir plus encore que le patient qui, lui, est fragilisé par sa maladie et ne peut donc pas toujours le rappeler à son interlocuteur. Comme il doit se souvenir que pour une relation médecin-patient juste, il est bon qu'il se situe dans une écoute globale de son patient constitué des différents niveaux dont j'ai parlé tout à l'heure.

Le malade : objet ou sujet ?

Une de mes hypothèses de travail, aujourd'hui, est que nous pourrions soigner le corps comme on éduque un enfant. Il s'agit de le guider ; parfois mais rarement de nous substituer à lui, et cela seulement si c'est absolument nécessaire. Le but est en effet de lui donner sa capacité d'autonomie ; celle-ci est basée sur la connaissance de ce qui le constitue. C'est son garant pour trouver en lui force et capacités à traverser sa maladie et plus tard, inéluctablement, sa mort.

Le mot maladie vient du mot hébreu *mahalah*, qui signifie : être tourné en rond. Ce serait donc un temps de réflexion ?

C'est riche de ces connaissances et de ce projet d'autonomie que le médecin peut, non pas s'approprier son malade, mais l'aider à se réapproprier sa force de vie ; afin qu'il retrouve son axe, sa verticalité, son élan. C'est alors qu'il ne tournera plus en rond.

J'ai souvent envie de dire à mes patients que je les soigne pour qu'ils rede-viennent eux-mêmes et surtout pas pour qu'ils s'attachent à moi ou à une

249

compétence. C'est ma manière de leur donner une liberté au cœur de la consultation, de les guider à acquérir de l'autonomie. Refuser que le patient se détache de nous en nous croyant tout-puissants est pour moi un obstacle terrible à la tendresse et au processus profond de guérison.

Le mensonge ou la vérité ?

Ainsi, je pense aussi que la maladie peut être un temps pour apprendre à poser des vrais « non » et des vrais « oui », afin de sortir de la tentation du mensonge. Car « pire que la violence encore, le mensonge ! » dit l'Ange à Gitta Mallasz dans ce merveilleux récit que sont les *Dialogues avec l'Ange*[1]. « On peut se tromper toute sa vie, mais on ne peut se mentir sans tomber malade », ajoute Jean-Yves Leloup dans une conférence. Se mentir pour ne pas aborder sa vérité, celle à laquelle on tente d'échapper par tant de compromis.

Le médecin aussi peut être tenté de mentir. Mentir pour protéger ? qui ? de quoi ? C'est pratique, le mensonge ; on s'en sert comme d'une crème apaisante que l'on passerait sur la souffrance, mais qui soulagerait pour combien de temps ? Desmond Tutu, archevêque d'Afrique du Sud, dit qu'il est impossible de fermer une plaie sans l'avoir nettoyée. Dans sa commision Vérité-Réconciliation, créée pour dépasser les énormes problèmes et souffrances dus à l'Apartheid, il a bien compris que, sans exposition réelle des faits, la violence continuerait à sourdre dans les cœurs et les esprits. Bien évidemment, la façon de dire est primordiale. Je ne parle pas d'assener la vérité ! C'est sans doute le témoignage des personnes que j 'ai pu accompagner qui fait combien je perçois capitale

1. *Op. cit.*

la parole de l'Ange, et pourquoi cette attitude de vérité et d'authenticité me semble être une des qualités essentielles du soignant.

Nier la mort ou l'intégrer ?

De même, il m'apparaît que de ne pas aborder le sujet de la mort est un énorme obstacle à la tendresse comme à la sérénité. Le révérend père Brückberger disait d'elle : « On la cache aux enfants ; on la cache aux mourants eux-mêmes dans le secret espoir qu'ils y tombent comme dans une trappe. » Qui, là encore, peut croire être soulagé en étant exempté d'authenticité ? Mourir fait partie du cycle de la vie.

Mourir s'oppose à naître (pas forcément à vivre). Il s'agit bien entendu de prendre en compte et d'accompagner la peur de ceux qui traversent ces moments !

Pour cela, le thérapeute doit « seulement » avoir apprivoisé la sienne devant l'inéluctable.

Hélas encore, à ce jour, hors des soins palliatifs, aucune réflexion n'est consacrée, pendant les études médicales, à ce sujet si grave – alors que parfois la seule présence consciente et contenante d'autrui peut magnifiquement aider un malade à mettre des mots sur sa frayeur et, ce faisant, l'aider à la franchir et à la dépasser. Cela porte le nom d'accompagnement ; c'est sans doute un des plus grands actes de tendresse dans le monde médical. Il y a là dans les études un manque énorme à combler ! Un de mes maîtres en médecine aimait à nous rappeler : « N'oubliez jamais ! Vous pouvez guérir parfois, soulager souvent, aimer toujours… » Je n'ai pas oublié.

Juger ou accepter notre imperfection

Accepter sa finalité, c'est aussi accepter son imperfection. Nous le sommes tous, imparfaits ! Mais ce n'est pas bien facile de se l'avouer. Pourtant c'est tellement visible ! Cela nous rend raides, nous éloignant de toute attitude de tendresse, surtout envers nous-mêmes. Nous progressons, certes, mais nous restons imparfaits quand même…

Il y a cependant deux finalités fort différentes sur ce chemin d'imperfection. Nous pouvons être imparfaits et de surcroît malheureux, si nous ne savons accepter que la vie nous offre une occasion de transformation. Mais nous pouvons aussi être imparfaits et heureux ! Cela, si nous acceptons que chaque situation vécue recèle une information précieuse pour notre avenir. « Il n'est jamais problème qui n'ait un cadeau pour toi entre ses mains », dit Richard Bach dans son livre *Illusions*[1].

Ou nous l'acceptons ou nous nous révoltons.

Mais comment l'accepter ? En évitant le grand piège du jugement négatif sur nous-mêmes ou sur l'autre ; le jugement qui me plonge dans un état de culpabilité ou de maladie ; le jugement qui réduit l'autre à son erreur ou mon corps à un symptôme.

Un outil pour en sortir ? Oui ! Un geste de tendresse envers soi d'abord, puis envers l'autre, un zeste d'humour et la situation présente émerge tout doucement de la souffrance de l'incompréhensible ou de la résignation première. Chemin exigeant et difficile ? Très exigeant, mais chemin qui mène à la sérénité à coup sûr. Car il permet d'identifier puis de se libérer d'une souffrance du passé.

Attitude adéquate : le sourire ; pas le rire, le Sourire.

1. Richard Bach, *Illusions : Le Messie récalcitrant*, Flammarion, 1978, traduction de l'américain par Guy Casaril.

Attitude d'acceptation qui ne contient ni soumission ni résignation, mais qui permet de poser un acte de tendresse libérateur et souvent guérisseur pour nous-mêmes. Il importe surtout, au bout de ce chemin, de sentir que ce qui se passe est profondément juste. Dans cette justesse se tient une potentialité de tendresse extraordinaire.

Sur cette route il importe de ne jamais oublier que tendresse ne rime pas avec faiblesse… C'est au contraire une force incroyable, qui permet de se positionner sans s'opposer, et de se faufiler parmi les obstacles pour s'aider à marcher sur le chemin de la vie. Je n'ai là qu'une seule proposition à vous faire : essayez !

Conclusion

Je voudrais conclure sur une image qu'un maître bouddhiste tibétain, Sogyal Rimpoché, a proposée et qui a changé ma vie.

Il a expliqué ce qu'était pour les bouddhistes le « lâcher-prise ». Il a pris un caillou qu'il a agrippé de sa main en disant : « Vous les Occidentaux, vous voulez trop prendre les choses, les événements ; vous vous y accrochez alors que la vie est une vérité bien plus grande. Si vous lâchez prise, le caillou agrippé tombe et vous avez ainsi toujours peur de perdre. Si vous mettez la paume de la main en l'air dans une position de réception et de don, quand la vie vous oblige à lâcher prise, le caillou reste toujours sur la main… »

Jean-Pierre Klein*, psychiatre honoraire
des hôpitaux, est le directeur de l'Institut
national d'expression, de création,
d'art et de thérapie qu'il a fondé à Paris
et Barcelone**. Pour lui, la thérapie ajoute
à l'art le projet de transformation de soi ;
et l'art ajoute à la thérapie
l'« ambition de figurer une version
de l'universel ». Charpentée
pour un public professionnel,
sa conférence sur la tendresse sera suivie
d'un entretien plus « grand public ».

• Dr Jean-Pierre Klein

Le creux de la paume et l'amour en infrarouge

« Il m'est (…) arrivé à moi-même (…) d'éprouver un frissonnement dans toute une main :
de sentir l'impression de corps que j'avais touchés il y avait longtemps s'y révéler aussi vivement
que s'ils eussent été présents à mon attouchement, et de m'apercevoir très distinctement que
les limites de la sensation coïncidaient précisément avec celles de ces corps absents. »

Diderot, *Lettre sur les aveugles*, 1749.

L e travail que je présente aujourd'hui s'inscrit dans une tentative de
fonder une métapsychologie de la relation (qui pourrait d'ailleurs
constituer, mais là n'est pas mon dessein, une voie de réconci-

liation de la psychanalyse et de la phénoménologie selon une perspective de sémiologie de l'intersubjectivité).

Je précise que j'utilise le terme « sémiologie » dans son sens médical courant et non dans son acception linguistique (je préfère alors le terme « sémiotique »). Les figures relationnelles que je m'en vais décrire sont des positions *actantielles*, ce qui implique que leurs acteurs peuvent emprunter chacune d'entre elles en alternance ou en simultanéité.

Quatre relations d'objet

J'utiliserai généralement le terme « Objet » dans un paradigme relationnel (« relation d'objet ») plus que dans une référence sémiotique (l'Objet du Sujet ne serait alors pas l'autre mais, par exemple, la conjonction avec l'autre).

Dire *intersubjectivité* suppose deux sujets en présence, ce qui nous permet d'éliminer d'emblée trois autres modalités relationnelles : le rapport de *possession*, entre un Sujet et un Objet chosifié ; le rapport de *soumission-dévouement*, volonté de se mettre au service de l'autre, même si celui-ci ne le veut pas ; enfin le rapport de *passion*, qui nous retiendra plus particulièrement, dans lequel, selon moi, il ne s'agit plus de Sujets en présence, mais en quelque sorte de « demi-sujets » ou de « fragments de sujets » qui doivent s'accoler pour n'en former qu'un, dont l'enveloppe est constituée de l'entité duelle de deux corps entremêlés.

La relation passionnelle est en effet nécessité de branchement régulier, physique, sur l'objet comme pour se fondre avec lui dans une entité indissociable, selon un fantasme d'unité retrouvée, une complétude à la fois

* Jean-Pierre Klein est auteur, entre autres, de *L'Art-thérapie*, PUF, coll. « Que sais-je ? », 1997 ; de l'*Histoire contemporaine de la psychiatrie de l'enfant* (avec Guy Benoit), PUF, coll. « Que sais-je ? », 2000 ; et de *Métapsychothérapie de l'enfant et de l'adolescent : question de méthode* (avec Michèle Hénin), Desclée de Brouwer, 1995.

** Institut national d'expression, de création, d'art et de thérapie : 23, rue Boyer, 75020 Paris, tél. : 01 46 36 12 12, e-mail : ass.crea@worldonline.fr site : art-et-therapie.org.

recherchée et inaccessible (sauf par éclairs). Le temps est arrêté et la seule évolution est une catastrophe (au sens premier du terme) : mort de l'un des deux, ou des deux, ou rupture brutale.

Ce mode relationnel n'est pas sans rapport avec les relations les plus précoces avec un parent : mère pour la plupart, père pour beaucoup, frère ou sœur pour certains. Une fusion première enfantine parfois (presque) réussie peut provoquer une recherche nostalgique de sa reproduction.

Quant à la tendresse, elle ne peut se retrouver dans ces trois figures. La tendresse n'a pas en effet l'ambition d'englober l'autre, ni d'être englobée par lui, ni d'en prendre possession, comme un conquérant se rendant maître d'un territoire par conquête active ou passive ; elle suppose par ailleurs une délimitation entre deux sujets qui est abolie dans la passion pour mieux atteindre à la fusion.

La tendresse, en revanche, peut servir de base, si elle n'est pas que mouvement passager et s'inscrit quelque peu dans le temps, à l'amour, quatrième type de relation dont je vais essayer de dégager les caractéristiques.

Espace de tendresse

D'abord sur le plan spatial.

Le Sujet de l'amour n'est pas confondu avec l'Objet de son amour. Mais il n'en est pas non plus distant. Je dirais qu'il se trouve dans une relation « immédiate » à lui, au sens que Jankélévitch a donné de l'immédiateté[1] : *sans intermédiaire, à peine séparé de l'autre mais pourtant distinct de lui.* C'est ce qu'il appelle le « presque-rien » qui est la distance minimale.

1. Vladimir Jankélévitch, « L'immédiat », cours public de métaphysique et de morale, la Sorbonne (1959-1960), France Culture (1991-1992), Archives sonores INA, cassette Radio France K 1638 ; *Le Je-ne-sais-quoi et le presque-rien*, PUF, 1957.

C'est là qu'intervient la tendresse qui, comme son nom l'indique, fait référence à une qualité physique, la tendreté. Elle est ainsi de l'ordre du manifesté, alors que l'amour peut n'être qu'un affect. La tendresse se traduit corporellement par cette proxémie particulière qu'est la « distance intime », comme Alain Delourme a intitulé son ouvrage *La Distance intime*. Cette distance proche est pourtant respectueuse de l'autre : la tendresse − et son corrélat gestuel, la caresse tendre − n'opère aucune effraction de la surface de délimitation avec l'autre, elle est sensuelle mais non sexuelle − ou plutôt elle inclut la sexualité éventuelle dans la sensualité. Parfois, elle ne touche qu'à peine, voire pas du tout, caresse du regard, ou de la paume à distance, comme si elle était en contact avec les enveloppes subtiles qui, paraît-il, enveloppent notre corps physique.

Il s'agit d'effleurement, la caresse légère à la fois sépare et unit, elle est lissage des contours, comme pour garder l'empreinte de l'autre au creux de sa paume et tracer dans l'air sa présence qui continuera d'être, l'autre fût-il parti. La tendresse dessine les limites d'autrui pour mieux dépasser nos limites respectives.

La caresse tendre agit un peu comme ces détecteurs à infrarouge qui perçoivent encore la silhouette de la personne qui n'est plus « présente », par la chaleur qu'elle a dégagée et qui subsiste.

Le temps de la tendresse

C'est aborder le plan temporel : la tendresse ne s'inscrit pas forcément dans la durée, contrairement à l'amour, elle est d'abord liée au présent de la présence, mais elle dépasse cet enracinement dans l'instant (devrait-on parler de «moment»?), grâce à l'anticipation de son rappel futur. Elle contient déjà l'évocation ultérieure de l'autre, elle est prise du moule de ses contours pour mieux en fonder une représentation à introjecter, prête à être mobilisée.

Il suffira alors de se remémorer la sensation physique du corps inscrit dans le concave de la main caressante, un peu de la façon que Diderot décrit dans la citation en exergue, à cela près qu'il l'éprouve à l'occasion d'une passion violente passée et non d'un amour, et que sa sensation est quasi hallucinatoire, alors que ce que je veux décrire, du fait de la subtilité de la caresse tendre, tient davantage de la représentation.

Ce plan temporel me semble capital dans la définition de l'amour qui suppose, selon moi, la possibilité d'élaboration de l'absence[1]. La relation amoureuse n'est pas qu'externe, elle se noue aussi avec la représentation en soi de l'autre. Cette représentation, le sujet peut la convoquer quand il le désire (le terme « désir » renvoie tout autant au registre conscient qu'inconscient), il peut échanger et converser imaginairement avec elle dans une relation évolutive qui peut même se poursuivre après la disparition, momentanée ou définitive, totale ou partielle de l'autre dans la réalité. L'être cher serait-il mort, qu'il continuerait de vivre là, non figé au passé ; c'est sans doute ce que constitue, pour moi, le travail de deuil qui est ainsi le contraire d'une résignation à la disparition de l'autre en soi.

De toute façon, même dans le cas où l'évocation se serait imposée à elle dans un premier temps, la personne reste ensuite sujet de cette relation – dont on ne peut savoir si elle n'est qu'imaginaire –, elle peut la manier, relativement à sa guise, puisqu'elle concerne une image introjectée. Quand je dis « image » (même si je la latinise en *imago*), je sacrifie à la

1. Jean-Pierre Klein, « Deuil passionnel et élaboration de l'absence » et « Relation passionnelle, relation amoureuse », *Perspectives Psy*, 36, 1, 1997.

vue, ce sens prédominant de notre civilisation, alors que la tendresse a toujours à faire d'abord avec le ressenti du toucher.

La tendresse est ainsi la matrice, presque au sens propre du terme, des « impressions » permettant la perduration dans un sentiment quelque peu durable.

L'altérité, le semblable et le différent

La tendresse n'est pas l'abolition de l'autre par chosification possessive, ni de soi-même par autosacrifice, ni des deux par une fusion passionnelle, monade qui immobilise le temps ; elle est l'acceptation de l'altérité, ce qui met à distance une incommunicabilité totale et permet au contraire une non-séparation complète. La tendresse est reconnaissance des limites spatiales pour mieux les doubler d'une enveloppe supplémentaire, et reconnaissance des limites temporelles pour mieux les transcender dans une permanence (je veux dire une présentification en pointillé toujours possible) qui comble l'absence réelle par une évocation vivante et évolutive. Il est hautement significatif que le mot tendresse évoque immédiatement celle qu'éprouve une mère ni possessive, ni fusionnelle, ni trop dévouée pour son enfant qu'elle aide ainsi à grandir.

La tendresse concerne deux êtres respectés dans leurs différences qu'elle ne cherche pas à réduire. Elle permet d'être semblables, variations distinctes mais ressemblantes des mêmes composantes humaines dans leurs capacités d'amour.

D'ailleurs la tendresse n'est pas forcément réciproque mais, comme elle est respectueuse de l'autre comme Sujet, elle rend possible une réciprocité égalitaire. Chacun peut être et dans la différence et dans la proximité. Identique éventuellement à l'autre dans le même sentiment de tendresse, il ne perd pas pour autant son identité. Apparentement mais non duplication.

Les éléments, le vide

La tendresse n'est pas le feu de la passion ou du sacrifice, ni l'appétit terrien et propriétariste de la possession, elle me semble plutôt en rapport, en harmonie ai-je envie de dire, avec l'élément air, éventuellement avec l'élément liquide, ces éléments qui occupent l'espace qui sépare et unit les corps humains.

Elle n'est pas là pour combler un manque dans une complétude sans doute illusoire, mais pour expérimenter – et apprivoiser – un vide. Dans le manque, concept très occidental (alors même que l'Occident matérialiste plonge le reste du monde dans le manque objectif), l'être humain se désole de son défaut à l'intégrité, à la totalité. Or le vide concerne moins la totalité que la plénitude. C'est l'ouverture à tous les possibles, c'est au fond de nous ce qui nous constitue et ce qui organise notre relation au monde.

Le vide est ex-istence, présence au-delà de soi, comme l'écrit le philosophe phénoménologue Henri Maldiney : « Le vide est le ressourcement de l'œuvre[1]. »

Le vide de l'autre, qui l'entoure, et dont j'épouse par mes paumes les contours, et que je modèle un peu dans le même mouvement, ou plutôt à qui je m'ajuste délicatement, renvoie au vide qui est le mien. Mon geste,

1. Henri Maldiney, « Le vide comme ressourcement de l'œuvre », *Art et thérapie*, 50/51 (*La Peinture au-devant de soi*), 1994.

qu'accompagne mon sourire, aspire au même geste en retour, que tu es libre de me donner, afin que peut-être ma tendresse vers toi se complète du partage entre nous de cette rencontre miraculeuse de deux tendresses réciproques.

Tendresse de l'art-thérapie
Questions du public

Question : Pourriez-vous nous dire comment votre définition de la tendresse s'inscrit dans votre travail en art-thérapie ?

Jean-Pierre Klein : Au départ, je suis psychiatre et psychothérapeute d'enfants : ça veut dire que je vais m'occuper aussi bien d'un enfant de quatre ans qui fait toujours pipi au lit, que d'une toxicomane de dix-huit ans, ou d'une anorexie mentale, etc. On se retrouve avec des cas forcément plus différents que chez les adultes. Le psychiatre d'enfants ne peut pas se reposer aussi facilement sur des grilles et des codifications constantes. La rencontre peut se dérouler autour d'une table, ou par terre, ou dans un théâtre de marionnettes, ou avec du papier et des crayons… donc forcément il y a, à la base, de l'expression artistique. Et puis, d'un enfant à l'autre, des formes différentes s'imposent. D'autre part, l'enfant ne va pas toujours pouvoir dire « je », se situer par rapport à son père et à sa mère… Il est en revanche naturel de travailler dans l'invention, à partir de dessins, d'histoires, de terre, d'expression corporelle… L'enfant vient avec ses parents, qui parlent de leur problème, et l'enfant comprend qu'il est dans un endroit où quelqu'un doit l'aider à se transformer. Mais plutôt que d'examiner directement les symptômes et de voir ce qu'ils signifient, comme on fait en thérapie classique, moi je demande à cet enfant de *produire*, en thérapie. De partir de lui-même et de produire quelque chose. Et forcément, parce qu'il sait *grosso modo* où il se trouve, tout ce qu'il va faire sera imprégné de ses problèmes.

À partir de là, plusieurs possibilités. Classiquement, le thérapeute se saisit de la peinture, de la mélodie, de l'improvisation théâtrale, de l'écriture… et tente de les décrypter pour y trouver des significations sous-jacentes. Ça ramène au discours en « je ». Avec des interprétations qui peuvent être éclairantes, mais aussi parfois assez caricaturales, du type « le rouge signifie l'agressivité », « le vertical c'est le phallus », etc. Alors qu'en art-thérapie, nous préconisons d'accompagner la personne, d'une production à l'autre. Comme si elle parcourait tout un itinéraire symbolique et se transformait dans la production, sans trop voir en quoi cela renvoie à ses difficultés. Il n'y a pas forcément d'interprétation. L'art-thérapeute ne dira pas : « Voilà ce que ceci signifie de ton rapport à ta mère. » À l'INECAT, il y a même interdiction totale que quiconque fasse sur quiconque une interprétation de dévoilement. L'art-thérapie ne se situe pas dans l'explication de l'origine des troubles.

Q. : Mais alors, que pensez-vous de tout le travail effectué à partir de dessins d'enfants, efficacement interprétés dans la technique des tests projectifs ?

J.-P. K. : Je reprends l'exemple de l'enfant. Je lui demande de faire un dessin et il me dit qu'il ne sait pas dessiner – j'insiste un peu : « Allez, vas-y ! » Il veut faire un personnage de BD, je refuse, il se dessine lui-même, je lui dis : « Non, j'aimerais que tu inventes un personnage qui n'existe pas. Comment s'appellerait-il d'ailleurs ? » Il l'appelle Alain. L'enfant est un peu étonné, car il pensait qu'on allait parler de lui. En réalité, c'est une façon beaucoup plus profonde, pour certains, de parler de soi. Et c'est la même chose pour un adulte.

En psychiatrie, vous avez une inflation de sujets parfaitement capables de parler d'eux-mêmes et de dire l'origine de leurs difficultés, mais qui ne guérissent pas ! Ça aboutit à des gens monstrueusement mentaux, à des intellectuels de l'inconscient, qui pensent que l'approche psy est une voie cognitive de connaissance de soi. Je ne pense pas que la psychothérapie soit cela, si ce n'est par des révélations fulgurantes de temps en temps. Ce n'est en aucun cas une recherche rationnelle de son propre fonctionnement et de l'origine de ses troubles.

Selon moi, l'expérience psy en général est d'abord vécue. La psychanalyse, elle, est l'expérience du transfert et du révécu d'un certain nombre de choses sur le divan et c'est par ailleurs une recherche cognitive sur le fonctionnement de la psyché – mais je ne pense pas que cette recherche soit thérapeutique. Il faut qu'il reste de l'énigme, et la thérapie est une façon d'accompagner l'énigme à travers des figurations auxquelles on ne comprend pas forcément tout.

Q. : Vous voulez dire que vous observez avec un respect prudent une zone indéfinissable… ?

J.-P. K. : C'est le mot : nous sommes très respectueux. On prend l'autre dans sa globalité et on l'aide à produire quelque chose… Dans un schéma tout simple, on représente la personne par un point qui dit « je » et on lui demande de parler en «il», représenté par un autre point. Les deux points sont les foyers d'une ellipse, figure assez universelle. Nous sommes tous objets d'un certain nombre de choses épouvantables : d'un cancer, de figures d'aliénations douloureuses, de processus répétitifs, du même patron qui nous engueule, du même conjoint qui nous embête, etc., qui sont autant d'instances dont nous sommes prisonniers. Quand vous devenez auteur d'un dessin, c'est-à-dire le sujet de l'action, vous renversez déjà l'attitude. Le fait de dessiner une maladie, c'est se proposer d'agir sur sa représentation. On peut inventer toutes sortes de choses, dans la représentation, face à cette maladie, pour qu'au passage il se produise ce que j'appelle des « surprises de conscience », des visions qui font sens. Mais la ligne droite n'est pas forcément le plus court chemin.

J'ai publié l'histoire d'une gosse psychotique qui pense qu'on peut lire dans sa tête et qui, en art-thérapie, se met à inventer des histoires, dont une où le soleil entre dans la maison : il dessine toutes sortes de protections, des nuages, des lunettes noires, des perruques, qui permettent de protéger, non pas lui-même explicitement, mais la maison au toit ouvert. Cet enfant-là ne se rendait pas compte que l'on parlait de lui… Autre exemple, un gosse dont je m'occupe actuellement a été victime de sévices sexuels graves. Lui, nous le suivons à partir d'histoires de marionnettes. À vrai dire, au début, même cela lui était impossible, il était figé dans sa souffrance, c'était une désolation. Petit à petit, on en est venu à jouer avec des marionnettes, et ce sont elles qui lui ont permis de mettre en scène, de façon indirecte, les sévices dont il avait été l'objet. Par exemple, il invente qu'une sorcière dit : « Moi, je tue les enfants en les embrassant sur la bouche » ; ou il imagine l'histoire d'un père qui tue son enfant, mais qui, en fait, n'est pas le père, mais un sorcier déguisé en père, qui tue ses enfants... Ce petit a été victime de ses parents, c'est une façon de les dédouaner. La dernière fois, il invente qu'une sorcière oblige la mère du Petit Chaperon rouge à tuer son enfant, mais celui-ci a le pouvoir de ressusciter et vient libérer sa mère qui se dépêche de tuer la sorcière... dont elle revêt, « pour rire », la dépouille, faisant une dernière fois peur au Petit Chaperon rouge, qui néanmoins comprend la « farce » et déclare : « Maman, je sais que c'est toi qui t'es déguisée en sorcière. » La mère retire la dépouille et tombe dans les bras de sa fille. Bref, ce gosse, de manière totalement spontanée, met en scène des choses épouvantables, en particulier des monstres qui habitent son père et sa mère, et petit à petit se délivre, par fiction interposée, de ce qu'il a subi.

Q. : Dans un tel cas, comment les marionnettes se sont-elles imposées, par exemple, plutôt que le dessin ?

J.-P. K. : Nous avions commencé par des dessins, mais à un certain moment il a fallu des actes, or son corps devait absolument demeurer caché. Dans le dispositif des marionnettes, justement, on ne vous voit pas. Pour lui, c'était vital.

Q. : Je suis extrêmement émue par ce que vous venez de nous raconter. J'y vois à l'œuvre une réelle tendresse, en effet, une tendresse... comment dire ? harmonieusement ajustée.

J.-P. K.: C'est la question de la « juste distance » : comment arriver à parler de soi en oubliant qu'on parle de soi, en n'étant ni trop près ni trop loin. Il s'agit de trouver la bonne distance : elle s'aménage de telle sorte que l'on puisse créer à partir de soi, tout en l'oubliant et le sachant à la fois (rire). Globalement, je pense que la clarté crue n'est pas forcément le meilleur chemin vers la lumière. C'est-à-dire que de mettre des sous-titres de significations à renvoyer dans les gens arrête le processus plutôt qu'il ne l'accompagne. Il ne s'agit pas non plus de demeurer dans l'obscurité, mais la clarté crue n'aide guère, préférons-lui la pénombre. Et puis il s'agit moins de prise de conscience que de surprise de conscience. Il y a du sens qui s'impose. Et donc cet accompagnement de création aide à un processus de transformation… Il y a des gens qui font tout leur parcours sans jamais trop percevoir qu'ils parlent d'eux. Ils le savent globalement, mais sans pouvoir dire où ni en quoi. Cela dit, certains moments d'émotion leur signalent que quelque chose d'important a été touché. Ce n'est pas simple à comprendre… Comment respecter l'autre tout en l'amenant à se transformer, c'est très compliqué !

Sans être psychiatre ni psychothérapeute,

Luc Boulanger a su jeter une passerelle

entre son monde – l'enseignement

de la peinture, puis par extension de toutes

les formes d'art – et celui des handicapés

mentaux. Ainsi a-t-il fondé le CRÉAHM*,

d'abord en Belgique puis en France.

La situation à laquelle il a abouti a ceci

de paradoxal que, souvent, ce sont

désormais les handicapés qui prêtent

main-forte aux non-handicapés.

• Luc Boulanger

Une leçon de tendresse : faire de l'art avec des handicapés mentaux

Au départ de cette aventure, je suis arrivé dans un ancien sanatorium de trois ou quatre cents personnes que l'on venait de décider de reconvertir dans l'accueil des handicapés mentaux. Cet endroit avait jusque-là abrité des tuberculeux. Ceux-ci venaient juste de partir car on leur avait trouvé de nouveaux traitements. Le sanatorium était donc vide, avec toutes ses odeurs anciennes, ses pavillons déserts, ses médicaments périmés, et il restait même le personnel qui avait soigné les malades ! Au début, perdues dans une aile de cet établissement immense, une trentaine de personnes handicapées mentales sévères, toutes adultes, se tenaient frileusement regroupées. Se posait, vous l'imaginez, une foule considérable de problèmes, à commencer par celui de la formation du personnel et celui de la reconnaissance de la personne handicapée.

Nous nous sommes donc retrouvés là, avec des personnes ne connaissant pas le handicap mental, aidés par un personnage que j'admire beaucoup, le professeur Jean-Luc Lambert, docteur en psychologie, actuellement à Fribourg, en Suisse. À cette époque, il menait l'essentiel de ses recherches sur la personne handicapée. Quant à moi, j'avais débarqué là avec l'idée de faire de la peinture ou de la sculpture avec ces gens…

Je me rappellerai toujours le premier contact du premier jour. J'ouvre une porte : une personne handicapée et ce qu'on appelle un « examinateur de recherche » se tiennent devant une machinerie des plus intrigantes, assez intéressante d'un point de vue esthétique. J'entre et comprends que l'examinateur pose des questions à l'handicapé, et que chaque fois que ce dernier répond juste, un bonbon descend ! On appelait cela le *renforcement positif* − ce qui était déjà une amélioration par rapport à certaines techniques punitives encore en cours. On travaillait désormais sur le sens du positif, sur la récompense, et non plus sur des références négatives.

Exacerber la créativité des personnes handicapées

* Créativité
et Handicap mental,
340, chemin
de Chinchon,
80800, L'Isle-sur-
la-Sorgue.

Ces personnes, qui avaient entre vingt et cinquante ans, ne savaient pas pour la plupart s'exprimer verbalement, et avaient donc de sérieux problèmes de communication. Mais ce n'est pas parce que les moyens de communication traditionnels vous manquent que vous n'avez pas de personnalité. Toute notre démarche allait justement consister à faire découvrir à la société la personnalité de ces personnes handicapées au travers de leurs créations.

S'exprimer, notamment par la peinture, se « dire » de cette façon, donner forme, créer : certains y parviennent plus facilement que d'autres et chacun a son approche spécifique dans l'expression. Le tout est de trouver les modes de communication qui permettent à la personne handicapée d'être reconnue comme un être à part entière. Il faut avant tout positiver le regard que l'on porte sur elle, bannir tout regard compatissant, induisant des points de vue négatifs du type « il ne pourra jamais conduire une voiture », « elle ne pourra jamais se marier », etc. Ce que nous avons apporté, c'est justement une inversion de ces réflexes, en portant systématiquement l'attention sur ce qu'ils ou elles « peuvent faire ».

L'avantage, lorsqu'on se situe sur le terrain de la création, c'est que l'on a affaire à du subjectif. Si la question était d'évaluer quantitativement les capacités d'une personne, ce serait beaucoup plus facile dans des disciplines mesurables, par exemple sportives : on saute à telle hauteur, on court sur telle distance, etc. Dans le domaine de la création, l'évaluation ne dépend pas de critères objectifs ou définitifs : on aime ou pas et les frontières mêmes de l'exercice ne sont pas clairement arrêtées. Car il ne s'agit pas, pour nous, de diriger les handicapés mentaux vers la thérapie, où l'on aurait des objectifs précis, peut-être tellement précis qu'ils pourraient entraver la création – l'accompagnement risquant alors de perdre tout son caractère de complicité dans une création spontanée et commune.

Premières expériences

J'en reviens à l'institution, à l'heure où je propose d'animer des activités de peinture avec ses résidents. J'apprends que quelqu'un est déjà là, en charge de la création artistique. Je cours aussitôt voir : dans une pièce de deux mètres sur trois, un éducateur, très sympathique au demeurant, propose à des handicapés d'une quarantaine d'années de mettre en couleur des rectangles, des carrés, des ronds !

Choqué, je lui propose de l'assister et, très vite, me retrouve à occuper (bénévolement) sa place.

Je choisis d'abord de travailler sur des grands formats, quitte à alourdir un peu le coût du matériel. La plupart des handicapés ont des problèmes de motricité fine. Il faut donc leur donner la possibilité d'occuper l'espace, de façon à en prendre conscience sans consigne précise. Mais occuper l'espace ne veut pas dire tout barbouiller. Un point à gauche, un rond à droite, chacun réagit comme il en a envie. On leur donne des couleurs primaires, sans technique compliquée, avec juste quelques suggestions sur ce qui est possible. Il s'agit de mettre en place un apprentissage où l'échec n'existe pas. Si la personne n'arrive pas à bien maîtriser le pinceau, elle doit avoir à disposition d'autres instruments. Il faut aussi accepter qu'elle ne pourra peut-être jamais s'exprimer avec ces outils-là. On sait que quand on travaille dans un circuit scolaire traditionnel, la difficulté pour un enseignant d'expression artistique est de faire en sorte que les enfants oublient leurs acquis. Ici, nous n'avons pas ce problème : on part de zéro ! Très vite, comme un fou, je me suis amusé avec mes nouveaux élèves, dans une complicité étonnante, donnant et recevant beaucoup de bonheur. Ce contact me comblait. Mais le professeur Lambert, qui était un homme plus méthodique que moi, en regardant les dessins, me fit bientôt observer à quel point chacun avait son mode d'expression. Il s'agissait presque uniquement de dessins « abstraits », puisque produits par des gens gravement handicapés, mais chacun avait sa façon à lui de faire des taches, des lignes, des gribouillis, bref d'occuper l'espace… Pour chacun, il était inespéré et génial de pouvoir développer sa peinture ! Le plaisir de tous éclatait au plein jour.

Portrait du handicapé en artiste

Récemment (2000), une exposition d'œuvres de handicapés a été organisée à Liège, avec des collections d'Australie, de Belgique, de Hollande. Des œuvres de grande qualité. En 1975, monter une telle exposition dans une galerie d'art n'allait pas de soi. J'ai alors décidé d'organiser une exposition hors de la ville. Ce fut un succès sans précédent. Le village qui avait accepté d'accueillir l'événement fit preuve d'une hospitalité particulièrement chaleureuse – toute la population était au vernissage et cotisa au pot commun !

L'obstacle principal fut la réaction de certains parents, pour qui montrer au grand jour le handicap de leur enfant demeurait difficile, voire impossible. L'un des médecins en chef de l'ex-sanatorium m'a convoqué dans son bureau pour me faire savoir qu'il n'était « pas pensable » d'exposer les œuvres de handicapés dans une galerie d'art. Cet homme avait lui-même une fille handicapée mentale de trente-cinq ans, qu'il ne parvenait à assumer publiquement qu'avec beaucoup de difficulté…

Plus tard, une seconde exposition dans une galerie d'art remporta à son tour un grand succès. Et cette fois, nous présentâmes les artistes qui exposaient leurs œuvres : une quinzaine de handicapés, montrant chacun entre cinq et dix toiles, c'est-à-dire suffisamment pour que les visiteurs puissent clairement identifier quels travaux provenaient de qui. De mémoire d'ancêtre, dans la région c'était bien la première fois que l'on présentait des personnes handicapées comme des personnes à part entière, mieux : comme des créateurs.

Trouver sa place et se réaliser dans la société

Par la suite, l'expérience m'a prouvé que le travail dans le milieu institutionnel laisse trop peu de place à la personnalité propre de chacun. Chacune de ces personnes handicapées ayant manifestement des compétences spécifiques, comme on en a tous, les uns en musique, d'autres en danse, ou en sculpture, etc., je me demandais comment faire pour que ces personnes puissent aller plus loin, chacune dans sa voie de prédilection. Encore une fois, cela aurait été plus simple en sport : nous n'aurions guère eu de mal à moduler les emplois du temps de manière à y faire de la place pour le lancement du javelot, pour la natation ou pour la course de fond. Lorsqu'il s'agit de théâtre, de musique, de danse ou d'arts plastiques, le problème de la subjectivité transforme vite la question en casse-tête.

En France, la tendance générale est de valoriser la personne handicapée par le travail, et c'est une bonne chose : grâce aux CAT (Centres d'aide par le travail), la personne handicapée réussit à être reconnue sur un point crucial pour tous. Mais on se retrouve vite un peu coincé. Car le CAT devient le cadre de référence exclusif, au sein duquel tout doit se jouer, y compris l'expression artistique – on imagine avec quelles limites. Or, pour ces personnes handicapées, l'un des principaux intérêts de l'approche créatrice (en art comme dans tout autre domaine) est justement qu'elle les incite à quitter le milieu institutionnel. L'éducateur et la personne handicapée doivent se retrouver sur des lieux propices à leur activité, dans un environnement « libre », avec la mission passionnante et redoutable de ne pas paniquer si survient un imprévu lors des tâches à accomplir.

Ce n'est pas qu'il faille à tout prix « intégrer » ces personnes au monde des non-handicapés. Dans les institutions, sur les plaquettes, on lit toujours : « Nous visons l'intégration. » Pour moi, l'intégration n'est certes pas une aberration, mais ce n'est pas non plus un objectif en soi. Je dirais que c'est la conséquence d'une situation provoquée. On ne fait pas quelque chose *pour* intégrer la personne, mais pour la sortir d'un milieu où elle ne peut pas exercer sa passion. Quand nous montons un événement avec des hommes et des femmes handicapés mentaux, que ce soit une expo, du théâtre ou un concert, nous le faisons dans des salles traditionnelles et non à l'intérieur de l'institution. Les spectacles sont de réelle qualité. Quant à l'équipe encadrante qui travaille avec moi, elle est formée d'artistes-peintres, de musiciens, d'acteurs, et non pas d'éducateurs. On voit alors s'accomplir des choses remarquables au niveau de l'expression, de la spontanéité : on a donc très logiquement envie de monter de vrais spectacles de professionnels.

Ainsi, il nous arrive de partir en tournée théâtrale avec eux. Nous sommes déjà allés au Québec ; nous avons tourné à travers la France et l'Allemagne ; nous avons présenté un spectacle en Italie. Vous imaginez bien que cela amène les personnes handicapées à se retrouver dans des situations de grande confrontation. Il faut alors avoir des motivations profondes pour surmonter les difficultés inévitables et pour apprendre. Car on se retrouve dans des lieux toujours nouveaux, des villes étrangères, des hôtels, des restaurants… Il nous faut répéter dans des salles quelquefois mal agencées, ce qui accroît les problèmes de mémorisation, avec des soucis pour accueillir le public et discuter avec lui. Toutes ces situations sont très riches en événements et rebondissements de toutes sortes, qui mettent à l'épreuve les capacités d'autonomie de chacun. Pour moi, c'est chaque fois un vrai plaisir partagé avec nos artistes, pas seulement le plaisir de la création mais celui d'être avec eux.

Pour s'ouvrir au monde et développer ses facultés grâce à l'exercice de sa passion, il est donc vital que la personne handicapée puisse sortir de l'institution.

Plus libres en Belgique qu'en France

De la France à la Belgique, le statut des handicapés diffère. En France, la reconnaissance par le travail n'est pas mauvaise, mais pose des problèmes. La personne qui voudrait faire de la musique ou du théâtre ne pourra le faire que durant le week-end – même s'il y a, en plus, une demi-journée d'«éveil» par mois. Certains ont besoin de cette mise en conditionnement, qui leur permet par exemple de retrouver leurs amis tous les matins. Mais quand on les voit compter des gants ou des autocollants toute la journée pendant vingt ans, puis qu'on les découvre, pendant leur temps de pause, s'éclatant dans une pièce du théâtre avec talent, et qu'on sait qu'ils ne pourront jamais se libérer, on se sent vraiment gagné par la révolte ! On en vient même à se demander si l'on ne risque pas de provoquer des envies douloureuses, forcément frustrées, et s'il ne vaudrait pas mieux renoncer à tout plutôt que de susciter pareils dilemmes. C'est un problème institutionnel.

Les handicapés mentaux ne sont pas moins considérés en France qu'en Belgique, mais ils y sont considérés d'une autre façon. On ne peut pas généraliser, seulement le système est plus rigide en France. Le principe du CAT part d'une idée très noble, qui est de donner aux handicapés la dignité d'une autonomie de revenu ; mais les « métiers » auxquels ce système les invite sont généralement des travaux si répétitifs qu'on finit par y perdre son âme. C'est un carcan qui ne permet aucun écart, aucune « folie » créatrice, bref fort peu d'expérience intense. Ce qu'il faudrait faire, c'est créer une véritable école de beaux-arts *pour handicapés et pour non-handicapés*, encadrés par des psychologues, des orthophonistes, des programmes scolaires. Une vraie école de beaux-arts d'un nouveau genre… La Belgique a développé un système différent : les CAT y ont été installés dans des structures de vie, des foyers polyvalents, où les résidents ont toute possibilité d'apprendre et de travailler dans des ateliers, un, deux ou même trois jours par semaine, et de créer des spectacles, des expositions et des concerts.

Créer des lieux d'expression artistique

Pour pouvoir ainsi partir en tournée, organiser des spectacles, il a fallu créer des infrastructures particulières. Certains ont le droit d'aller plus loin, et c'était devenu pour nous une priorité de les y aider. Avec les plus motivés, qui éprouvaient l'envie de pousser plus loin la peinture, la musique ou le théâtre, l'institution de départ s'avérait insuffisante. Mais comment leur permettre d'accéder régulièrement à un atelier, comment ne plus faire de la peinture dans le réfectoire, avec la nécessité de déménager tous les jours à onze heures trente pour que l'on puisse mettre la table ? Il fallait respecter le rythme de travail de chacun et, pour cela, trouver un lieu à l'extérieur où les personnes handicapées puissent venir pratiquer leurs activités artistiques avec des professeurs.

Cet endroit où ils seraient reconnus, où ils seraient à l'aise avec les éducateurs et les parents, je l'ai finalement obtenu, en créant une association, le CRÉAHM, à Liège, en Belgique. Au début, la ville m'avait proposé un chalet en bois, à partager avec d'autres associations municipales. Ce n'était pas évident. En 1981, année internationale des handicapés, j'ai occupé illégalement − c'est une de mes grandes fiertés − un bâtiment du centre-ville, dans un parc. Cet ancien restaurant, je m'y suis installé en faisant une exposition de peintures. Bien que le bourgmestre nous ait invités à déguerpir au plus vite, nous y sommes restés pendant deux ans, illégalement. Aujourd'hui, nous sommes une association reconnue, dont la ville est partenaire. Nous avons donc pu installer des ateliers de peinture, de musique, de théâtre… à Liège et aussi à Bruxelles.

En France, les choses ont été moins faciles, puisque les handicapés y sont moins libres. Pourtant, c'est là qu'ils se sont révélés d'une aide précieuse et inattendue pour les artistes non handicapés !

Nous venons tout juste de lancer notre projet français de l'Isle-sur-la-Sorgue. J'y ai loué un local, mais je ne suis pas sûr de pouvoir tenir bien longtemps. Il s'agit d'une ancienne coopérative vinicole où nous avons créé des ateliers, comme en Belgique : un atelier de sculpture avec un local d'exposition, une galerie bistrot. C'est un projet qu'on appelle *intégré*, une idée un peu nouvelle. Pendant vingt ans j'ai collaboré avec des artistes qui venaient dans les ateliers travailler avec les personnes handicapées, mais ce n'est pas facile quand on a une ambition à la fois culturelle et sociale. Or, pour les artistes, les lieux de création sont rares et il faut bien reconnaître qu'auprès de certains sponsors il est plus aisé de trouver de l'aide pour des handicapés que pour des artistes classiques. Alors, une idée m'est venue : pourquoi les handicapés eux-mêmes ne permettraient-ils pas aux artistes non handicapés d'obtenir un lieu de création ?

Eh bien, c'est chose faite ! Cela s'appelle CRÉAHM-Provence. Les artistes non handicapés se sont installés dans leur propre atelier, et ont commencé à travailler (plusieurs pratiquent l'art de récupération, travaillent la terre ou soudent des métaux). Puis les handicapés sont arrivés à leur tour, avec la possibilité de partager certains moments artistiques et de devenir complices. Je tiens à préciser que notre centre reste une institution, avec des médecins, des psychologues, des orthophonistes, des logopèdes. Mais ici l'orthophoniste fait du théâtre et les handicapés ne vivent pas en internat. Quant aux animateurs, s'ils sont engagés avec le statut d'éducateur, ce sont aussi des artistes.

La vie d'artiste et le succès

Tout le monde est invité à venir voir les ateliers de CRÉAHM-Provence. C'est ouvert en semaine, on peut y manger, boire un pot, regarder ou non les œuvres, converser avec les personnes handicapées. Il faut laisser toute liberté aux gens. Notre artiste handicapé le plus célèbre est Pascal Duquesne, le garçon qui a joué dans *Le Huitième Jour* avec Daniel Auteuil et qui faisait partie de notre atelier de Bruxelles. Un jour que nous nous trouvions à Toulouse, dans un restaurant, des jeunes filles se sont levées et sont venues l'embrasser, comme une star à part entière, comme ces idoles inaccessibles de l'écran à qui on vient demander un autographe !

Il est bon qu'il y ait des personnes handicapées célèbres pour faire passer certaines choses. Ils ont un combat à mener. Pour Pascal Duquesne, ce n'est pas venu comme ça, mais après dix ans d'activité théâtrale intense. C'est un vrai parcours, qui a exigé beaucoup d'endurance. Depuis la récompense de Pascal à Venise, le regard que l'on porte sur les handicapés a un peu changé. Mais il faut savoir aussi les protéger du succès ! Si, du jour au lendemain, mes toiles se vendaient très cher, je perdrais peut-être moi-même la tête. À partir du moment où l'on a voulu cette intégration, il faut rester conscient du danger.

Souvent, les parents sont les plus pessimistes et ont le réflexe de cacher leur enfant au regard de la société. Mais quand ils voient que l'on monte des expositions de peinture, des spectacles pour que ces handicapés parlent de leurs envies avec leurs tripes, les parents changent d'avis et viennent aux expositions avec bonheur. Certains n'aiment pas la peinture en tant que telle, mais ils sont heureux de voir leur enfant reconnu comme artiste.

L'art et la différence

Certaines personnes me demandent pourquoi nous ne ferions pas de la publicité pour nos artistes, ce qui serait encore une façon de les intégrer. Je réponds qu'en effet, si la différence devient qualité positive, autant l'utiliser. Si les personnes handicapées ont cette force de singularité, autant la faire valoir. Qu'est-ce qui fait qu'on est reconnu comme un artiste original, sinon la différence ? Au début, nous avions monté des spectacles de théâtre en faisant porter des masques aux personnes handicapées. C'était pour dire qu'elles pouvaient jouer comme les autres, et tout le monde s'y est trompé ! Cependant, quand quelqu'un m'a conseillé d'organiser une exposition de peinture « mixte », sans préciser qui était handicapé et qui ne l'était pas, j'ai refusé catégoriquement. Il faut reconnaître et admettre les différences, et pas seulement les reconnaître, mais les valoriser ! Si je vais voir un spectacle monté par des trisomiques, je suis ému, justement parce que ce sont des trisomiques !

Les personnes handicapées font preuve de qualités singulières et montent des productions uniques. Si vous connaissez le musée de l'Art brut à Lausanne, vous savez que Dubuffet est à l'origine de cette collection qu'il a lui-même nommée l'art brut ! Or les œuvres produites après sa mort ne sont pas de l'art brut. C'est une présentation d'œuvres de personnes qui ont perdu la raison, ou de personnes en fin de vie commençant à créer. Ces productions ne sont pas comparables à celles des handicapés mentaux, parce qu'elles font appel à des acquis, des symboles, la technique de la perspective… Les productions des handicapés sont beaucoup plus pauvres du point de vue des moyens : le plus souvent la perspective

281

en est absente. Le symbolisme n'existe pas, ou alors seulement dans le regard de psychologues qui voient du symbolisme partout, tandis que chez les malades mentaux le symbolisme est assez clair et convenu. Ce que j'apprécie particulièrement, dans les œuvres fortes des handicapés, c'est qu'on ne triche pas. Ce sont des gens spontanés, d'une sincérité remarquable, que ce soit dans la peinture ou dans les relations que vous pouvez avoir avec eux. C'est toujours très clair : ou on vous aime ou on ne vous aime pas !

Quelle relation ?

Mon discours peut paraître tranché. Je ne sais pas si l'on sent de la tendresse dans ce que je viens de dire. En tout cas, je n'ai pas envie de parler des personnes handicapées avec une fausse tendresse et je tiens à souligner que mon action n'a rien de caritatif.

Face aux professionnels qui travaillent avec des handicapés, et face aux parents, ce qui est plus délicat, j'ose dire que je ne suis pas allé vers eux par amour. Je n'éprouve pas le besoin impératif d'aider l'Autre. J'y suis allé pour vivre autre chose, à titre personnel. De toute façon, on ne peut pas vivre une relation saine avec les handicapés (ce qui est vrai aussi avec son conjoint ou ses enfants) si l'on n'en tire pas soi-même un retour. Lorsque je ne trouve pas de retour de la part des handicapés, je ne suis pas intéressé. Avec certains d'entre eux, tout se passe très bien. Mais il faut être honnête, on ne s'entend pas forcément bien avec tous et parfois la relation est très mauvaise ! Le contact se fait ou ne se fait pas.

Cela dit, attention : il faut aussi savoir traduire les réactions des handicapés. Beaucoup de gens prennent pour de l'agressivité un simple débordement d'affection, car ils ne se contrôlent pas ! Une dame habitant Orange évoquait une manifestation de tendresse un peu désordonnée de sa fille qui, à douze ans, quand elle va chez le boulanger, l'embrasse, embrasse toute la famille, a envie d'embrasser toute la ville !

C'est, de nouveau, une question de personne, de relation, d'éducation dans le sens de l'ouverture, cette liberté de les laisser s'exprimer tout en ne les laissant pas faire n'importe quoi ! Une discipline est nécessaire, mais à l'intérieur de cette discipline on doit leur laisser une certaine liberté. Ils sont ainsi libres de travailler à leur rythme.

Autre différence, certains handicapés font des peintures remarquables en quelques minutes ; pour d'autres, il faut deux mois. La tendresse, c'est aussi le respect de ces différences. C'est faire en sorte d'individualiser la relation. Chacun doit trouver le mode technique d'expression qui lui convient. Quand on se retrouve en groupe, on a tendance à tous faire la même chose en même temps. Dans le cadre de notre travail, ce tropisme doit être individué : pour provoquer une certaine découverte personnelle, il faut qu'il y en ait un qui fasse de la gouache, un autre du pastel, un troisième du feutre, que chacun travaille à son rythme…

C'est en laissant les handicapés s'exprimer, chacun à sa manière, artistique ou autre, qu'ils vont libérer toute la tendresse dont ils sont capables. La dernière image que je voudrais vous laisser est celle d'Annie. Accompagnée par Béatrice, elle vient de Liège en TGV pour un marathon. Dans le wagon, Annie parle à tout le monde. Une dame avec un gros sachet en papier est en face d'elle : « Enlève ça, lui crie Annie, on ne te voit pas ! » Une autre dame, qui lisait un journal, s'est assoupie. Annie a pris un crayon et le journal et a commencé à dessiner. Quand la dame s'est réveillée, son journal était couvert de dessins. Heureusement, elle a trouvé ça joli. Elle a ainsi su établir une relation particulière et privilégiée avec plusieurs personnes, très librement, et très naturellement, à la fin du voyage, tout le TGV la connaissait ! Les handicapés sont d'une gentillesse et d'une audace incroyables !

La *tendresse* dans

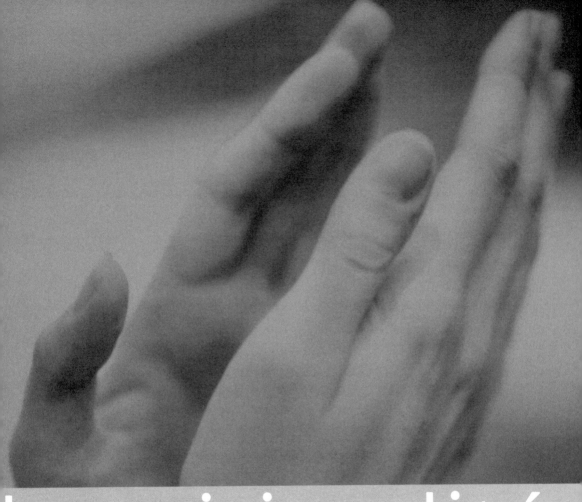

la spiritualité

Prêtre catholique ami des loubards

et des taulards, grande gueule au cœur d'or,

toujours prêt à se saisir de sa guitare

et à entonner un negro-spiritual,

Stan Rougier est aussi un théologien

chevronné, qui a creusé la Bible

de bout en bout et participe activement

au grand dialogue interreligieux qui,

depuis le milieu du vingtième siècle,

tente de remettre de la tendresse

et du bon sens dans la spiritualité telle

qu'elle est vécue dans toutes les religions*.

• Père Stan Rougier

L'avenir est à la tendresse

Je vais commencer par vous lire un texte d'Antoine de Saint-Exupéry, un de mes maîtres à penser, un homme entièrement centré sur la tendresse qui palpite au cœur de toute relation humaine. La valeur clé, pour lui, c'est l'amitié, sœur jumelle de la tendresse.

« L'ami est d'abord celui qui ne juge pas, celui qui ouvre sa porte au cheminot, à sa béquille, à son bâton déposé dans un coin, et qui ne lui demande pas de danser pour juger sa danse. Et si le cheminot raconte le printemps sur la route, l'ami est celui qui reçoit en lui le printemps. Et s'il raconte l'horreur de la famine, il souffre avec lui de la famine. L'ami dans l'homme, c'est la part qui est pour toi et qui ouvre pour toi une porte qu'il n'ouvre peut-être jamais pour personne d'autre. Et ton ami est vrai et tout ce qu'il dit est vrai. L'amitié c'est d'abord la grande circulation de l'esprit au-dessus des détails vulgaires et je ne sais rien reprocher à celui qui trône à ma table [1]. »

Mon premier livre s'intitulait *L'avenir est à la tendresse* [2]. Je pense que l'amour est capable de triompher de tout. L'avenir appartiendra toujours à ceux qui croient cela.

Lorsqu'Il a créé le couple, Dieu a créé ce qui Lui ressemblait le plus. Lors d'une émission télévisée, à peine ai-je prononcé ces mots que je m'entends reprocher de faire un sermon ! Pourtant, cela me semble une bonne nouvelle de dire que la réalité du couple est une ébauche du mystère de Dieu. En Dieu, il y a l'Aimant, l'Aimé et l'Amour. Dieu a d'autres noms sans doute. On peut le nommer l'Absolu, l'Ultime Réalité, le Transcendant, la Cause originelle, l'Au-delà de tout, l'Éternel. Mais le nom que je Lui préfère, c'est Amour. « Dieu est Amour. »

Bien sûr, il s'agit là d'un mystère, et honte à celui qui prétendrait savoir le dévoiler totalement. Qui dit mystère dit continent immense, infini, inépuisable… L'amour humain, comme sa source divine, est incommensurable, lui aussi. Personne n'a su décrire cette magie des cœurs, des corps et des esprits qui font jaillir une étincelle de leurs rencontres. Personne, sinon les poètes. Je pense à ces vers d'Éluard :

* Stan Rougier a publié 22 ouvrages parmi lesquels : *Accroche ta vie à une étoile*, Albin Michel, 1996 ; *Les Rendez-vous de Dieu*, Presses de la Renaissance, 2000 ; *Dieu était là et je ne le voyais pas*, Le Rocher, 1999.

1. Antoine de Saint-Exupéry, *Citadelle*, Gallimard, 1982.

2. Stan Rougier, *L'avenir est à la tendresse : ces jeunes qui nous provoquent à l'espérance*, Cerf, Salvator, 1994.

Et grâce à tes sourires qui lavaient mon sang,

j'ai de nouveau vu clair dans le miroir du monde,

je me suis senti faible comme un enfant,

fort comme un homme,

digne de mener mes rêves vers le feu doux de l'avenir…

Ceux qui s'aiment, dans l'instant où ils s'aiment, sont à l'image de l'Infini ; l'infini des origines et l'infini du terme vers lequel nous marchons tous ; le terme que nous trouverons après cette seconde naissance que nous appelons la mort. Tout ce qui est à la fois grave et sublime, intense et merveilleux, vient de l'amour et retourne à l'amour. Mes années de vie terrestre ne m'ont rien appris d'autre, rien d'important du moins. Et si parler de l'amour en osant y inclure son origine, c'est faire un sermon, alors je veux bien passer ma vie à faire des sermons !

L'avenir est à la tendresse. Ce premier livre était consacré à la jeunesse et à ses aspirations. Je rencontre des jeunes chaque semaine. Il y a deux jours encore, à Rouen, j'en ai rencontré six cents, âgés de seize, dix-sept, dix-huit ans. Je leur ai demandé lors d'un sondage : « Quelles sont les valeurs sur lesquelles tu voudrais fonder ton existence ? » Neuf sur dix ont répondu : « L'amitié, l'amour, la famille… » Dans cet ordre, le plus souvent.

Le mot tendresse était à mes yeux le synonyme le plus acceptable du mot amour. « Amour » me paraissait un mot piégé, ambigu. « Faites l'amour, pas la guerre », écrivait-on sur les murs en mai 1968. On ajoutait : « Aimez-vous les uns *sur* les autres. » Ce mot était confisqué pour désigner une réalité qui, certes, parlait aussi d'amour, mais il n'y a pas que la dimension charnelle, il y en a bien d'autres… N'en déplaise au voyeurisme de *Loft Story* !

– Dire « L'avenir est à la tendresse », c'était une autre façon de dire le texte des Béatitudes.

– « Heureux les doux, ils posséderont la terre. » Leur douceur, n'est-ce pas là la tendresse ?

– « Heureux ceux qui ont faim et soif de la justice. » La justice au sens hébraïque, c'est-à-dire s'ajuster à l'autre. Ne pas demander au boiteux de danser. Laisser l'autre exister « grandeur nature ».

– « Heureux ceux qui ont mal aux autres. » C'est la traduction que je propose pour « Heureux ceux qui pleurent ». « Dieu séchera leurs larmes. »

– « Heureux ceux qui ont la compassion des mères », c'est ma traduction pour « Heureux les miséricordieux », mais ce n'est pas une fausse traduction, puisque le mot « miséricordieux » vient de l'hébreu *Rahamim*, qui veut dire « entrailles maternelles »… Chouraqui traduit « matriciel ».

Certains théologiens m'ont caricaturé. L'un d'eux m'a dit : « Si l'avenir est à la tendresse, nous serons tous bientôt dans les couches ! » Autrement dit, tendresse égale couches-culottes ! J'évoquais « le lait de la tendresse humaine » dont parlait Shakespeare, une certaine qualité d'amour où l'on accueille l'autre tel qu'il est, où on ne le juge pas.

Et l'on entendait douceâtre, « cucul la praline », « nunuche » ! La tendresse dénaturée n'est plus la tendresse. Elle tue l'autre en tant qu'autre. Elle le veut nourrisson, satellite, colonisé. L'amour fusionnel est le pire ennemi de la tendresse.

La rencontre peut être un moment décisif. Nous sommes porteurs d'un message pour l'autre. L'autre est porteur d'un message pour nous. De notre rencontre jaillit quelque chose d'inattendu, d'étonnant, qui peut changer notre vie… Il serait dommage de voir dans le mot tendresse un simple cocooning. On ne juge pas le lion sur ses puces. Les mots peuvent être source de malentendus.

La Bible a trois mots pour désigner l'amour que Dieu porte à l'homme. *Tsadaka, Hesed* et *Rahamim. Tsadaka* a le sens d'« être ajusté à l'autre » : ne demande pas à un fraisier de donner des pommes, ne demande pas à un enfant nul en maths d'être premier de la classe en mathématiques ! *Hesed* a été traduit par tendresse. Ce mot veut dire aussi « fidélité » (« tu ne me décourageras jamais de t'aimer, quoi que tu fasses, je t'aimerai toujours »). *Rahamim* est le pluriel de *Rehem*, l'utérus − il s'agit de recevoir l'autre comme une matrice reçoit un germe de vie, pour lui permettre de devenir, de croître, de s'accomplir, d'exister. L'amour de Dieu pour Israël s'exprime dans une parabole au chapitre XVI du prophète Ézéchiel. Dieu rencontre une petite fille qui a été jetée dans un champ le jour de sa naissance. Dieu ramasse ce petit avorton et Il prononce ces paroles : « Tu vivras, tu t'épanouiras comme les fleurs des champs. » Permettre à quelqu'un de s'épanouir, de libérer toutes les capacités qui sont en lui, tous les talents dont il est porteur, lui permettre de respirer, de grandir ; c'est bien cela, l'amour-tendresse.

Un propos du Christ me semble important : « Vous serez parfaits comme votre Père est parfait, Lui qui fait briller Son soleil sur les méchants comme sur les bons, Lui qui donne Sa pluie aux injustes comme aux justes. » Ceux qui ont voyagé le savent ; dans les déserts, lorsqu'il se met à pleuvoir, des fleurs poussent partout, à l'infini.

« Soyez pour l'autre ce que la lumière et l'eau sont pour la plante », dit, en substance, Jésus-Christ. Sans lumière et sans eau, une plante se replie sur elle-même, se dessèche, perd ses bourgeons, meurt. Sans tendresse/amour, un être humain se replie sur lui-même, se dessèche, porte un masque, devient une fonction, un robot. Combien de fois ai-je entendu des jeunes me dire : « Maman c'est des fringues ! Papa c'est un téléphone. Ils ont un écriteau sur la poitrine, avec écrit "complet". » Les adolescents auraient tellement, tellement, tellement soif d'être aimés de cet amour de tendresse qui les accepterait comme ils sont et qui les aiderait à devenir davantage.

Dans une pièce de Claudel, quelqu'un dit à la femme qu'il aime : « À mesure que tu parles, j'existe. » J'ai envie de prolonger cette phrase et de dire : « À mesure que tu m'aimes, j'existe. » Nous sommes tous bâtis sur ce modèle, puisque – selon ma foi, que je ne suis pas seul à partager – nous sommes créés à l'image de Dieu. Dieu ne vit que d'amour. Chacune des trois personnes qui composent la Trinité éternelle ne vit que d'amour. Sans l'autre, il n'y a pas Dieu. De toute éternité, Dieu est relation. « Le père est l'origine, le Fils est le visage, l'Esprit l'intériorité[1]. » Si nous sommes créés à l'image de ce Dieu, nous ne pouvons exister que lorsque nous sommes portés dans le cœur de quelqu'un. C'est la relation qui fait de nous des vivants.

Ma propre existence a commencé lorsque j'étais éducateur de délinquants. Ces enfants ne croyaient ni en eux-mêmes ni en personne. Ils avaient envie de se venger du « mauvais sort qu'on leur avait fait en les

1. Olivier Clément.

mettant au monde ». Ils me criaient l'urgence d'aimer. Ils me montraient la place centrale de l'amour, en creux.

J'ai rencontré deux sortes de jeunes : les uns étaient déprimés et disaient : «Aimez-moi ou je meurs»; les autres étaient violents et disaient : « Aimez-moi ou je mords. » La soif d'être aimé est fondamentale chez tout être humain. On essaye de s'accommoder d'un monde où cet amour est trop rare. Comme des montagnards tentent de s'adapter à une atmosphère d'altitude, à l'oxygène raréfié. Ils mesurent leurs pas, au bord de l'étouffement. Nous vivons dans une civilisation où chacun cherche en permanence à pallier ce manque. On peut le faire de bien des manières. Certains compensent le vide affectif par l'argent. La fortune peut donner le sentiment d'exister... Vous vous rappelez peut-être le film *Citizen Kane*, qui raconte la vie de l'homme le plus riche du monde. Quand arrive l'heure de sa mort, un mot revient sur ses lèvres : « Rosebud ». On ne comprend pas de quoi il s'agit, jusqu'au moment où l'on découvre, dans les décombres d'un grenier, une petite luge d'enfant avec le dessin à la peinture d'un bouton de rose. Jusqu'à la fin, ce trésor de son enfance était resté la chose la plus précieuse... On compense le vide par la puissance, par le pouvoir. « À défaut d'être aimé, je serai respecté. »

L'amour de tendresse n'est pas un amour captatif, où l'on aime l'autre pour des avantages personnels, comme l'abeille aime la fleur, se vautre dedans, à longueur de journée, pour lui dérober son suc et en faire du miel. Notre amour de l'autre est parfois un amour de ce genre, commercial, vénal, intéressé. On dit : « Je ne fréquente plus Untel, il ne m'apporte plus rien. » Cette phrase est effroyable, sacrilège. Tu aimais donc l'autre pour en tirer un avantage ? Oui, il y a bien ce versant de l'amour, que les Grecs appelaient Éros, le distinguant d'*Agapé*… Il ne s'agit pas de condamner l'amour Éros… C'est agréable d'entendre : « Je viens vers toi parce que tu me plais, parce que tu joues bien de la guitare, ou parce que tu es drôle et intelligent. » Mais on voudrait bien parfois, aussi, être aimé dans une perspective plus vaste. « Aimer un être, c'est le voir comme Dieu a voulu qu'il soit » (Dostoïevski).

Voici un passage de Giono, dans *Le Chant du monde*[1]. Une jeune fille s'adresse à un garçon qui la courtise : « Qu'est-ce que tu peux voir avec ces yeux-là ? De la chair chaude où tu as envie de mettre la main, c'est tout ? Qu'est-ce qui entre en toi quand tu me touches ? Ce chaud, ma peau douce, c'est tout ? Tu crois qu'un jour tu pourras entendre le bruit de mon sang ? Jamais de la vie ! Sourd, sourd, sourd, tu as les oreilles, les mains et les yeux égoïstes. Tu vois pour toi, tu entends pour toi, tu touches et tu prends pour toi. Tu regardes et qu'est-ce que tu vois ? Tu ne vois rien, tu vois tout ce que ça peut te rapporter comme plaisir, pas plus. »

« Nous savons que nous sommes passés de la mort à la vie, lorsque nous aimons » (saint Jean). C'est difficile d'aimer, parce que parfois l'autre se barricade, se protège. Il ne croit pas qu'on puisse l'aimer sans arrière-pensée. Il sait peut-être par expérience qu'Éros n'hésite pas à faire de l'autre une proie. L'amour-tendresse est capable de s'effacer, d'accepter des deuils, des absences, des renoncements, des privations. On appelle cela aussi « sacrifice » – mais le mot a été dénaturé. Étymologiquement, celavoulait dire « faire du sacré (*sacrum facere*) ». « Il n'y a pas de plus grand amour que de donner sa vie pour ceux qu'on aime », tout le monde

1. Jean Giono,
Le Chant du monde,
Gallimard, 1976.

a entendu cette parole… même si l'on ne sait pas qui l'a prononcée. Cette phrase avait impressionné Antoine de Saint-Exupéry, et en 1942 il répétait qu'il n'y avait qu'un seul amour : risquer sa vie. « Il n'est qu'un moyen de fonder l'homme. Un seul. Les plus vieilles religions l'ont découvert bien avant nous… Il est le "truc" essentiel… Ce truc, c'est le sacrifice… Par sacrifice j'entends le don gratuit. Le don qui n'exige rien en échange. Ce n'est pas ce que vous recevez qui vous fonde, c'est ce que vous donnez[1]. »

L'amour-tendresse fut appelé *caritas* par les premiers chrétiens. Ils avaient inventé ce mot qu'on a plus tard dénaturé. C'est devenu la « charité », avec une arrière-pensée de condescendance. À vingt ans, je n'étais pas chrétien et j'avais une amie de dix-huit ans qui sombrait douloureusement sur le chemin de la dérision et du cynisme. J'avais envie de lui tendre la main. Durant le début de mon service militaire, un de mes voisins de chambrée était apprenti pasteur. Comme je le voyais lire la Bible de temps en temps, je lui avais demandé : « Peux-tu me trouver là-dedans un texte susceptible d'aider une jeune fille en train de se haïr elle-même ? » Il m'avait montré un texte de saint Paul où il est question de la charité à tous les coins de phrase. J'avais recopié ce texte d'une belle écriture et je l'avais donné à la jeune fille. Elle me l'a renvoyé illico en me disant : « La charité, ce sentiment fade pour prochain standard, ça me fait vomir ! » Pourtant, dans l'étymologie, cela voulait dire « cadeau de Dieu » (*caris*, la grâce). Il y avait aussi l'idée de gratuité : « Je t'aime. Fais-en ce que tu veux. Je n'attends rien. Je désire t'aimer selon ce que tu souhaites, et non pas selon ce que je souhaite. »

1. Conférence à de jeunes Américains.

297

Pour dire ce qu'était cet amour gratuit, saint Paul avait composé cet hymne que j'avais envoyé en vain à mon amie désespérée. Hélas c'était mal traduit. On peut mourir d'une mauvaise traduction. Elle a fini par se suicider.

– « L'amour/tendresse a de longues patiences. » Il faut du temps : si on ne respecte pas le temps, on va trop vite et l'on n'est plus dans l'amour. C'est la même différence qu'entre l'affectif et l'effectif : l'effectif veut des résultats rapides, il ne prend pas le temps d'aimer.

– « L'amour/tendresse se met au service de l'être aimé » : « Il n'est pas question de me faire plaisir, à moi, en me mettant à ton service. Mais ce dont tu as besoin, demande-le-moi. »

– « L'amour/tendresse est une invitation à se faire petit devant l'être aimé. » Il y a une très belle chanson de Georges Brassens qui dit : « Je m'suis fait tout p'tit devant une poupée qui fait maman quand on la touche... » Se faire tout petit devant l'être aimé pour lui faire toute la place. Je me rappelle cette femme qui avait les bras couverts de bleus. Je lui demande ce qui est arrivé. Elle me répond que son mari la pousse du lit lorsqu'elle ronfle...

– « L'amour/tendresse est imprégné du respect de l'autre. » Respect est un très beau mot. Il vient en quatrième position dans les valeurs sur lesquelles les jeunes veulent fonder leur vie. Il vient peut-être du latin *respicere* (« voir juste »). Nous retrouvons le fameux mot hébreu *Tsadaka*, la justesse...

– « L'amour/tendresse est gratuit, sans calcul ni revendication. » C'est terrible, les revendications. Croire que l'on a droit à quelque chose...

Comme ces parents qui disent : « Après tout ce qu'on a fait pour lui ! » Quoi ? Vous avez investi dans l'amour ? Vous avez mis des enfants au monde pour que ça vous rapporte ? De quel amour s'agit-il ? « Dieu est amour. » Oui !... mais quel amour ?

– « L'amour/tendresse ne hausse pas le ton... » C'est inévitable de hausser le ton de temps en temps. Si on reste avec une boule d'angoisse sur le cœur, cela peut détruire une relation. Tendresse ne veut pas dire qu'on efface tout, qu'il n'y a jamais aucun problème...

– « L'amour/tendresse veut que la vérité l'emporte sur le mensonge. » Et en même temps « l'amour/tendresse excuse tout. L'amour/tendresse fait confiance en tout. L'amour/tendresse espère tout. L'amour/tendresse supporte tout. L'amour/tendresse porte les promesses de l'éternité » (saint Paul. 1. Cor. 13).

– L'amour/tendresse consent à ce que l'autre ne soit pas un trésor inépuisable dans lequel il peut sans cesse revendiquer son bonheur. L'amour/tendresse consent à ce que l'autre soit blessé, inachevé, en voie de développement. L'amour/tendresse ne connaît pas la déception violente de celui qui « avait droit » à quelque chose de la part de l'être aimé. L'amour/tendresse, comme sa sœur jumelle l'amitié, ne peut pas être déçu. Ne demandons pas à un être humain d'être Dieu. Ne demandons pas à un être fini de nous offrir l'infini. L'amour t'a prêté une parcelle du regard de Dieu et tu vois l'écart pathétique entre l'être rêvé, rayonnant dans la lumière, accompli, et cet être concret capable de bêtise, de caprice, de lâcheté, de violence parfois, comme toi-même.

Deux demeures se partagent le royaume de l'amour. Un regard contemplatif s'adresse à l'autre dans ce qui fait sa beauté, son charme, le prix incomparable de son existence. Une démarche active se consacre au développement de ce qui, en l'autre, est à l'état de germe ou de promesse. C'est cette seconde demeure que la Bible nomme « tendresse ».

Quand on n'a que l'amour
à offrir en prière pour les maux de la terre…
Alors sans avoir rien que la force d'aimer
nous aurons dans nos mains, amis, le monde entier[1].

1. Jacques Brel

La *tendresse*

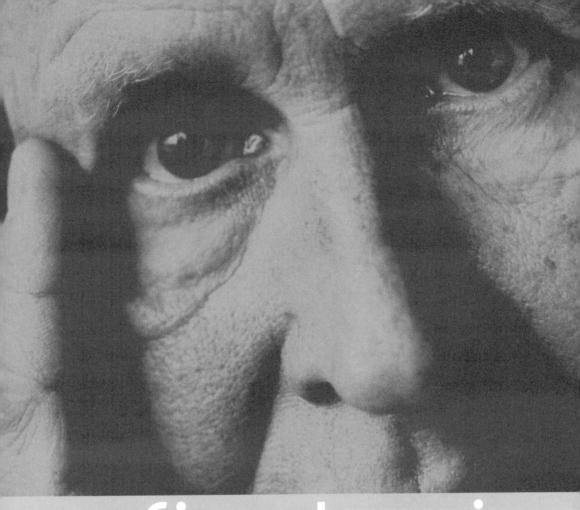

en fin de vie

Au départ médecin anesthésiste, Michèle Salamagne
fut l'une des deux ou trois pionnières du mouvement
des soins palliatifs en France. Dès les années soixante-dix,
elle travaillait dans ce sens avec l'équipe du Pr Zittoun,
à l'hôpital de l'Hôtel-Dieu, à Paris. Son grand apport
fut de comprendre très tôt le travail des Britanniques
autour de Cicely Saunders, fondatrice de l'hospice
Saint Christopher de Londres – où furent mis au point
les premiers traitements antidouleur – d'où est issu
le concept de « douleur globale », qui permet
de comprendre comment souffrances physiques
et psychiques entrent en résonance. Michèle Salamagne,

qui fut la première présidente
de la Fédération française des unités de soins
palliatifs, dirige aujourd'hui l'unité de l'hôpital
Paul-Brousse, à Villejuif*.

• Dr Michèle Salamagne

Au cœur des soins palliatifs

Il faut toute une éducation de partage au sein de l'équipe médicale qui accompagne les personnes en fin de vie. Quand tous les membres ont décidé de vivre une forme de communauté dans un même élan, alors seulement ils peuvent accompagner celui qui est en train de mourir. Si la santé mentale de l'équipe est mauvaise, il ne peut y avoir d'accompagnateur aimant. Car le groupe doit vivre dans la pacification : il est indispensable d'apporter aux patients la paix, en sorte qu'ils puissent la faire avec eux-mêmes.

La tendresse ne va vraiment pas de soi dans les rapports professionnels – c'est d'ailleurs, en toute franchise, un mot que nous n'utilisons pas dans notre unité. Il est très difficile et très éprouvant de travailler en équipe. Le lien au sein de la communauté soignante est à reconstituer tous les jours et se tisse difficilement. Au Canada, un médecin, à la fois chirurgien et universitaire, avait créé la première unité de soins palliatifs à Montréal ; atteint d'un cancer, il s'est exprimé avec subtilité sur son parcours ; eh bien, son expérience lui faisait dire que celui qui a un jour vraiment travaillé en équipe doit en garder des cicatrices profondes. Telle est la gageure : travailler dans la difficulté quotidienne et pourtant conserver un bon équilibre – quand on est soi-même souffrant dans sa vie privée, on est incapable d'accompagner les autres. Autrement dit, tout le monde ne peut pas travailler en soins palliatifs, et même ceux qui en ont la possibilité doivent en permanence se ressourcer et se repositionner, notamment en participant aux groupes de parole, quotidiens ou hebdomadaires, de l'unité. On pense que celui qui se trouve en soins palliatifs a forcément une bonne mort. Mais qu'est-ce qu'une bonne mort, et qu'est-ce qu'un bon accompagnement ? Quand on est médecin et que l'on guérit, on est « bon ». Mais là où il n'y a plus de guérison possible, que reste-t-il ? On dit que l'on peut « tenir la main » de celui ou de celle qui part, en se réfugiant derrière une image toute faite. Mais ce que nous vivons tous les jours, c'est autre chose ! Est-ce être tendre, être doux ? Fondamentalement oui, certes ! Mais cette douceur ne peut venir que lorsqu'on a soi-même évacué colère, tensions, contrariétés personnelles, ce qui nécessite un immense travail sur soi.

Une unité de soins palliatifs, c'est d'abord le réceptacle d'une vie, et

* Michèle Salamagne
a publié : *Accompagner
jusqu'au bout de la vie*,
éd. du Cerf, 1992.

parfois de tout un univers, d'une famille, d'une communauté. Quand les patients arrivent, nous recevons un amalgame de souffrances et de violences, c'est-à-dire des personnes écartelées. Et c'est chaque fois le même scénario : par-dessus tous les problèmes que nous n'avons pas réglés nous-mêmes, au sein de l'équipe, il nous faut prendre en compte tous ceux d'un être et de toute la famille qui arrive avec lui.

Une fin de vie n'est jamais rose. La question qui se pose réellement est la suivante : les personnes qui se trouvent là auront-elles la capacité de se dire adieu ? Quand on arrive au bord de la mort, on se retrouve tous dans la précarité… quel que soit notre compte en banque ! Et cette précarité-là doit être « habillée » – d'une parole, d'un regard ou d'un geste. Nul autre trésor n'est enviable à cette heure.

Être tendre, quand on accompagne, c'est donc se faire violence et juguler les relents d'agressivité et de désaccords qui peuvent surgir au sein de l'équipe. La tendresse à la fin de la vie se trame à travers toutes sortes d'ambiguïtés. Je dirais même : si cette tendresse existe, c'est parce qu'il y a violence. Tendresse et violence ne peuvent exister l'une sans l'autre, comme le soleil vit avec la lune et l'ombre avec la lumière.

Souffrance et unité de l'Être

Dès la fin des années soixante-dix, Élisabeth Kübler-Ross a décrit les cinq phases que traversent les patients en fin de vie : le déni (refus de l'idée de mort), la colère, le marchandage, puis une sorte de deuil de soi-même et enfin la sérénité. Cecily Saunders, elle, travaillait alors depuis vingt ans sur l'idée de la « douleur physique totale ».

Mais, sur le terrain, on se rend compte à quel point tout cela est théorique. En fait, les choses sont beaucoup plus morcelées et l'être se retrouve en proie à une sorte d'éclatement de lui-même, qui va jusqu'à remettre en doute l'identité de sa personne. Cela demande des soins minutieux, des accompagnateurs très attentifs, un suivi de tous les instants. Il faut essayer de rassembler un être qui part et souvent qui explose.

En outre, il faut distinguer douleur et souffrance, et, dans le contexte de la fin de vie, parler surtout de souffrance. La douleur est davantage de l'ordre du physique alors que la souffrance est rattachée à la globalité de la personne. En fait, être dans un cheminement de fin de vie, c'est être dans une «souffrance totale», c'est-à-dire à la fois de l'ordre du physique, du psychologique, du social, du spirituel... chacune de ces dimensions entrant en résonance avec toutes les autres.

Si j'ai découvert quelque chose d'essentiel dans les soins palliatifs, c'est toute la dimension spirituelle d'un soin, même bénin. Refuser de faire entrer cette composante-là, c'est renoncer à être soignant. Le spirituel est toujours là. Mais en même temps, il nous est difficile d'aborder cette dimension, que l'on peut considérer comme relevant du domaine privé, subtil, interdit.

Dans les situations extrêmes qui sont notre lot quotidien, ce n'est pas seulement l'unité de la personne souffrante qui est mise en cause, mais celle de toute l'équipe soignante. Symboliquement, cela signifie peut-être que l'enjeu des soins palliatifs et de l'accompagnement en fin de vie est en fait l'unité du corps social tout entier.

«Rassembler» une personne qui meurt, et qui est pour ainsi dire fracassée, cela donne sens à celui qui se confie à nous, mais cela donne sens aussi à la communauté des humains. Si on est soignant, c'est parce qu'on a envie de soigner les autres en se soignant soi-même ! On peut dépasser le fait d'avoir une blouse blanche, et accepter d'être nous-mêmes infiniment vulnérables. C'est pourquoi nous sommes là, tous ensemble : pour faire du bien. C'est la seule chose qui puisse véritablement animer une équipe et galvaniser les cœurs…

Est-ce tellement utopique ? Oui et non. Certains moments ne sont pas simples. Pour construire une équipe, il faut réunir des gens qui n'ont pas la même culture, qui ne se sont pas forcément choisis entre eux, qui ont une sensibilité, des réactions et une appréciation de la souffrance différentes les uns des autres. C'est pourquoi il faut donner tous les jours une nouvelle impulsion, afin d'obtenir un dénominateur commun qui permettra de vivre les événements, sinon de la même façon, du moins dans un consensus productif. C'est d'ailleurs ce qui me motive le plus, personnellement, dans ma responsabilité de chef d'équipe : comment donner sens, efficacité et vie à ce dénominateur commun, afin que nous progressions dans notre construction d'humain, et surtout que nous restaurions l'unité ?

Voilà aussi ce qui provoque des « cicatrices » quand cette démarche échoue : cela peut nous faire sombrer et tout bonnement nous contraindre à renoncer à la mission d'accom-pagnement. Il s'agit donc d'accepter la victoire possible de la violence. Quand on travaille dans les soins palliatifs, on est des combattants, des croisés, des militants de la conservation de l'être. C'est ainsi que la tendresse ne peut prendre forme que dans cette tension et offre tout son sens dans le dépassement d'une violence latente, toujours résurgente…

Comment se déroule le travail en équipe

Le recrutement du personnel des services de soins palliatifs est un moment capital. Nous avons la chance, la surveillante de mon unité et moi-même, de pouvoir avoir un entretien préalable avec la personne qui veut travailler ici. Nous avons alors le pouvoir de refuser, si nous estimons que cette unité ne lui convient pas. En outre, les nouveaux venus sont stagiaires pendant un mois. Ils peuvent donc, à l'inverse, se retirer s'ils le souhaitent et choisir un autre emploi dans l'hôpital.

Car les désillusions sont nombreuses. Avoir quatre décès sur dix malades en l'espace d'une semaine, cela n'est pas facile à vivre ! Il est rassurant de savoir que l'on peut s'en aller si l'on ne supporte pas cette violence. Ensuite, il faut ménager régulièrement des temps de parole au sein de l'équipe. Le matin, on parle des patients, puis on discute encore lors de chaque transmission, jusqu'à celle de l'équipe de nuit. Les médecins y participent une fois par mois. On consacre beaucoup de temps à être ensemble et à faire le bilan. On parle de son vécu et on cherche à le transmettre dans toute sa subtilité et parfois sa complexité parfois indicible, pour assurer le suivi ininterrompu de chaque patient. Mais il est souvent difficile de faire la part entre ce qui doit rester confidentiel et ce qu'il est important de se dire ! La frontière n'est pas toujours évidente à tracer. Tout dépend aussi de la capacité de l'équipe à recevoir des secrets de famille. Par exemple, une de nos patientes avait des relations incestueuses avec son fils. Il fallait que l'équipe le sache, mais il se trouve qu'à cette période-là l'équipe se trouvait en souffrance et a très mal vécu cette information. Ces temps de parole sont indispensables mais ne doivent pas non plus apporter une surenchère d'information, de commentaires et de jugements gratuits, autant d'éléments inutiles pouvant troubler les relations avec les patients. La famille nous rend témoins de beaucoup de choses et pourtant il n'est pas question de prendre parti. Cette situation exige en permanence de nous une attention et une disponibilité bienveillantes.

Nous avons vécu à ce sujet une expérience intéressante. Tous les membres de l'équipe étaient en stage de massage et nous nous sommes massés mutuellement, ce qui nous a permis de nous connaître dans nos corps et en outre de nous donner force et vigueur. Nous avons alors senti tout ce que l'on peut apporter à travers un simple massage. Cet épisode a été une sorte de révélation. Il ne s'agit pas véritablement d'haptonomie, mais c'est un contact essentiel avec le corps. C'est pourquoi, à l'unité, nous proposons actuellement aux patients un temps de massage, le matin et le soir. Un photographe est venu travailler pendant un an avec nous. Dans la série qu'il a faite, il donne à un moment son appareil à un patient auquel on masse les pieds. Ce dernier prend une photo superbe des deux filles, illuminées par la joie de lui offrir ce plaisir. C'est ce qu'on appelle un message-massage-d'amour : tu es là et je te veux du bien.

Différence entre accompagnement et euthanasie

Je te veux du bien, mais je ne veux pas forcément tout ce que toi ou tes proches désirez… Car certains malades demandent la mort. Ainsi mon premier patient dans l'équipe de Paul-Brousse qui venait tout juste de se constituer m'a mise dans un grand embarras : il souhaitait qu'on l'achève. C'est un problème terrible, dont on ne peut faire ici l'économie.

Après quinze ans d'expérience, je pense qu'il faut être d'une prudence extrême. Et surtout ne pas poser la question en termes de bien ou de mal. Si, avec Renée Sebag-Lanoé, nous avons écrit un article dans *Le Monde*, en 1984, sur la nécessité de promouvoir l'accompagnement en fin de vie, c'est parce qu'un congrès, tenu à Nice, nous avait fortement heurtées : un médecin allemand y avait montré sur grand écran comment il pratiquait des actes d'euthanasie. On voyait une dame souffrant atrocement, que ce médecin « accueillait » ; la dame s'allongeait ; le thérapeute poussait une seringue ; la dame était morte. Nous nous trouvions alors dans la salle avec de nombreux adhérents de l'ADMD (Association pour le droit de mourir dans la dignité), tous favorables à une législation autorisant l'euthanasie active. En général, ce sont des gens plutôt âgés, qui ont une grande angoisse devant la mort. Dans la salle du congrès, personne n'avait rien osé dire devant ce que je considère comme une tuerie. C'est en revenant de ce congrès que nous avions écrit l'article dans *Le Monde*, en nous insurgeant contre de telles pratiques.

Il faut d'abord savoir qu'actuellement un texte de loi fait obligation d'offrir des soins palliatifs en fin de vie. Mais peut-on faire des soins palliatifs comme on soigne l'hypertension ? Le texte va poser beaucoup de problèmes. Car cette pratique ne peut être offerte au tout-venant par n'importe quelle équipe, arbitrairement et systématiquement. Cette pratique se constitue petit à petit, comme un vrai damier.

Un nouvel élément est déterminant : le Conseil de l'Europe a voté un texte, au mois de juin 1999, traitant des patients en fin de vie. Le texte est très favorable aux soins palliatifs, et adepte de toute l'idéologie que cela suppose : prise en charge de la douleur physique, sociale et spirituelle, réflexion sur le problème de la sédation (dans quelle mesure faire dormir les patients ?).

Mais assurer les soins palliatifs ne signifie pas attenter délibérément à la vie de l'autre. Au contraire, on accompagne avec l'intention tout à fait claire d'offrir un confort au patient, un surcroît de douceur et de vie. Cette intention se double toujours de celle de rester dans la vie, de la rendre la meilleure possible, et non pas de donner la mort. Il y a donc bien une distinction fondamentale entre soins palliatifs et euthanasie.

D'ailleurs, le Conseil de l'Europe s'est prononcé clairement contre la pratique de l'euthanasie : « La recommandation adoptée à l'issue d'un débat sur la protection des droits de l'homme et de la dignité des malades incurables et des mourants rejette ainsi le droit à la mort revendiquée par de nombreuses associations en Europe et défendue au cours du débat par plusieurs intervenants. Comme l'a souligné Mme le rapporteur, donner la mort à des malades incurables ou à des mourants n'est pas acceptable, pas davantage que la peine capitale, et s'oppose au droit à la vie consacré à l'article 2 de la Convention européenne des droits de l'homme. Le désir exprimé par un malade incurable désirant mourir ne peut jamais constituer un fondement juridique à sa mort de la main d'un tiers. »

On pourrait certes débattre pendant des heures sur le sujet. Mais on ne peut en parler en théorie, sans connaître de cas clinique. En effet, il est extrêmement difficile d'entendre un malade que l'on soigne depuis plusieurs mois dire : « Tuez moi, je n'en peux plus ! » Quel enjeu, quelle responsabilité que ce pouvoir de vie ou de mort sur l'autre ! Tout cela demande beaucoup de temps et de réflexion. Il faudrait analyser tous les cas particuliers. Et aborder ceux, pas rares, où ce sont finalement surtout les proches qui demandent l'euthanasie – pris dans l'épuisant « parcours du combattant » des soins curatifs mis en échec, et souvent dans une apparente entente avec la personne malade concernée…

C'est le cas tout à fait exemplaire d'une de mes patientes. Elle était atteinte d'un cancer du sein, avec des métastases multiples. Cet état provoquait des crises d'étouffement qui l'angoissaient beaucoup. Elle avait demandé que des membres de notre équipe viennent la voir dans le service de cancérologie où elle se trouvait. Nous avons fait connaissance un soir. Elle m'a dit : « Je veux savoir si ce que l'on raconte à la télévision est vrai. Dites-moi ce que vous me proposez si je vais dans votre service. » Une phrase comme celle-là est souvent l'arbre qui cache la forêt, et je craignais une demande d'euthanasie. Elle a insisté : « Puisque vous dites que vous ne refusez *rien* au malade, est-ce que vous allez me le faire ? » Elle me poussait le plus loin possible, mais sans oser elle-même prononcer les mots terribles. Longuement, je lui ai expliqué tout ce que notre équipe faisait, ce qui nous animait, qui j'étais. Elle pouvait faire appel à moi quand elle voudrait. Quelques jours plus tard, je suis appelée par un cancérologue de ce service, qui me dit : « Cette femme est vraiment intenable, je vous la livre. » Je vais de ce pas dans la chambre et je trouve les deux filles auprès de la mère, plongée dans le coma. Le mari se tient prostré au pied du lit. Les filles se jettent alors sur moi et me disent : « Vous avez vu dans quel état elle est ? Alors maintenant il faut accélérer les choses, pas question de rester comme ça ! Quelle insensibilité ! Comment pouvez-vous tolérer ça ! » La violence contenue au fond d'elles-mêmes et toute leur colère se sont subitement déversées sur moi. Je ne sais plus ce que j'ai dit, mais c'était le cri du cœur, ma conviction profonde, ma vérité à moi : je ne pratiquerais pas d'acte d'euthanasie sur leur mère, mais il y avait une place dans l'unité et, si elles le voulaient, elles pourraient y amener leur maman le jour même ; je repasserais dans l'après-midi pour voir ce qu'elles avaient décidé avec leur père. Qu'offririons-nous ? Il y aurait un accompagnement et peut-être la dame resterait-elle en état de sédation comme maintenant. La seule chose que je pouvais leur garantir, c'est qu'il n'y aurait pas d'euthanasie. Irritées et vociférant des insultes à mon égard, elles ont pourtant accepté. La malade a été transférée dans une ambiance déplorable, dans des conditions très pénibles.

Au bout d'un mois, aussi imprévisible que cela ait pu paraître, la malade s'était réveillée et avait connu une progressive et véritable réadaptation à la vie. Un jour, elle me fait appeler : « Vous n'en voulez pas à mes filles pour ce qu'elles vous ont dit lors de la décision de mon transfert ici ? Vous savez, ce jour-là, j'ai tout entendu… Vous êtes la seule qui pouvez me défendre. Je voulais m'endormir, mais je ne voulais pas mourir pour autant ! Cependant, je ne pouvais pas le dire, puisque je ne pouvais plus parler. Cela fait des jours et des jours que je veux vous parler, mais je n'osais pas. Ce mois de réadaptation à la vie, je vous le dois. Vous ne pouvez pas savoir tout ce que, du coup, j'ai pu transmettre à mes filles, dire à mon mari, tout ce qu'il me restait à leur confier. J'ai déjà beaucoup changé, repris confiance en moi, en ma capacité à décider de mon sort, de mes désirs. Mon mari, je l'adore, je suis complètement fusionnelle avec lui, mais aujourd'hui je prends un peu de distance. Autant j'ai pu exiger de lui au début que tous les soirs il reste près de moi et qu'il couche à l'hôpital, autant à présent j'essaie de lui apprendre à vivre sans moi. Je lui demande donc maintenant de rentrer le soir à la maison. Je suis en train de m'apprêter, c'est-à-dire de m'approprier ma mort. C'est seulement maintenant que je la prépare, avant je ne l'avais pas préparée. »

Telles sont les questions que fait surgir ce genre d'expérience : que demande véritablement le malade ? Ne faut-il pas sans cesse traduire ses désirs profonds, ses désarrois réels derrière des paroles souvent fallacieuses, qui le trahissent à son insu ? Que veut dire : « Je ne veux plus vivre », comment interpréter ces «tuez-moi !», produits d'une exaspération momentanée, par quel instrument de mesure évaluer un « je n'en peux plus ! » ?

Je n'ai pas les réponses. La seule chose que je me dis, après une telle expérience, c'est ceci : surtout, prends-garde à ta propre envie de tuer l'autre, simplement parce que tu n'en peux plus, toi, de sa souffrance à lui.

En tout cas, c'est une sorte de cadeau que cette femme m'a fait. Les malades nous font tous des cadeaux, et en mourant nous apprennent à penser et à vivre.

Responsabilité de la société face aux mourants

La santé appartient aux citoyens. La loi sur la nécessité des soins aux patients a été votée par les députés, puis les sénateurs ont donné leur aval. Mais c'est le peuple français qui a choisi à travers ces instances politiques. Je pense qu'on ne reviendra pas en arrière et le budget va aller dans ce sens. Mais les textes d'application ne sont pas encore votés et je ne sais pas comment cela va se passer.

Il va donc y avoir des lignes budgétaires pour la formation des bénévoles.

Cela veut dire que tout citoyen est mis dans le programme d'accompagnement de toute personne, c'est très important ! Dans le conseil des hôpitaux, des voix consultatives représenteront les usagers et les bénévoles. Ce n'est bien sûr qu'une représentativité, mais c'est un choix politique arrêté par le pays, un vrai choix de société !

Est-ce pour autant que cette prise en charge collective est la conséquence de la désagrégation du tissu familial ? Alors que dans certaines sociétés et à d'autres époques on se regroupe autour du mourant, les soins seraient-ils là pour pallier une carence ? On ne peut pas dire cela, car les conditions de vie – et de mort – ont beaucoup changé. La médecine offre une espérance de vie plus longue au patient, mais souvent dans un état de dépendance plus long. Pendant parfois six, huit ou dix ans, les malades vont être en protocole de chimiothérapie, connaître des rémissions, des rechutes, ce qui provoque pour la cellule familiale qui l'accompagne un épuisement progressif et profond. Alors, c'est dans nos unités que l'on retrouve encore le regain de combativité qui fait défaut dans la famille.

La mort retourne à l'hôpital, aussi, parce que l'urbanisme et la vie contemporaine sont de plus en plus contraignants : les femmes travaillent, les appartements sont trop petits. On manque de temps, d'argent, d'espace… La maladie a évolué aussi du fait de ces contraintes.

La notion de temps est fondamentale : c'est l'aspect chronique d'une maladie qui épuise. On peut être accompagnateur pendant trois mois, un an, mais pendant dix ans ce n'est pas possible ! La personne se disloque. C'est pourquoi il ne faut pas juger les familles. Leur résistance a des limites. Certains enfants n'ont jamais connu un de leurs parents que

malade! À quinze ans, ils ont le droit d'avoir d'autres préoccupations…
Et puis on ne sait jamais vraiment quel type de personne accompagnatrice attend le patient. Dans son jardin secret, ce dernier a des choses à dire, mais sait-il à qui? Peut-être à un premier mari, qui n'est pas là, ou à un enfant absent, ou encore à des personnes nouvelles dans sa vie qu'il va peut-être rencontrer à l'hôpital…?

Un enseignement universel

C'est la thérapeutique de la douleur qui m'a conduite aux soins palliatifs. J'ai perdu ma mère brutalement, dans un accident. Je ne lui ai donc pas dit au revoir… Or j'avais beaucoup de comptes à régler, que je ne réglerai jamais. Chaque jour, je crois que j'essaye d'offrir à autrui un lieu d'adieux que je n'ai pas trouvé ce jour-là.

Nous aussi sommes des mourants potentiels. On se dit qu'on aimerait partir vite... Mais il faut penser à ceux qui restent ! J'ai eu un accident d'anesthésie, juste avant de prendre mon poste. J'ai donc approché la mort de très près. J'ai connu ensuite la lente rémission, le retour à la vie, les étapes du tuyau enlevé, des premiers pas, du premier rayon de soleil, du premier whisky: tout est extraordinaire, même respirer, marcher sans aide! Tout était merveilleux. Quand je suis arrivée en soins palliatifs, je comprenais davantage de choses. Ainsi, une malade m'a dit un jour qu'elle allait mourir. Je lui ai demandé pourquoi et j'ai compris son état d'un seul coup : «Parce que j'ai froid!» Moi-même, pendant des mois après mon coma, chaque fois que je m'allongeais, j'avais froid ! Être en soins palliatifs, c'est entrer dans l'écoute de celui qui va mourir, qui vous dit des choses avec ses yeux, son corps, son odeur de peau. Tout ça, c'est de la vie, et je l'ai appris au contact des patients. Nous avons au fond de nous une potentialité qui peut se révéler jusqu'en fin de vie : j'en ai fait l'expérience de moribonde !

La tendresse fait que l'on sent cet éclatement de l'Être mais qu'on peut arriver à le réduire, jusqu'à faire de l'accompagnement à la mort un mouvement vers la vie…

Marie de Hennezel fut la première intervenante,

extrêmement émouvante,

du premier Festival Tendresses, en 1997.

Empruntant au monde périnatal

l'une de ses méthodes de préparation

les plus abouties – l'art de la présence

haptonomique –, elle réussit à montrer

à tous ce qu'elle venait d'enseigner

pendant deux ans, à trois quarts d'heure de là,

à la Maison de Gardannes :

bien au-delà des mots, la tendresse

se situe au sommet de la relation humaine*.

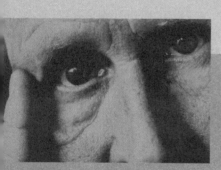

• Marie de Hennezel

Tendresse et accompagnement en fin de vie

Patrice van Eersel : La tendresse est ce qu'il y a de plus intime et aussi de plus vulnérable en nous. Mais elle n'est pas innée, elle correspond à une démarche. Je voudrais demander à Marie, avant qu'elle nous dise comment elle est arrivée à ce métier et par quels choix professionnels, où elle a trouvé la « bouture » de sa tendresse, toute cette force qu'elle a en elle pour aider autrui. Il me semble qu'on la puise dans sa petite enfance, non ?

Marie de Hennezel : J'ai été une enfant très désirée, j'ai reçu beaucoup de tendresse, mais aussi beaucoup d'angoisse ! La tendresse est une force qui a besoin de sécurité pour s'épanouir et, au début de ma vie, je n'ai pas eu cette sécurité qui permet qu'elle se développe.

La tendresse habite en chacun de nous et avec elle la capacité d'accompagner un être vers la mort. Mais il faut savoir la cultiver. C'est pourquoi nous devons nous battre pour que tout le monde accepte l'idée d'accompagner un malade. Car il ne faut pas considérer que c'est uniquement le fait d'une « équipe spécialisée ». Je voudrais rendre hommage à toutes les infirmières, les aides-soignantes et les médecins qui travaillent dans les soins palliatifs et accompagnent les personnes en fin de vie. Ils font preuve d'une richesse humaine extraordinaire. Cependant, il y a encore beaucoup de résistance et de pesanteur dans le milieu institutionnel. C'est donc à tous, médecins, soignants et familles, de chercher en soi cette tendresse pour aider l'autre à partir.

Une prise de conscience comme un éveil

Je n'ai pas, comme on le croit, ressenti immédiatement le désir de me consacrer aux soins palliatifs. Ma sensibilisation au problème de l'accompagnement s'est faite par étapes et très progressivement. C'est en tant que psychologue et surtout psychologue junguienne que me sont venues la curiosité et la force de rechercher ce qu'est la personne humaine. Une telle formation m'a progressivement orientée vers ce genre d'expérience où l'humain est au cœur de notre approche. J'ai commencé par travailler dans une association qui s'occupait de la naissance. Elle fut créée au moment du vote de la loi Weil, la loi sur l'avortement. L'association

* De Marie de Hennezel nous avons déjà cité *La Mort intime* et *L'Amour ultime.* Nous pouvons encore signaler : *Nous ne nous sommes pas dit au revoir,* Laffont, 2000.

regroupait des psychologues venus écouter les femmes en détresse souhaitant subir une interruption de grossesse. Pendant sept ans, j'ai écouté, et, peu à peu, j'ai appris la différence qui existe entre « vouloir » et « désirer ». Car chez ces femmes il y avait un conflit entre la volonté et le désir. Certaines par exemple étaient stériles et voulaient un enfant qu'elles ne « désiraient » peut-être pas.

Or quand je suis arrivée en soins palliatifs, c'est-à-dire à l'autre bout de la vie, j'ai retrouvé absolument la même problématique ! Certains disent « je veux mourir » mais continuent à vivre parce qu'ils ont une énergie vitale qui les maintient en vie. D'autres disent « je ne veux pas mourir » mais se laissent partir jour après jour. J'ai donc retrouvé ce conflit inconscient entre désir et volonté. En effet, la mort n'intervient que lorsque le conflit est résolu, et lorsque, réconcilié avec moi-même, j'accepte ce qui vient, lorsque coïncident ma volonté consciente et mes désirs inconscients.

Ma vie professionnelle a connu une nouvelle étape lorsque j'ai travaillé pendant trois ans auprès de grands malades mentaux, dont certains étaient enfermés depuis vingt ou trente ans. J'y ai découvert un nouveau type de conflit entre la personne physique, en bonne santé, et la personne psychique, pratiquement moribonde. Cela m'a permis d'explorer ce registre si difficile de la communication non verbale à travers des gestes qui soignent. Et lorsque je me suis plus tard occupée des personnes en fin de vie, j'ai vu que l'on pouvait être physiquement moribond mais psychiquement bien vivant... Des personnes grabataires peuvent avoir une réelle vitalité psychique, une vitalité d'âme tout à fait étonnante. Cette vitalité est avide de relations, de rencontres et, nous y reviendrons, se nourrit souvent de tendresse.

L'étape suivante fut celle de ma recherche du contact, de l'approche de l'autre par le contact psychotactile, de l'approfondissement de la présence grâce à l'haptonomie.

Plonger sa tendresse dans le regard

P. v. E. : Dans votre livre, *La Mort intime*[1], vous associez souvent tendresse et regard : vous parlez du « regard tendre ». Assez curieusement, ce mouvement vers la tendresse en fin de vie a connu, en France, sa première impulsion il y a vingt ans, grâce au livre sur l'euthanasie de Léon Schwartzenberg et Pierre Viansson-Pontet, *Changer la mort*[2]. Ils parlent de « tuer par amour » − tout en expliquant pourtant leur angoisse face à cette situation.

M. d. H. : C'est justement le regard et sa qualité qui posent la question de la dignité humaine : suis-je regardé comme un homme ? L'euthanasie se comprendrait ainsi : n'ayant plus figure humaine, je ne peux plus vivre. Quand une telle souffrance n'est plus supportable, que la crainte de ne plus se reconnaître comme un homme habite le malade, et qu'il ressent à tout moment le désir de mourir, alors, me semble-t-il, l'accompagnement peut commencer. À ce moment, le regard prend tout son sens. Mais comment le regard peut-il encore être tendre quand l'image est vraiment affreuse ? Une histoire, que je raconte dans *La Mort intime* nous l'enseigne : un homme avait un ami atteint du sida. Cet ami était très beau et la maladie l'avait terriblement défiguré, ce qui arrive malheureusement souvent dans la phase terminale de cette maladie. Et l'homme me disait :

1. *Op. cit.*

2. Léon Schwartzenberg et Pierre Viansson-Ponté, *Changer la mort*, Albin Michel, 1977.

« Quand je rentre dans sa chambre et qu'il est dans l'état où étaient, par exemple, les hommes dans les camps de concentration, je le regarde et j'essaie de trouver un détail qui soit beau. Un jour je regarde la courbure d'un cil, un autre jour une paillette d'or dans ses yeux, un autre jour encore le grain de sa peau. Le regard tendre, c'est quand je regarde ce petit détail qui symbolise pour moi l'intégrité de l'être. Et cela m'aide, disait-il, à retrouver mon ami, pour qui la beauté était très importante. » Accompagner son ami, pour cet homme, c'était laisser son regard se poser sur la beauté.

Pour accompagner, il ne faut pas s'arrêter à l'apparence et à la dégradation physique, mais penser à la personne tout entière : son être, son histoire, sa mémoire et tout ce que sa vie a construit.

Le toucher de l'âme

Or la meilleure façon d'exprimer ce regard tendre, c'est pour moi le *tact*. On ne peut dissocier le regard du geste. J'étais un jour auprès d'une personne au visage complètement défiguré et à l'odeur presque insoutenable. J'ai cru que je ne pourrais pas résister. Alors j'ai fermé les yeux, pris sa main, et j'ai soudain senti que cette personne était réellement vivante. Ces quelques secondes infimes m'ont permis de traverser le miroir de l'apparence et de dépasser le stade de la répulsion.

Nous ne sommes pas seulement un corps, un corps destiné à mourir, un futur cadavre. En touchant quelqu'un, je sens son souffle, qui n'est pas seulement sa respiration mais tout son corps, son visage, toute la personne vivante, « animée », au double sens étymologique du souffle vital et de l'âme.

325

C'est pourquoi, dans les soins quotidiens, les gestes tels que soulever un oreiller ou nettoyer des escarres manifestent cette présence essentielle et pleine de sollicitude, de délicatesse, de respect. C'est une reconnaissance de la présence et de l'être de cette personne qui souffre devant moi. Cela seul peut donner un sens pour les jours, les moments qui lui restent à vivre. Cette attention portée au simple geste se retrouve dans la démarche d'Élisabeth Kübler-Ross, qui a écrit *La Mort, dernière étape de la croissance*[1] : il est le premier signe permettant à la personne malade de sentir que l'on s'intéresse à elle.

L'haptonomie en fin de vie : harmonie de la présence

P. v. E. : Je me souviendrai toujours du premier Congrès international d'haptonomie, dans la grande salle de l'Unesco, où se pressaient énormément de gynécologues et de sages-femmes, puisque l'haptonomie est surtout pratiquée sur les femmes enceintes. Et soudain, ces accoucheurs eurent la surprise d'entendre Marie expliquer comment elle pratiquait l'haptonomie avec des personnes en fin de vie. Comment avez-vous franchi ce pas ?

M. d. H. : Il faut d'abord définir exactement l'haptonomie. Le terme est issu de deux mots : *haptein*, en grec, qui veut dire toucher, au sens relationnel du terme, et *nomos* qui signifie la règle. On voit déjà que dans la définition même, il ne s'agit pas de faire n'importe quoi. Car l'haptonomie est une science qui suit des règles très précises. Les trois règles de l'haptonomie sont : présence, transparence, prudence.

1. Élisabeth Kübler-Ross, *La Mort, dernière étape de la croissance*, Le Rocher, 1994.

La présence est primordiale, je vais y revenir dans un instant : nous avons tous l'expérience d'examens médicaux où nous sommes traités comme une chose ou une machine à réparer, que l'on touche, mais il n'y a pas de présence.

La transparence est nécessaire parce que nous sommes dans un monde où l'on confond érotisme et tendresse. Selon l'expression de certains, « on touche, on couche ». C'est perdre complètement de vue le sens de la tendresse : toucher l'autre pour communiquer avec lui et lui dire que nous le reconnaissons comme un véritable être humain. La transparence, c'est trouver ce contact qui ne cherche rien, ne veut rien et ne veut pas prendre quelque chose.

L'offre de tendresse doit être claire et prudente. Elle doit être adaptée à l'autre : il ne faut pas lui offrir plus qu'il ne peut supporter. Le respect de l'autre exige d'être à l'écoute de ce qu'il est en mesure de recevoir. Certaines personnes ont besoin de beaucoup de tendresse et d'autres en attendent simplement un tout petit peu. J'ai vu ainsi arriver dans certains services des personnes que l'on ne pouvait pas toucher tant elles avaient été remuées et agressées par les examens médicaux. Il fallait seulement être présent.

Une image frappante, dans le film de Godard *Je vous salue Marie*, l'exprime très bien : on voit la Vierge avec son gros ventre bien rond, et une main, la main de Joseph, qui s'approche, se recule, s'approche encore un peu plus, puis se recule à nouveau et recommence plusieurs fois. Et une voix *off* dit : « L'amour, c'est ça. » Il y a dans les gestes une légère retenue qu'on pourrait appeler une distance d'amour. Sur une peinture de Michel-Ange dans la chapelle Sixtine, on retrouve cette distance d'amour des deux doigts de Dieu et d'Adam qui se touchent presque. Cette distance dit : « Je vais vers toi mais je laisse un espace pour que tu viennes vers moi. » Dans la formation que je dispense, j'insiste sur ce double mouvement : je vais vers et j'accueille.

Le respect est primordial : il faut laisser l'autre libre de répondre à notre acte de présence. C'est pourquoi on ne peut pas dire que l'haptonomie est une technique. C'est plutôt une offre de présence. Il y a une belle formule de Joël Clergé, psychologue formé à l'haptonomie et qui la résume ainsi : « Une voix qui touche, une main qui parle » – voilà qui donne tout son sens à notre démarche...

Être porté par la tendresse vers la confiance face à la mort

Il faut savoir que la tendresse est quelque chose de solide et qu'elle peut communiquer une force. Pour accompagner, j'ai besoin de cette force qui me met en confiance. Malheureusement, à cause des aventures et des relations que nous avons vécues, notre histoire personnelle ne contribue pas toujours à développer cette confiance. Il faut donc la nourrir sans cesse, la mûrir, la fortifier à travers sa vie et ses expériences.

En dernière phase de vie, la personne régresse souvent : elle ne veut plus se lever pour aller au fauteuil, elle ne veut plus manger. Cela est très mal ressenti en milieu hospitalier. Mais dans cette régression, je discerne chaque fois une quête : en fait, la personne cherche à être portée pour retrouver le soutien et le sentiment de la confiance qu'il procure.

La sensation d'être porté est capitale chez l'homme. Où se trouve en effet la bouture, le germe de la confiance qui existe en nous ? Dans le giron de notre mère qui a distillé notre potentiel de confiance et le bonheur de se sentir protégé, car porté. Jean-Pierre Relier a très bien souligné le caractère déterminant des perceptions durant la vie prénatale : notre richesse ou notre détresse y trouvent souvent leurs causes originelles.

En fin de vie, la personne cherche à retrouver cette sensation de sécurité, comme pour pouvoir lâcher prise, comme pour mieux partir. Si elle demande qu'on lui soulève son oreiller, qu'on l'arrange dans son lit, c'est qu'elle ne peut pas nous dire : « Porte-moi » – mais la demande est toujours sous-jacente.

L'accompagnement : une formation à la vie

P. v. E. : Marie, vous avez formé de nombreux « accompagnants » qui travaillent à la Maison des soins palliatifs de Gardanne. J'aimerais que vous nous expliquiez comment se déroulent ces formations.

M. d. H. : Il faut préciser d'abord que ceux que j'ai formés n'étaient pas là par hasard, mais par choix. Ils avaient donc, au préalable, le sens de l'autre, celui de la responsabilité, essentiel dans ce genre de pratique, et une capacité de faire face à la souffrance. La formation doit prendre en compte et pallier une attitude du corps médical trop souvent négative.

En effet, dans le monde médical règne l'idée d'une toute-puissance de la science. On doit triompher de la maladie et obtenir à tout prix un résultat ; cela a certes permis à la médecine de progresser. Pourtant, dans ce milieu, on est arrivé à ne plus faire la différence entre ce qui est possible et ce qui ne l'est pas. Et c'est lorsqu'ils sont confrontés à l'impossibilité d'une guérison médicale qu'alors seulement les soignants retrouvent leurs qualités humaines. Au moment où la science démissionne, l'humain reparaît, s'anime et agit. Mais la plupart du temps, dans la médecine d'aujourd'hui, la mort est considérée comme un échec, un échec personnel du soignant parce qu'il ne tient pas compte de la souffrance et du destin de l'autre.

La formation à l'accompagnement consiste justement à prendre conscience de cette souffrance et surtout à accepter les limites de notre pouvoir sur la vie. Il faut donc parvenir à « accepter » la souffrance de l'autre, en particulier sa souffrance psychique, irréductible (devoir quitter la vie, réaliser qu'on se dégrade…), alors même qu'on arrive en général à atténuer les souffrances physiques du mourant. Bien qu'il soit extrêmement difficile d'accepter qu'on ne peut empêcher cette souffrance psychique, on peut rester là, présent, malgré l'impuissance – ou plutôt à cause d'elle. En fait, l'apprentissage de l'accompagnement consisterait plutôt en un « désapprentissage » : être humble, accepter d'être pauvre, sans moyens, et pourtant sentir comme une certitude, comme un besoin, que l'on peut être présent.

On travaille également beaucoup sur le « déni de mort », et il faut tous les jours combattre à nouveau son fantasme de toute-puissance. En réalité, la peur de la mort en tant que telle est une peur que l'on rencontre rarement. Mais il y a la peur de la façon dont on va mourir, la peur de perdre la maîtrise de son corps. En général, les gens n'ont pas peur de la mort mais ils ont peur de se voir mourir et de se savoir mourant, ce qui est très différent.

La peur de celui qui va mourir est également très différente de la peur de celui qui l'accompagne. Je dis souvent aux soignants : « Vous n'êtes pas à la place de l'autre », car l'autre a parcouru dans sa maladie ou dans sa vieillesse tout un cheminement de souffrance. Je me souviens très bien d'une infirmière qui n'arrivait pas à faire le pansement d'une patiente atteinte d'un cancer du sein, car cela provoquait chez elle une douleur qu'elle s'imaginait identique à celle de la patiente, insupportable. Cette infirmière, qui ressentait bientôt la douleur de façon permanente, s'aperçut qu'elle s'identifiait beaucoup trop à la personne qui souffrait le jour où cette douleur s'est arrêtée net : en appelant l'hôpital, elle apprit que la femme qu'elle avait soignée venait de mourir.

Dans les soins palliatifs, nous sommes systématiquement dans le déroulement d'une mort annoncée ; c'est pourquoi on s'y habitue doucement, avec tendresse, contrairement à la plupart des gens qui éprouvent injustice, répulsion ou peur. La conquête sur l'angoisse et la peur est une conquête qui se fait en cheminant : j'ai suivi une psychanalyse, puis il y a eu la période, très importante pour moi, où j'ai mis au monde des enfants. Il y a eu aussi le décès de ma grand-mère que je raconte dans mon livre ; elle est morte en me disant : « Ah, la lumière, c'était donc vrai ! », et cette parole m'accompagne toujours, comme un regard qui me donne confiance. Il y a enfin le fait que j'ai assisté à la mort d'une centaine de mes patients et, dans ces moments-là, j'ai toujours éprouvé une paix qui se communiquait à moi, une paix que je ne peux pas expliquer, une paix effective, comme définitive. Voilà un cadeau extraordinaire, qui peut paraître irrationnel, mais infiniment troublant et réconfortant à la fois. Cette émotion, ces sensations m'ont peu à peu donné confiance dans le grand mystère de la vie et de la mort.

331

À la conquête de sa liberté affective

Une intervenante : Je pratique en gériatrie et, souvent, quand je m'occupe des personnes âgées, je les touche sans gants, je leur fais des caresses et je leur chante des berceuses, toujours à l'abri du regard et des jugements de mes collègues qui me l'ont déjà reproché. Quand j'étais petite, ma grand-mère me chantait des berceuses et me caressait ; alors, quand je les vois entrer en régression, je me souviens de ces moments de tendresse et je retrouve les gestes de ma grand-mère, ce qui les illumine de joie…

M. d. H. : Je vous remercie de nous faire part de cette expérience du chant avec les personnes âgées et aussi de nous faire part de votre difficulté à agir ainsi devant les autres. Pour chanter une chanson à quelqu'un qui va mourir, il faut aller puiser dans son trésor affectif, et on a tous beaucoup de difficultés à montrer son affectivité devant les autres. Je me souviens d'une soignante qui m'avait dit qu'elle avait été obligée, dans un hôpital, de se cacher pour prendre dans ses bras un homme en totale détresse, de crainte qu'on ne la voie et qu'on ne la réprimande, parce qu'on n'admet toujours pas ce genre de manifestations vis-à-vis d'un malade dans un hôpital…

Libérer la spontanéité affective des soignants a été une véritable conquête dans les soins palliatifs. Mais pour maîtriser cette liberté affective, il faut avoir le sens des situations et surtout ne jamais aller trop loin. Dans les groupes de parole, on peut partager ce genre de chose, pleurer, chanter… En travaillant ensemble, on parvient à trouver la juste mesure. Et si l'on n'est pas trop bridé par les règles, par les interdits, chacun peut arriver à sentir le moment juste, le geste juste qui accompagne.

L'amour et la mort

Je voudrais finir en vous racontant une expérience que m'a rapportée une amie. Un de mes amis est mort, il y a six mois, d'un cancer du poumon dans un hôpital parisien. Il n'a jamais été transféré dans l'unité de soins palliatifs, ce que son état et la certitude de sa mort prochaine pouvaient justifier. Le jour de l'enterrement, sa femme m'a dit : «Tu sais, c'était épouvantable, il a souffert jusqu'au bout, je ne supportais pas de le voir comme ça… J'ai passé mes journées dans le couloir… c'était atroce !» Une demi-heure plus tard, je rencontre une amie qui était très proche de ce couple et qui me confie : « Tu sais, les derniers moments ont été extraordinaires. J'étais près de lui, je lui tenais la main, il était calme, et quand il ouvrait les yeux, on se regardait, on ne se parlait pas mais on se disait tellement de choses… Bien sûr, il avait une respiration haletante impressionnante, mais je sais qu'il est parti dans le calme et c'était là un moment vraiment extraordinaire, comme une immense satisfaction. » Il s'agit de la même agonie, racontée par deux personnes différentes ; l'une qui était totalement stressée et l'autre qui avait envie d'être près du mourant jusqu'au dernier moment pour lui donner la paix. La première personne était tellement submergée par sa souffrance personnelle qu'elle ne pouvait rien savoir du cheminement pacifique qui se faisait chez son mari ; l'autre avait lâché prise et a pu goûter ce moment de communion tendre et calme.

Si quelqu'un avait pu aider cette femme qui souffrait tant, il lui aurait expliqué que les râles du malade ne signifient pas toujours qu'il souffre, qu'il faut lui prendre la main pour voir si elle est décontractée… Si on l'avait aidée, elle aurait pu rester là, près de son mari, et l'accompagner. C'est pour que la mort ne soit plus jamais vécue comme un drame injuste que j'ai décidé d'en faire le théâtre de ma vie.

Écologiste, informaticien, homme d'affaires,

journaliste, scénariste… depuis 1968,

Alain Mamou-Mani est présent

sur tous les terrains où surgissent

des initiatives citoyennes

et culturelles libératrices. Passionné

par les débats du Festival Tendresses,

il a accepté de donner un point de vue

d'honnête homme pour conclure

le tour d'horizon rassemblé

dans ce *Grand Livre de la Tendresse.*

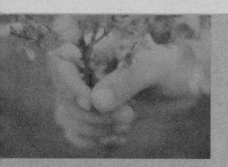

• Alain Mamou-Mani

En guise d'épilogue

L'homme a besoin de tendresse, fondamentalement. Mais quelle couleur prend, au vingt et unième siècle, cette réalité multiforme et ce sentiment aussi vieux que l'homme?

Il faut d'abord répondre à la question du pourquoi. Ce besoin naît d'un manque. Ce manque constitutif de l'homme dès son apparition sur terre et alors qu'il se sent « jeté là » comme un os, suspendu entre rien et tout, naviguant à vue et sans mission précise, ce manque est d'abord la conscience d'une solitude irréductible et définitive.

Dès la naissance, le choc de la vie consiste avant tout en une rupture brutale et douloureusement fondatrice entre l'état fusionnel et bienheureux de la gestation fœtale et le moment de la scission fatale avec le corps de la mère. Premier vertige de la singularité dans l'univers devenu hostile et terrifiant. Ce premier traumatisme physique ne peut être vécu et dépassé que s'il s'accompagne d'une tendresse compensatrice, à la mesure de la blessure originelle. Il sera suivi d'un traumatisme psychique. Toute sa vie, l'homme va chercher dans le couple, dans la vie de famille, dans sa participation active au sein de la société, à nier ce manque, cette coupure du tout, cette solitude existentielle qui le pousse à s'étourdir dans la recherche de béquilles, qui vont l'amener dans des idéaux ou dans des religions, dans la proximité réconfortante d'un être omniprésent et intériorisé : Dieu.

Ces étapes de recherche, de confrontation, aideront à l'individuation de chacun. Jusqu'à ces dernières décennies, le tissu social encadre avec autorité, mais avec solidarité, ces multiples processus de recherche d'autonomie.

Le système économique actuel pousse au contraire dans une direction opposée, la recherche d'autonomie devient individualisme, le processus d'individuation s'amplifie d'égocentrisme. L'économie de la compétition détruit toutes les représentations du père sur son passage : le curé, l'instituteur, l'homme politique, et la société n'arrive plus à fournir une réponse sociale et collective avec des modèles anciens.

Alors surgissent de nouvelles tribus, de nouveaux réseaux qui vont se mettre à la tâche de tenter de recoudre les liens sociaux qui se déchirent. Ce sont de nouveaux réseaux qui vont scanner la vie d'un individu depuis sa naissance et essayer d'utiliser le fil de la tendresse pour récupérer une saine autonomie de chacun. Les auteurs de cet ouvrage sont tous des petites mains qui tentent maladroitement, certainement, face aux tempêtes de la mondialisation, de cicatriser les ailes des papillons de nos errances actuelles.

C'est à l'heure de la mort que le besoin d'amour et de sa manifestation, la tendresse, est le plus pressant : on est seul à mourir, rien ne peut plus nous aveugler. Mais la mort n'est pas forcément l'expression la plus emblématique de la solitude : au pire elle n'est que le lieu du rien, elle annonce la fin de l'individualité et de la singularité angoissantes. Par la suppression du corps, elle est le retour à un état protégé en symbiose avec l'univers. Ce véritable retour au tout met fin à chaque étape du processus d'individuation et mérite la tendresse ultime : « fin de partie, *shoot again* ».

J'ai dit oui avec Guy, je suis en pleine résilience avec Boris, j'aime avec Gérard, j'ai ressenti la tendresse avec Paula et Jacques, je veux me faire accompagner par Patrice, Patricia, Hugues et Michelle. Voici le principal actif de ce festival, partageons notre bonheur, d'être tendres ensemble !

La véritable terreur de l'homme, c'est de finir sa vie seul, comme un paysan qui a eu la malchance d'une terre aride qu'il n'a pas pu fertiliser. C'est bien de vie qu'il est question et là encore la tendresse prend tout son sens dans l'accompagnement de ces derniers jours.

Mais si toute l'humanité éprouve ce même besoin de tendresse à tous les âges de la vie, pourquoi se refuse-t-elle si souvent cette harmonie ? Car l'homme ne sait toujours pas se donner cette tendresse. Cela s'apprend et c'est plus difficile qu'il n'y paraît. Car pour donner de la tendresse et en recevoir, il faut respecter l'autre et il faut d'abord s'aimer. C'est là tout l'enjeu et le rôle primordial de l'éducation : il faut apprendre à l'enfant à accepter l'autre tel qu'il est. Ce sera la condition de son bonheur dans le couple plus tard. Aujourd'hui la tendresse a un nom dans les affaires publiques : la tolérance. Il faut encore se battre, comme l'a prouvé le 11 septembre 2001, afin que plus jamais la terreur ne se substitue à la tendresse pour combler la solitude de l'homme.

Je rêve d'une société où la carte du tendre dévoilerait un territoire de convivialité et de relations vraies, d'une communication réelle au service de rapports justes. C'est beau, un homme qui pleure de joie !

Bibliographie

Assagioli Roberto, *Psychosynthèse,* Épi-Desclée de Brouwer, 1976.

Ancelin-Schützenberger Anne, *Aïe, mes aïeux! : liens transgénérationnels, secrets de famille, syndrome d'anniversaire et pratique du génosociogramme,* La Méridienne, 1993.

Bach Richard, *Illusions : le Messie récalcitrant,* Flammarion, 1978, traduction de l'américain par Guy Casaril.

Corneau Guy, *La Guérison du cœur,* Laffont, 2002.

N'y a-t-il pas d'amour heureux ?, Laffont, 1997.

Père manquant, fils manqué, Éditions de l'Homme, 1992.

Cyrulnik Boris, *Les enfants tiennent le coup,* Hommes et Perspectives, 2002.

Les Nourritures affectives, Odile Jacob, 1996.

Les Vilains Petits Canards, Odile Jacob, 2000.

Daumas Maurice, *La Tendresse amoureuse, XVI-XVIIe siècle,* Perrin, 1996.

Delourme Alain, *La Distance intime, tendresse et relation d'aide,* Desclée de Brouwer, 1997.

Freud Sigmund, *Malaise dans la civilisation*, PUF, 1992.

Giono Jean, *Le Chant du monde*, Gallimard, 1976.

Gitta Mallasz (éd.), *Dialogues avec l'Ange*, traduction du hongrois
par Gitta Mallasz et Hélène Boyer, révisée par Dominique-Raoul Duval,
Aubier-Montaigne, 1990.

Guénard Tim, *Plus fort que la haine*, J'ai Lu, 2001,
Tagueurs d'espérance, Presses de la Renaissance, 2002.

Hennezel de Marie, *L'Amour ultime : l'accompagnement des mourants*, avec
Johanne de Montigny, Hatier, 1991.

La Mort intime : ceux qui vont mourir nous apprennent à vivre, Laffont, 1995.

Nous ne nous sommes pas dit au revoir, Laffont, 2000.

Jankélévitch Vladimir, *Le Je-ne-sais-quoi et le presque-rien*, PUF, 1957.

Klein Jean-Pierre, *L'Art-thérapie*, PUF, coll. «Que sais-je ?», 1997.

Histoire contemporaine de la psychiatrie de l'enfant (avec Guy Benoit),
PUF, coll. «Que sais-je ?», 2000.

«Deuil passionnel et élaboration de l'absence», *Perspectives Psy*, 36, 1, 1997.

«Relation passionnelle, relation amoureuse», *Perspectives Psy*, 36, 1, 1997.

Métapsychothérapie de l'enfant et de l'adolescent : question de méthode
(avec Michèle Hénin), Desclée de Brouwer, 1995.

Kübler-Ross Élisabeth, *La Mort, dernière étape de la croissance*,
Le Rocher, 1994.

Leleu Gérard, *Écologie amoureuse*, Flammarion, 2001.

La Fidélité et le couple, J'ai Lu, 2001.

Le Traité des caresses, Éditions de la Seine, 2001.

Le Traité du plaisir ou comment caresser la vie dans le bon sens, J'ai Lu, 1995.

Low Albert, *Se connaître, c'est s'oublier*, Les Éditions du Relié, 1998.

Maisonneuve Jean, *La Psychologie de l'amitié,* PUF, 1993.

Maldiney Henri, «Le vide comme ressourcement de l'œuvre», *Art et thérapie,* 50/51. (*La peinture au-devant de soi*), 1994.

Massin Christophe, *Le Bébé et l'amour,* Aubier, 1997.

Mercier Mario, *La Tendresser,* La Table Ronde, 1995.

Montaud Bernard, *L' Accompagnement de la naissance,* Édit'as, 1997.

Montigny de Johanne, *Amour ultime, l'accompagnement des mourants,* avec Marie de Hennezel, Hatier, 1995.

Morin Edgar, *La Vie de la vie,* Seuil, 1985.

Terre-Patrie, Seuil, 1996.

Pagès Max, *Le Travail amoureux, éloge de l'incertitude,* Dunod, 1991.

Rank Otto, *Le traumatisme de la naissance : infkuence de la vie prénatale sur l'évolution de la vie psychique individuelle et collective,* Payot, 1990.

Relier Jean-Pierre, *Adrien,* Laffont, 2002.

L'aimer avant qu'il naisse : le lien mère-enfant avant la naissance, en collaboration avec Louise Lambrichs, Laffont, 1993.

Robert-Ouvray Suzanne, *Enfant abusé, enfant médusé,* Desclée de Brouwer, 1998.

Intégration motrice et développement psychique, Desclée de Brouwer, 1997.

Rougier Stan, *Accroche ta vie à une étoile,* Albin Michel, 1996.

Dieu était là et je ne le voyais pas, Le Rocher, 1999.

L'avenir est à la tendresse : ces jeunes qui nous provoquent à l'espérance, Cerf, Salvator, 1994.

Les Rendez-vous de Dieu, Presses de la Renaissance, 2000.

Saint-Exupéry de Antoine, *Citadelle,* Gallimard, 1982.

Salamagne Michèle, *Accompagner jusqu'au bout de la vie,* Éditions du Cerf, 1992.

Salomé Jacques, *Apprivoiser la tendresse*, Jouvence, 1988-1991.

Au fil de la tendresse, avec Julos Beaucarne, Ancrage, 2000.

Bonjour tendresse, Albin Michel, 1992.

Je t'appelle tendresse, Albin Michel (à paraître).

Pour ne plus vivre sur la planète Taire, Albin Michel, 1997.

Un océan de tendresse, Dervy, 2002.

Salomon Paule, *Je peux changer*, Dervy, 2000.

La Femme solaire, Albin Michel, 2001.

La Sainte Folie du couple, Albin Michel, 2002.

Schwartzenberg Léon et Viansson-Ponté Pierre, *Changer la mort*, Albin Michel, 1977.

Singer Christiane, *Éloge du mariage et autres folies*, Albin Michel, 2000.

L'Alliance sacrée, Alice, 2001.

Une passion, Albin Michel, 1992.

Spitz René, *De la naissance à la parole : la première année de la vie*, PUF, 2002.

Vexiau Anne-Marguerite, *Un clavier pour tout dire*, Desclée de Brouwer, 2002.

Achevé d'imprimer en France par Pollina , Luçon
N° impression : L87784
N° édition : 21126
Dépôt légal : Novembre 2002